마적 土匪

마적 土匪

차오빠오밍 曹保明 지음
이종주 李鐘周 옮김

민속원

서문

　인류는 중요한 역사적 시기에 들어섰다. 새로운 세기가 시작되면서 세계의 각 민족과 국가는 새로운 부흥을 꿈꾸고 있다. 지식경제론의 대두가 바로 그 중요한 징표이다. 그러나 인류의 발전은 과거 자신들이 살아온 역사에 대한 정리와 회고 없이는 생각할 수 없는 것이다. 이 책이 속한 '옛 이야기 총서'는 옛 이야기라는 방식으로 독자들에게 인류가 걸어온 위대한 역사를 펼쳐 보이려고 한다.

　이야기는 인생을 농축하고 있기 때문에, 이야기로 역사를 개괄하면 보다 생동하는 구체적 모습을 볼 수가 있다. 이야기는 문화를 응축하고 몇 백, 몇 천년 인류의 역사를 통해 전해 내려온 것이다. 사람들은 그 이야기에 공감하고 기억했다가 전승한다. 그래서 이야기는 생명력을 가지게 되는 것이다.

　이야기는 생명을 가지고 있다. 하나의 작은 이야기나 전설은 먼 옛날부터 오늘날까지, 대를 이어 민족 안에 전승된 것이다. 이야기는 강한 생명력을 가지고 있는 것이다. 그 생명력은 일종의 아름다움에 있다. 인류가 생존해온 공간은 사실상 아름다움이 지배해 온 세계이다. 인간이 지닌 하나 하나 구체적인 아름다움이 세계와 생존 공간의 전체적인 아름다움을 구성하게 되는 것이다. 따라서 우리는 인간이 가진 미덕으로 이야기가 생명을 획득하게 됨을 알 수가 있다. 이런 모습은 땅 위에 자라나는 풀이나 나무와 흡사하다. 세상에 태어나서부터 사라질 때까지 그것들은, 인간에게 자신의 생명의 역사를 보여 주기도 하고, 자신의

힘을 보여주기도 한
다. 이렇게 오랜 세월
전승되어온 이야기일
수록 생명력이 더 강
하고, 대를 이어 전해
지는 것이다.
　이야기의 생명사
가 바로 인간의 생명

이 책의 저자인 차오빠오밍曺保明

사는 아니다. 이야기의 생명사는 문화 자체가 가지고 있는 일종의 장력
張力으로서, 인간이 문화 전승에 대해 연구하게 되는 동인이고 체험이
다. 이러한 이야기의 구조와 생명을 분석하기 위해서는 문화적 형태를
해부하고, 그를 통해 문화 형성의 여정을 기술해내야 한다. 이는 당연히
인간의 생존사이고 민족의 발전사가 되는 것이다. 두터운 문화나 역사
는 대개 대를 이으며 전해 내려온 이야기 속에 구체적으로 집적되어 있
기 때문이다.
　이 '옛 이야기 총서'에 수록한 이야기들은 인간의 생존과 관련되는
중요한 경험들로서 모두 필자가 직접 수집한 것들이다. 여기에 이 이야
기 총서의 중요성과 가치가 있을지 모른다. 20여 년 전 나는 길림대학
중문과를 졸업하고 길림성 민간문예가협회에 부임하여, 민속학·구전
문학에 대한 자료 수집과 연구를 하게 되었다. 여러 차례 깊은 산골 연

마적에 대한 기억을 살려 구술해준 사람들

세 많은 노인들을 찾아다니며 민간 이야기와 여러 민족의 민속을 조사하면서, 놀랍게도 이야기꾼이 옛날 자신이 종사했던 직업에 대해 흥미진진하게 이야기하고 있음을 발견하게 되었다. 그들의 옛날 직업과 경험에 얽힌 이야기들은 아주 재미있었다. 특히 북방 민속이나 특이 직종의 체험 중에는, 우리의 조사 목적을 넘어서는 특수한 자료도 있었다. 예를 들면 인간의 경제적 활동 법칙, 특정 환경에서의 언어 표현, 특수 직종의 비밀, 특이 직종의 형성 원인과 생활방식, 기이한 경력 등이 이에 속한다. 이런 내용들은 이야기꾼이 가장 흥분해서 이야기하는 대목이기도 하였다. 그래서 나는 그러한 '문화'를 한데 모아 특수한 의미를 가진 지역 직종 문화총서를 묶을수 없을까 생각하게 되었다.

그 후 나는 '민족 민간 문화'라는 끝없는 바다 속에 뛰어들어 저 아득하지만 빛이 반짝이는 피안으로 헤어가기 시작했다. 초반에는 큰 어려움이 없었다. 자료가 풍부했기 때문이다. 수천, 수백 년이래 인간이 쌓아온 지식은 나에게 큰 힘을 주었다. 그러나 정작 집필을 시작하자 나는 내가 습득한 지식이 너무 한계가 있다는 것을 알았고, 또 선배들이 했던 작업을 쉽게 반복하고 싶지는 않았다. 내 자신의 체험을 통해, 직접 조사 결과와 느낌을 전하고 싶었다. 독자들로 하여금 나와 함께 그들의 생활이 준 감동을 느끼게 하고 싶었다. 그래서 나는 직접 토비, 마적, 기생, 사금 채집꾼, 사냥꾼, 벌목꾼, 거지들의 생활을 체험해 보기로 하였다. 그런 다음에 집필에 들어가기로 작심하였다.

한 직업집단의 생성과 존재는 종합적이고 복잡한 과정을 거친다. 따라서 그러한 집단이나 인물을 이해하려면 반드시 직접 그 업종에 종사했던 사람이나 중요 계승자를 만나보아야 한다. 그런데 이런 특수하거나 신비로운 지역적 생업을 가진 사람들은, 20여 년 전 당시에도 벌써 사망하였거나 나이가 많아서 조사가 상당히 어려웠다. 그러나 그 때문에 더욱, 그 일을 꼭 해내야겠다는 결심을 굳게 했고 일종의 흥미마저 느끼게 되었다.

그때부터 나는 거의 모든 힘을 이 방면 연구에 쏟게 되었다. 주말과 휴일을 나는 집에서 보내지 못했다. 전통 명절 8월 15일 한가위에도 아내와 사랑하는 아들을 떠나 이불짐을 둘러메고 멀리 타향의 경로당이나 여인숙을 찾아다니며, 토비·거지·기생·마적 무리에 가담했던 인물들이나 그때의 역사를 잘 아는 노인들과 함께 생활하면서 특수 업종의 기이한 이야기들을 듣곤 하였다.

마적에 대한 이야기를 조사하기 위하여 나는 살아있는 마적 출신 노인들과 함께 생활하면서 같이 설도 쇠고 산 속에도 들어가 보았다. 사냥꾼들과 함께 산에 들어가 사냥도 하였고, 사금 채집꾼들과 함께 물에서 사금을 일고 금광에 들어가기도 하였다. 한 번은 휘남輝南에 있는 향로완자 금광香爐碗子 金鑛에 들어갔다가 석탄가스에 중독 되어 다 죽게 되었다가 광부들의 구조로 살아나기도 하였다. 벌목꾼들과 함께 뗏목을 띄우다가 압록강鴨綠江의 '문턱 초소'에서 강에 미끄러 떨어져 구출을 받기도 했다. 아내와 아들이 걱정할까 하여 나는 이런 위험과 고생은 이야기하지 않았다. 이러한 위험한 경험을 거치며 나의 수확도 늘어났다. 나는 토비, 마적, 기생, 거지, 사금꾼, 사냥꾼, 벌목꾼, 말몰이꾼, 아편쟁

현지 조사중인 지은이

이, 역말꾼, 떠돌이 악대, 조화쟁이 등 특수한 직업의 생활 이야기를 조사했고, 그런 자료들은 오늘 이 총서의 기초 자료가 되었다. 나의 모교 길림대학에서 이 '옛 이야기 총서'를 출판하기로 한 것은 그들의 뛰어난 안목을 보여준 것이라 생각한다.

이 책은 이야기를 하는 방식으로 기술하였다. 이야기와 연구를 융합시켜 조사와 이야기, 개별적인 사실과 종합적인 분석을 통합하려 하였다. 이것이 아마 이 책의 특징이라고 할 수 있을 것이다. 선택된 이야기들은 해당 직종에서도 특이하고 오랫동안 전해 내려온 문화적 형태를 보여주는 것이다. 직종마다 가지고 있는 독특한 문화는 분석이나 이야기를 통하여 보완하면서 완성하였다. 자료적 성격과 흥미적 성격을 동시에 배려하여 독자에게 구체적이고 생생한 느낌을 주기 위해서였다.

여기에 수록한 이야기들은 전부 내가 직접 당사자나 당사자의 가족, 그 직종의 중요한 전승자의 입을 통해 들은 것으로 생생하게 믿을 수 있는 것들이다. 하나의 문화사를 조사·이해하기 위해서는 조사 대상을

존중해야 한다. 이것은 조사자가 갖추어야 할 기본적인 자세이다. 조사자의 이런 인격이 잘 갖추어질수록 얻어지는 자료도 정확하게 된다. 이것을 우리는 상보적인 인간관계로 해석할 수 있다. 인격이란 일종의 사상이고 인류의 정신적인 면모이며 동시에 방법이기도 하다. 인간 대 인간이 상호 마음을 교환하는 것이다. 다른 사람을 존중할 줄 모르는 사람이 다른 사람의 존중을 받는다는 것은 상상할 수도 없다. 여기에는 인류, 풍속, 규범, 신앙 등 여러 차원에서 인류의 활동을 실천한다는 전제가 깔려있다.

나는 수많은 '마적' 친구, '거지' 친구, 각종 직업 친구를 사귀게 되어 매우 기쁘게 생각한다. 그들은 나의 취재 대상인 동시에 친구였다. 그들은 대개 세상을 떠나 생명은 이미 시간과 더불어 영원히 사라졌지만, 일찌기 나와 무릎을 맞대고 들려준 이야기를 들을 그대로 기록하여 전함으로써 그들에 대한 기념의 의미를 가지게 되어 다행스럽게 생각한다.

이 책을 출판해준 길림대학 출판사에 감사를 드린다. 여기 모아놓은 자료들이 사회와, 인간과, 역사와, 구체적인 개개인에게 얼마나 도움이 될지는 독자의 느낌에 따라 다를 것이다.

1999년 9월 장춘에서
저자

목차

서문	04
01. 마적이란?	13
02. 마적 단체의 결성	23
03. 밀천局底과 규칙	37
무리의 규칙 45	
부도덕한 행위 금지 47	
두목에 대한 공경 48	
주변 평민 약탈 금지 49	
형벌의 실행 51	
형벌의 명칭 53	
04. 왜 마적이 되는가.	57
"개도 몰리면 사람을 문다"	
핍박에 몰려서 58	
출세를 위하여 63	
재물을 탐하여 65	
원수를 갚으려고 70	
분방한 삶을 찾아 73	
05. 마적단의 역할 분담	77
두목 78	
내무 4 소두목 84	
외무 4 소두목 88	
8 보좌 소두목 93	
졸개 '아이들' 96	

06. 마적들의 신앙   99

꿈에 기댄 행동 100
길을 잃었을 때 102
경사慶事와 상사喪事 103
주문 104
믿을 것은 몽둥이 106

07. 마적의 주요 활동   109

부잣집 털기 110
인질 납치 114
인질 교환 127
의거 130
보복 133
겨울 나기 133
세금받기 139
큰 무리의 연합 142
공론 세우기 144

08. 마적들의 일상 취미   147

엽전 쏘기 148
권주 놀이行酒令 148
예인 초청 150
자체 공연 구성 152
수수께끼 노래 155
마적에게 권하는 노래 156
마적들의 싯구對聯 160
"마적"에 관한 노래 163

목차

09. 마적들의 심리   171
    숨기고 싶은 과거 172
    자랑스런 과거 176

10. 마적 명칭의 배경   185
    사격술 187
    소굴 지명 189
    세상 평판 190
    재운 기원 190
    구체적 사건 191
    기념적인 표현 192
    위세 과시 194
    특징 표현 195
    속도 자랑 196

11. 마적의 은어   197

12. 마적의 복장   211

13. 마적 실화   219
    조선족 여마적 "꽃나비" 220
    북래 289
    천룡 311
    쌍표와 노이가 324

옮긴이 후기   346

01

마적이란?

01 마적이란?

털보胡子, 즉 토비土匪[1] 에 대한 연구는 사회, 문화, 경제, 역사, 철학, 종교 등 다각도로 문화적 고찰이 가능한 주제이다. 그 중 마적의 문화는 여러 모로 주목할 만한 내용을 가지고 있다. 비적匪賊 무리는 중국 근대사에서 아주 활발히 활동하였고, 이들의 특이한 생존방식에는 중국 민족 민간 조직이 규합 발전하고, 흥성 소멸하는 여러 형태와 단계가 반영되어 있다. 동시에 북방 여러 민족의 민간문화와 중원문화, 예를 들면 산동성 지역의 제노문화齊魯文化, 북경을 중심으로 한 화북지역의 연조문화燕趙文化 사이의 연원 관계를 설명해 주기도 한다. 관동문화와 중원문화가 함께 중화의 민족문화를 구성하고 있는 것이다.

무리를 형성하는 양상을 살펴볼 때 동북 지역과 중원 지역은 긴밀한 관련성을 보인다. 동북 토비라는 명칭은 근대에 출현한 것이지만 이 조

---

[1] 원문에 토비라고 표현된 것을 역자는 마적이라고 일괄번역하였다. 마적은 몽고족 중심의 무리이고, 토비는 만주지역 거점의 민중저항군 성격이 있다고 분리하여 보는 견해도 있다. 그러나 이 책은 마적이라는 통념을 이해하기 위한 것이라, 마적으로 용어 번역을 통일하였다. 이 책에서 사용된 마적이란 용어의 대부분은 원저에서 토비로 표현되어 있다고 보아도 무방하다

직의 행위, 풍속, 신앙 등 문화는 중원 문화와 직접 관련이 있다. 중원에서는 토비를 '마적馬賊'이라 불렀고, 산동 일대에서는 '향마響馬(울부짖는 말)', 서북 지역에서는 '적구賊寇', 호남 호북 지역에서는 '방회幇會'라 불렀다. 이러한 호칭들은 민간 비밀 조직이 가지고 있는 생존 방식의 특징이나 활동 형태를 보여준다. 사실 구미나 아프리카 지역에도 이러한 조직은 많았다. 중세기 구미의 '협俠'이나 '유협遊俠', '해적' 등은 모두 이런 조직들인데, '俠'이라는 개념은 중국에서 가장 먼저 출현하였다.

중국 민간의 향마響馬, 털보胡子, 토비土匪, 마적馬賊 조직에서는 18나한羅漢과 8신선神仙을 신으로 받들어 모시는데, 여기에 마적단체行幇 형성의 사상적 이념이 담겨 있다. 몇 천년의 역사를 가진 봉건사회의 정치·경제 제도에 따라, 벼슬아치는 대를 이어 벼슬을 하면서 소수 인원만이 과거에 급제하게 되어 있었다. 자연히 관리와 일반인들은 서로 다른 생활 영역을 가지게 되었고, 봉건제도와 대다수 민중 사이에는 근본적으로 모순이 생길 수밖에 없었다. 이렇게 민중과 조정이 괴리되어 민간에 여러 비밀 조직들이 생겨나게 된 것이다. 이런 관점에서 보면, 민간 비밀 조직의 형성이야말로 봉건사회가 필연적으로 멸망할 수밖에 없는 법칙을 설명해 주는 자료라고 할 수 있다.

비밀 결사의 최초의 형태는 인류가 봉건적 속박에서 벗어나려는 노력의 일환으로 나타났는데, 그 대표적인 인물이 '묵자墨子'이다. 묵자(기원전 468~전 376년)는 공자의 "아껴 쓰면서 사람을 사랑하고, 시기에 맞춰서 백성을 부려야 한다節用而愛人, 使民以時"는 유가 사상이 외면을 당하기 시작하던 시기에 활동하였다. 공자의 "윗사람을 범하여 난을 일으키면犯上作亂" "강력하게 바로잡아야 한다糾之以猛"고 한 사상 또한 지배계급과 노동 인민 사이의 첨예한 대립 양상을 보여주는 것인데, 이러한 때에 '묵자'의 사상이 출현한 것이다. 묵자는 '겸애兼愛' 사상으로 민주적인 참정권을 보장함으로써 민중적 기반을 다지면서, 현자를 숭상하는 '상현尙賢', 평등을 숭상하는 '상동尙同'의 이상을 실현하고자 했다.

저명한 마적 노산리락老山利落의 성격을 보여주는 초상
백두산 홍화, 연변, 백산 일대에서(1925~1935년) 활동했다

그는 운명이란 없다는 '비명非命'의 관점을 주장하여 운명주재설을 부정하면서도, 귀신의 감독 역할을 배제하지는 않았다. 그럼으로써 '하늘의 의지天志'와 '공명한 귀신明鬼'의 이상을 실현하고자 하였고, 당시 성행하던 사치 풍조와 예악, 그리고 가식적 문장을 공격하였다. 그의 사상을 신봉하는 사람들은 반드시 "검소한 생활을 실천해야 하며" 생불이나 중들처럼 자신을 엄격하게 절제하였다. 또 엄한 조직규율을 지키면서, "끓는 물에 뛰어들고 날카로운 칼날 위를 걸어야 하였다". 이때 그의 저 유명한 '삼표법三表法'이 나왔다.

'삼표법'의 핵심은 "서로 아껴주면 서로에게 이롭다兼相愛則交相利"는 것이다. 즉 사람과 사람은 서로 도와야 하며, 더불어 사는 정신을 넓혀가면 이루지 못할 이상 세계란 없다는 것이다. 이러한 인식과 사상은 철학적 인식론 차원에서, 그리고 논리적 방법론 차원에서 아주 중요한 기여를 하였고, 곧바로 세상 사람들에게 받아들여졌다. 당시 "그를 따른 자가 180명이었는데, 모두 끓는 물에 뛰어들고 칼날 위를 걸었으며, 죽어도 발길을 돌리지 않았다服役者百八十人, 皆可使赴湯蹈刃, 死不還踵"고 한다(『淮南子』「泰族訓」). 그리하여 '유묵儒墨'의 조직체를 이루게 되면서,

"묵가의 학문이 두드러졌다墨家顯學"는 말까지 듣게 되었다.

묵가현학墨家顯學의 사상은 점차 유묵儒墨 에서 유협儒俠 으로 변하였고, 그에 따라 유묵儒墨 과 유협儒俠 은 동의어가 되었다. '묵墨'은 이렇게 '협俠'의 개념으로 바뀌게 된 것이다. '협俠'은 글자의 형상으로 볼때 네 사람이 한데 모인 것으로서 여러 사람이 한 마음으로 단합하는 것을 의미한다.

한편, 한비자韓非子는 俠의 의미를 해석하면서 "벼슬을 버리고 교유하는 것을 俠이라 한다棄官寵交謂之有俠"고 하였다. 즉 俠客은 관리 노릇을 하지 않고 널리 교유하기를 즐긴다는 것이다. 그래서 『회남자淮南子』「인간훈人間訓」에서는 '유협遊俠'이라고 부르기도 하였다. 『사기史記』, 『한서漢書』같은 많은 옛 기록에는 「유협열전遊俠列傳」이 수록되어 있는데, 이런 것들이 '협俠'에 관한 최초의 문헌 기록이라고 할수 있다. 이 개념을 가진 명칭을 민간에서 추적해 보는 일은 불가능하기 때문이다.

서구에서 '유협遊俠'이라는 말이 언제 생겨났는지에 대해서는 아직 기록이 보이지 않는다. 세계적으로 널리 알려진 『돈키호테』가 '기사騎士' 생활을 소재로 하고 있으나 그 시대는 묵자보다 2천년이 뒤진다. '향마響馬'에 대한 전문 저서가 이룩된 당나라도 『돈키호테』보다는 천여 년이나 앞선 시대이다. 『史記』, 『漢書』, 『唐書』 외에 '협객俠客'의 생활을 직접적으로 반영한 명작인 『수호전』도 『돈키호테』보다는 3백여 년이나 먼저 나왔다.

俠은 옛날에는 강한 자를 누르고 약한 자를 도와준다는 의미였다. 그런데 묵자 사상이 변하여 이루어졌다고 할수 있는 "무력으로 규칙을 범한다俠以武犯禁" 『한비자韓非子』 「오두五蠹」는 의미의 '俠'은, 漢나라와 삼국시대에 이르러 '유협遊俠'으로 변하였다. 사마천은 『사기史

記』에서 이렇게 말하고 있다. "오늘날 유협의 행위가 정의에 맞다고 할 수는 없지만 그들의 말은 믿을 만하고, 일을 하면 꼭 결과가 있다. 자신이 승낙한 일에는 반드시 성실하게 이행하고 자신의 몸을 돌보지 않는다. 사대부가 곤경에 처했을 때는 그들과 생사를 같이한다. 자신의 재능을 뽐내지 않으며, 덕 자랑하기를 부끄러워하는 사람들이 얼마든지 있다." 이 말은 유협의 성격을 설명해 주는 중요한 역사 기록이다.

진한秦漢 이전까지 유협은 주로 돈키호테처럼 혼자 행동하기를 즐겼으나 한나라 이후에 오면 무리를 이룬 유협이 출현하였다. 그들은 은밀히 행동하였는데, 말을 타고 여러 지역을 돌아다니며 땅을 차지하고 무리를 이루었다. 서로 연락을 취하기 위하여 일이 생기면 "소리나는 화살響箭"을 쏘았다. '향전'이 울리면 반드시 협객이 나타났으므로 이들의 행동을 "'마향馬響' 협객이 온다"고 불렀다. 민간에 '마향'이란 말이 퍼지면서 점차 '향마響馬'로 바뀌어 갔다. 이렇게 엄격한 규율을 가진 무리, 즉 민간 행방行幇이 중국 땅에 대규모로 출현하게 되었다.

역사적으로 중국인들은 단결을 강조하였다. 여러 유형의 무리, 즉 행방의 조직이 그 증거이다. 이러한 행방에 의해서 성립, 존속, 전승되어온 여러 가지 문화는 中華라는 토양 위에서 발전, 확산되면서 중원에서 북방까지 영향을 미쳐 북방 행방 문화의 중요한 기틀이 되었다. 또 나아가 중국문화, 세계문화의 한 부분이 되었다고 할 수 있다.

무리들이 '18나한'과 '팔선八仙'을 신앙하는 것은, 바로 이들 '조상신神祖'들이 부자를 쳐서 가난한 사람을 구제하고, 악을 제거하여 충의를 북돋우는 정신을 가졌기 때문이다. 민간에 이 신들은 '유협' 출신이거나 사악한 세상에 대한 반역자로 전해진다. 동북과 남방 비적 무리는 이러한 신을 숭상하는 신앙상의 공통점이 있다.

불가에서 불교도들을 '구세지사救世之士'라 칭하는데 비적들은 자신들을 "하늘을 대신하여 도를 행한다替天行道"고 한다. 조정에서는 이들을 '적적賊'이라 하지만 민간에서는 이들을 '영웅'으로 부르고, 그들 자신은 '충의 향마忠義響馬'라 자처하였다. 도적 무리에 들어가려면 먼저 "충의를 배우러 왔습니다"고 해야 했다. 淸나라 이

산동 출신의 신산호新山戶

후에 와서 이들 조직은 대부분 지하의 어두운 곳으로 스며 들어가 비밀 조직이 되었다. 그래서 초기의 은어나 행위들은 더욱 비밀스럽게 되어 갔고 더욱더 은밀한 비적 문화를 이루었다. 이러한 것들이 무리 내부에 보편적으로 전승되면서 독특한 문화형태를 형성한 것이다.

　동북 마적의 습속에 대한 연구는, 동북 행방 문화형태로부터 시작하여 중원과 관동의 경제, 역사, 문화 제 분야의 내용을 포괄적으로 고찰하여야 한다. 이것은 결국 중국 민간문화사의 한 부분이 될 것이고, 따라서 이 분야 문화를 이해하는 것은 중화민족의 전통 사상과 정신을 이해하는 데 기여할 것이다.

　마적 무리는 잘 사는 사람을 쳐서 가난한 사람을 구제해 주고殺富濟貧, 집단 행동으로 상대의 재물을 탈취하는 조직 형태를 말하는 것이다. 이러한 문화형태는 무리의 출현, 발전, 흥성, 종말이라는 그 자체의 완결성과 점진적 단계성을 가지고 무리의 소멸과 더불어 사라지게 된다. 그러나 다른 전통문화와 마찬가지로 마적의 문화도 자체적인 연속성과 침투성을 가지고 있다. 무리가 망한 후에도 이들 문화는 사회문화의 숲

을 뚫고 현재와 미래의 문화에 여러 방식으로 나타나게 되는 것이다.

'行(즉, 業)'이라는 명칭은 역사적으로 존재하여 왔고, 통칭하여 흔히 '36행', '72행', '120행', '360행'이라고 개괄하고 있지만 사실 이러한 숫자에 그치는 것은 아니다. 이런 숫자 용어는 행업의 종류가 많다는 것을 표시하는 것인데, '3, 6, 9'라는 숫자가 많이 사용된 것은 길한 숫자로 여겼기 때문이다. 그밖에도 '3교9류三教九流', '72과문寡門(희귀업종)'이라는 행업과 명칭이 있는데, '3교9류'는 다시 '상 9류', '중 9류'와 '하 9류'로 구분하고 있어서 행업의 종류가 얼마나 많은 지를 보여주고 있다. 그러나 옛부터 오늘에 이르기까지 "비匪"를 하나의 행동과 업으로 포함시킨 기록은 없고 다만 민간에 존재할 뿐이다. 여기에서는 하나의 행동으로 부르려고 한다.

어떤 행업을 막론하고 모두 그 나름의 존재 이유가 있기 마련이다. 이교李喬가 지은 『중국 행업신 숭배中國 行業神 崇拜』에서는 행업의 존재 이유를 설명하면서, 『금전지金錢池』에서 관한경關漢卿이란 인물이 "나는 120行 어느 행업으로도 모두 옷을 입고 밥을 먹을 수 있다고 생각한다"고 한 말을 인용하였다. 작자가 불분명한 명나라 때의 『백토기白兎記』「투군投軍」에도 이와 관련된 기록이 보인다. "좌우 사람들이 나와 함께 군기를 휘두르며 거리 서민들과 360행 장사꾼들에게 종군할 자 있으면 깃발 밑에 신청하라고 하였다." 여기에서 우리는 어떤 업종이던, 즉 장사꾼이던 종군한 자이던 업이란 것은 모두가 "옷 입고 밥을 먹기 위한" 것임을 알 수가 있다. 그렇다면 먹고 입기 위해 생겨난 직업은 모두 인간의 생업으로 볼 수가 있지 않을까? 도적 무리도 당연히 "먹고 입기" 위한 생업이니 당연히 360행 속에 속한다고 볼 수가 있는 것이다.

다른 점이 있다면 많은 직업이 목공행木工行, 철장행鐵匠行 처럼 "行"

으로 불리거나, 이발업, 원예업, 옥기업玉器業, 경호업처럼 '업'으로 불리었으나 '비행匪行'이나 '비업匪業'이란 말은 없다는 점일 것이다. 마적에 대하여는 '비방匪幇'이라고 칭하였을 뿐인데, 민간에서는 '유업綹業', 즉 도적질이라고 하였다.

유綹는 '유자綹子'라고도 하며 일반적으로 토비土匪들이 거주하는 곳을 가리킨다. 그런데 원래 '유綹'라는 글자는 실·삼베실·머리칼·수염 등 가는 실오라기가 모인 것을 가리키는 수사였다. 『집운集韻』 「사십사四十四」에서는 "비단실 10올을 윤綸이라 하고 윤의 두배를 유綹라 한다"고 하였는데, 여기서도 綹를 수량사로 해석하고 있음을 알 수 있다. 심전기沈全期의 『칠석포의편七夕曝衣篇』에는 "하늘에는 장명유長命綹라는 신선이 있었다"는 기록이 보이는데, 여기서는 사람의 이름으로 쓰이고 있다. '綹'자의 원래 의미나 변화된 뜻 모두 '하나 하나의 개체'가 모여서 하나의 조직체가 되는 것임을 알 수 있다. 그 중에서도 주목되는 것은 『설문해자說文解字』에서 풀이하고 있는 '여러 올이 차례로 모인 실'이라는 설명에서 '차례로順'라는 표현이다. '차례로'라는 것은 모두가 하나의 염원을 가지고 있는 "모임"을 뜻한다. "비유匪綹"라고 하는 생업의 조직 형태를 설명해 주는 대목이다. 즉 이들 모두가 비적 노릇으로 도적질을 하면서 살아감을 의미한다. 다시 말하면 그것이 직업인 것이다. 여기서 우리는 민중들이 이들 이름을 아주 적절하게 호칭하고 있음을 알 수 있다.

이들의 생업을 왜 '業'이라 하지 않고 '幇'(방)이라 하였을까. 그것은 이 호칭이 민간이나 사회에 공식적으로 존재할 수 없는 호칭이기 때문일 것이다. 비적들은 종래부터 자신을 비적이라 부르지 않았고, 대개는 "俠"으로 자처하면서 자기들은 "하늘을 대신하여 도를 행한다替天行道"

하였고, 이들 무리에 들어가는 것을 "忠義를 배우러 왔다"고 하였다. 그래서 공개적으로 행업의 명칭을 부르지 않고 그저 "幫"이라는 조직으로 불렀던 것이다.

그러나 사실 "行"과 "幫"은 서로 떼어 놓고 생각할 수 없는 관계이다. "행"은 흔히 어떤 직업을 가리키는데, 그러한 직업에는 일군의 사람들이 조직을 이루며 종사하게 된다. 사람이 무리를 이루지 않으면 "行"도 없으니, 반대로 한 行에는 반드시 한 무리가 있게 된다. 그런 의미에서 행과 방은 통용되는 것이다. 근대에 생겨난 "行幫"이라는 말은 어떤 직업이나 기술을 가진 집단이나 조직체를 일컫는다.

따라서 우리가 흔히 말하는 "마적"은, 곧 무장을 가지고 약탈이나 강도질을 일삼는 무리를 가리킨다. 이런 무리들은 그들 나름의 활동 규칙과 엄밀한 조직, 연락을 위한 독특한 암호, 독자적인 신앙이나 숭배 문화를 가지고 있다. 이들을 일컫는 호칭들로는 "토비土匪", "털보胡子", "호비胡匪", "향마響馬", "마적馬賊" 등이 있다.

02
마적 단체의 결성

마적단체의 결성 起局

　마적들이 무리를 결성하는 것을 "기국起局"이라 한다. 무리를 정식으로 형성할 때에는 대개 몇 사람이 결의맹세를 하면서 18羅漢을 祖師로 모신다. 형성의 의식에서는 몇 사람이 손가락을 찢어 술사발에 피를 떨어뜨리고 향을 피운 후, 돌려가며 술을 한 모금씩 마신다. 그 다음에는 그 중 한 사람이 선창하여 맹세한다. "조상과 천지 사방에 예를 올리나이다. 저희들 몇 사람은 이제 무리를 이루겠나이다. 스스로 정해놓은 규율을 스스로 지키겠나이다. 다른 마음을 가지거나 남의 혐오를 사면 立壓(신용과 충의를 지키지 않고, 여인을 범하는 것을 '壓裂子'라 하였다) 제 명에 죽지 못할 것입니다. 전방에 나가면 총에 맞아 죽고, 포탄을 맞아 죽고, 물을 마시다가 사레 들려 죽고, 밥 먹다 목이 메어 죽을 것입니다!" 이 선창에 따라 다른 사람들도 맹세를 하게 된다.

　"죽는다死"는 말은 무리를 이룰 때만 하고 그 후에는 절대 하지 않는다. 그 후부터 죽음에 대해 말할 때는 "넘어지다"나 "자다", "늙다" 등의 말로 표현한다. 구어의 금기를 철저히 지키는 것이다.

　맹세를 한 후에는 두목에게 별명을 부여한다. 별명을 부여하는 정해진 법칙은 없다. 대개 즉흥적으로 짓는다. 가령 "전신殿臣"이라는 칭호는 삼태기 위에 앉을 바에야 대전 신하처럼 앉으라는 것이고[1], "쌍표雙鏢"라는 칭호는 두목이 양손잡이로 총을 잘 쏜다는 뜻을 가진다. "초상비草上飛"는 행동이 민첩함을, "천산갑穿山甲"은 산을 잘 넘나듦을, "노북풍老北風"은 용맹함을 뜻한다. "곤지뢰滾地雷"는 그 두목이 문을 나서기 전에 반드시 한 번 뒹구는 버릇이 있어 얻은 칭호다. 개인적인 특징에 따라 붙여진 칭호도 있다. 예를 들면 "소백룡小白龍"은 젊고 잘났음을 뜻하고, "마수재馬秀才", "노두老頭(늙은이)", "노이가老二哥(둘째 형)", "馬바보", "金뻐드렁니", "張주걱턱", "외눈이獨眼龍", "한주먹單掌" 등도 이에 속한다.

대다수 두목들의 칭호는 길조를 기원하는 의미를 가지고 있다. 이를테면 "만성萬盛", "군자인君子仁", "쌍룡雙龍", "용봉龍鳳", "육국군六國君", "전승戰勝", "만부萬富", "재원무財源茂", "보전寶全", "남래호南來好", "북래호北來好", "동래호東來好", "서래호西來好" 등이다.

뚜렷한 목적을 위해 붙여진 칭호도 있는데, 이를테면 구태九台의 "삼강호三江好", 안도安圖의 "노삼성老三省" 등이 그러하다.

"삼강호三江好" 나명성羅明星은 무리를 이룰 때 맹세를 마치고는 형제들을 불러 모아놓고 이렇게 말했다고 한다. "형제들이여, 왜 내 이름을 '삼강호'라고 했는지 아는가? 송화강, 두만강, 압록강 3강 양안의 백성들이 모두 똘똘 뭉쳐 왜놈들과 싸우기 위해서다. 앞으로 누구든 다른 마음을 가진다면 미안하지만 용서치 않을 것이다."

1_ 중국어에서 가라앉을 沉字와 신하 臣字가 동음이의어임.

"노삼성老三省"은 길림, 안도, 연변, 훈춘 일대에서 유명한 마적 두목이었다. 1931년 전부터 이름이 널리 알려졌다. 어느 날 그는 "야마野馬"라는 별호을 가진 두련승杜連升과 만나 말했다. "오늘 내가 당신을 끌어오는 것은, 함께 왜놈과 싸우기 위해서요." "야마"가 물었다. "정말이요?" "노삼성"이 말했다. "물론! 난 무리를 지을 때 말한 적이 있오. 이 '노삼성'은 바로 동삼성의 백성들을 돕기위해 나섰다고 말이오. 지금 당장 망국의 노예가 되어 목숨이 적의 손에 들어갈 판국에 내가 무엇이 잘났다고 '노삼성'이란 말을 썼겠오!" "난 무리를 결성하려고 조상이 주신 성씨마저 버린 놈이요. 난 원래 楊씨였는데, '양羊'은 산에서 가장 힘이 없어. 난 오히려 '늑대 낭狼'이 되고 싶다오. 그래서 난 내 성씨를 들먹이지 않아. 모두들 날 '노삼성'이라고만 부르지. 난 이 칭호에 손색이 없도록 살거라오!" 마적들의 칭호에 명확한 목적이 있음을 보여주는 사례이다.

맹세를 하고 칭호를 붙이고 나서는 포두炮頭, 수향水香, 양대糧臺 등 내무 외무 8소두목과 여덟명의 차두목四梁八柱 지정하고, "산장山場", "강두崗頭"나 "위당葦塘"과 같은 근거지를 정한다. 그런 다음 그 일대에 먼저 자리를 잡은 무리들과 인사를 하고 나면 새로운 무리가 정식으로 형성된 것이다.

무리 결성 이외에, 마적의 길에 접어드는 다른 방법은, 이미 형성된 무리에 가입하는 것이다. 은어로는 "괘주挂柱(즉 기둥에 걸다)한다"고 한다. 가입도 보증인이 천거하는 방법과 본인이 직접 찾아가는 두 가지 방법이 있는데 모두 그리 쉬운 일은 아니었다. 본인이 직접 찾아 갈 경우 여러 가지 엄격한 심사를 거쳐야 한다. 대개는 친척이나 친구, 혹은 아는 사람이 소개자가 되어야 하는데 이를 은어로 "고리挂勾"라고 하였다.

마적 마차 행렬 관동지역 민간 차마운영 사업자들은 마적 활동과 규칙을 알아야했다

　새로 가입하려는 사람이 오면 우선 그의 담력을 시험하는데 이를 은어로 "과당過堂" 한다고 한다. "과당"에는 두 가지 방법이 있다. 하나는 머리에 박이나 주전자를 이고 뒤를 돌아보지 않고 백 보 정도를 걸어가게 하면서 두목이 총으로 그 물건을 쏘는 것이다. "탕" 소리와 함께 물건이 박살이 나면, 두목은 사람을 시켜 그 사람이 오줌을 싸지 않았는지 살펴 본다. 열걸음도 못가서 바지에 오줌을 싸는 사람도 있고, 총소리가 나면 질겁하여 그 자리에 주저앉는 사람도 있다. 이런 사람을 무리에서는 겁쟁이抓子(엎드린 놈)라고 하고, 담력이 큰 사람은 사내놈頂硬(간 큰 놈)이라 부른다.

　담력을 시험하는 두 번째 방법은 "포두炮頭(대오를 거느리고 앞에서 돌진하는 명사수)"와 함께 "먹이 찾기打食(습격 대상 찾기)"를 나가는 것이다. 그에게는 "불뿜는 놈噴子(총)"과 "시퍼런 놈靑子(칼)"를 주지 않고 "물보기踩盤子, 望水(즉 정찰)"을 하게 한다. 만일 그 일을 잘 해내면 포두는 두목에게 "한 바퀴 돌았습니다!(통과했습니다)" "사내놈 입니다!" 하고 말하는데, 그런 다음에는 배향拜香을 하게 한다.

배향이란 향을 피우고 하늘에 맹세하는 것인데, "香堂을 연다"고도 한다. 향당에는 대향당과 간이 향당 두 가지가 있다. 대향당(대개 깊은 산 절에 배설한다)에 무리 전원이 모여 "작은 봉황(병아리)"의 목을 베는데 정중하게 의식을 집행한다. 소향당은 간이 향당이라고도 하는데, 형제 몇 명이 두 세명 소두목을 모시고 진행하게 된다. 향당 가운데에 다섯 조상과 관운장의 신위를 모시고 세 가지 제물을 준비한다. 고참이 새로 가입할 사람을 데리고 들어와 소개하면서 그 신참 집안이 깨끗함을 보증한다.

소개자는 "성형成兄" 혹은 "천거인"이라고 한다. 천거인은 새로 가입할 자를 "주관자督事"에게 소개하고 다시 주관자가 천거인과 신참을 향당으로 안내하여 고참들과 서로 형제의 의를 맺고, 그 다음 입당 맹세를 하게 된다.

먼저 신참을 신상神像 앞에 꿇어 앉힌다.

고참이 묻는다.

"왜 여기 들어왔는가?"

"가입하려 합니다."

"누가 천거했는가?"

"천거인은 ×××입니다."

고참이 천거인에게 묻는다. "자네가 천거했는가?"

천거인이 말한다. "예."

고참이 다시 신참에게 묻는다. "스스로 원해서 들어왔는가? 아니면 다른 사람이 권해서 왔는가?"

"제가 원해서 왔습니다."

"무리의 법규는 아는가?"

"선배들의 가르침에 따르겠습니다."

"왜 가입하려는가?"

"충의를 배우려 합니다."

"자네가 가입한 것을 알면 오랑캐들이 잡아 죽이려 들 것이고, 우리 문중의 법규를 범하면 우리들이 죽일 것인데, 그래도 원하는가?"

이런 일문일답이 끝나면 고참이 무리의 각종 규칙을 알려준다. 그리고는 "잘 알았는가? 나중에 규칙을 어기면 어떻게 되는지" 하고 다짐을 받는다.

"칼에 찔려죽고 총에 맞아죽어도 원망하지 않겠습니다."

고참은 머리를 끄덕이며 말한다. "봉황을 베라!"

주관자가 "예이!" 하고 대답하고 신상 앞에서 흰 수탉의 목을 자른다. "앞으로 규칙을 어기면 이 닭과 같이 될 것이다!" 혹은 향을 분지르며 "이 향과 같이 될 것이다" 라고 말하기도 한다.

근대에 들어와서 이러한 일문일답 의식은 훨씬 간단해졌다. 신참이 스스로 원해서 들어왔다면서 맹세를 하면 그만이다. 그러나 향을 꺾는 행위는 신참이 스스로 하게 되었다.

이때 고참이 묻는다. "다진 맹세를 무엇으로 보여주겠는가?"

그러면 신참이 말한다. "이 향으로 보여 드리겠습니다."

그 다음 신참이 일어나서 고참들에게 차례로 인사를 올린다.

옛날에는 한 사람이 무리에 가입하려면 엄격한 과정을 거쳐야 했고, 그 과정은 일종의 문화적인 형태로 굳어졌다. 민간에서 얼마나 오랫동안 이런 풍습이 전해져 내려왔는지 알 수 있는 대목이다. 이렇게 무리에 입당하는 것을 "괘주挂柱"라고도 했다.

패주 의식에서 "패주"하려는 사람은 직접 "향 꽂기栽香"를 해야 한다. 향은 19개비를 꼽아야 하는데, 18개비는 18 나한羅漢을, 나머지 1개비는 사부, 즉 두목을 의미한다. 19개비의 향은 5등분 해서 꼽게 되는데, 순서와 위치가 정해져 있다. 앞에 3개비, 뒤에 4개비, 왼편에 5개비, 오른편에 6개비를 꼽고 그 가운데다 다시 한 개비를 꽂아야 한다. 그런 다음 패주를 하려는 사람이 그 앞에 꿇어앉아(다른 사람들은 그 주위에 앉는다) 말한다.

저 오늘 가입하면
여러 형제들과 한 마음이 되겠나이다.
만일 그렇지 않을 경우
천둥 번개에 맞을 것이요.
두목께서도 저를 죽여주소서.
저 오늘 가입하면
여러 형제들과 한 마음이 되겠나이다.
비밀을 누설하지 않고 변절하지 않으며
친구를 팔아먹지 않고 규칙을 지키겠나이다.
만일 지키지 못할 경우
난도질하여
두목께서 저를 죽여주소서.

이 때에 두목이 한 편에서 말한다. "이제 다 한집안 식구이니, 어서 일어나게!"
패주한 사람이 말한다. "고맙습니다, 형님!"

두목은 다시 "여러 형제들과 인사를 나누게" 한다.

이때 그는 제일 먼저 돌격할 때 선봉을 서는 "炮頭"에게로 가서 "형께서 가르쳐 주십시오" 하고 말한다.

그러면 포두는 "뛰는 놈 위에 나는 놈이 있는 법이니, 자네 사격술은 더 닦아야겠네. 이불 속에서 꼼지락 거리지 말고 매일 일찍 일어나게! 젖 먹는 아이도 없지 않은가! 보초 당번을 설 때에는 정신 바싹 차리고 일이 생기면 바로 신호를 보내야 하네. 우리 식구 목숨이 자네에게 달려 있어…" 이러한 주의를 주고 사람을 시켜 총과 총탄을 건네 준다.

다시 식량 보급을 담당하는 "양대糧臺" 한테 가서 "형의 가르침을 받겠습니다" 한다. 그러면 양대가 말한다. "밖에 나와 세상을 떠도는 생활은 누구도 쉽지 않네! 옥수수떡을 씹을 때(식사할 때)는 좋은 것이던 거친 것이던 있는 대로 먹어야 하네. 음식이 적으면 나누어 먹어야 하고. 공융孔融이 배 한조각을 다른 사람이 먹도록 양보했다는 옛말을 들었는가? 잘 하게…" 그리고는 사람을 시켜 옷 한 벌, 이불 한 채, 수건, 비누 등을 보급해 준다. 여유가 있는 무리에서는 제복이 따로 있었다. 대개는 무명으로 지은 바지 저고리였는데, 겨울에는 솜옷이나 짐승가죽 외투에 여우털 모자였다. 담뱃대를 배급하는 곳도 있었다.

그런 다음 "패주"하러 온 사람은 "수향水香"에게로 가서 두 주먹을 맞잡는 예를 올리며 "형께서 가르쳐주십시오!" 한다. 그러면 수향은 그가 맡은 방면의 주의사항을 일깨워 주었다. 이런 의식은 무리의 작은 두목들 모두에게 인사를 올리고 형제들과 인사를 나눌 때까지 계속된다. 이렇게 "패주" 하는 사람의 입당 의식은 끝나게 된다.

특히 포두에게 인사를 올릴 때, 포두는 보통 큰소리로 훈계를 한다. "자네 담력이 있는가? 싸울 때 앞장을 서야지 꽁무니를 빼서는 안

마적 활동 중 휴식중인 마적과 마필

되네!" 이럴 때 "쾌주"인은 "죽어도 꽁무니를 빼지는 않으리다!" 하고 말해야 한다. 그래도 포두는 마음을 놓지 않고 "지금이라도 늦지 않았으니 자신이 없으면 돌아 가게. 정작 일이 닥쳤을 때 감당해 내지 못하면 내 화목(총탄)은 사람을 가리지 못하네!" 하면서 겁을 주고 다짐을 받는다.

 가입한 "아이들(형제, 즉 병졸)"은 무리 내 "소두목"의 말을 무조건 들어야 하며 큰 두목과 내외 소두목을 "공경"해야 한다. 가령 설이 되면 대소 두목들에게 예물을 바쳐야 한다. 마적들은 이것을 지휘, 관할비라고 하는데 사실 영도자의 "수고비"인 것이다. 그러나 "아이들"에게서 받아 가는 이런 돈은 그리 많지는 않았다.

 "입당"과 반대로 무리에서 탈퇴하는 퇴당은 "향을 뽑는다"고 표현한다. "쾌주(입당)"가 상대적으로 쉬운 일이라면 퇴당은 거의 목숨을 걸어야 가능하다. 일반적으로는 한번 무리에 들면 빠져나갈 엄두를 내지 못한다. 부모나, 아내, 아이들이 집에서 큰 사고가 나서 반드시 자식이나 남편으로 돌아가야 할 상황이라면 두목이 정탐꾼을 통해 사실을 알아보고 탁자를 두드리며 소리친다. "향을 뽑아라!"

향을 뽑는 것도 일정한 의식을 거쳐야 한다. 보통 매달 음력 보름 전후에 의식을 거행하는데, 둥근 달이 뜨고 별이 밝으면 울안 빈터에 향을 꽂는다. 향 꽂는 방법은 "패주" 때와 마찬가지로 19개비를 역시 앞에 3개비, 뒤에 4개비, 왼편에 5개비, 오른편에 6개비, 가운데 한 개비를 꽂는다.

퇴당하려는 사람이 가운데 놓인 향 앞에 꿇어 앉아 말한다.

18나한이 사방에 계시고
두목이 그 가운데 계시나이다.
산림 속을 백여 일 헤매며
형제들의 돌봄을 입었나이다.
오늘 제가 떠나가려니
형제들께서 관용해 주소서.
집에 돌아가 어머니를 봉양하지만
운명은 여러 형제들과 함께할 것입니다.
굴이나 넓은 땅 있으면 알려드리고
위험이 있으면 소식을 전하리다.
밑에는 땅이 있고 위에는 하늘이 있으니
저는 형제들과 한 줄에 매여 있습니다.
철마로 이빨을 당겨도 입을 열지 않으며

큰칼로 목을 쳐도 마음 변치 않으리다.

한마디라도 쓸데 없는 말을 하면

곧바로 이마에 벼락이 떨어질 것입니다.

큰형님 길한 별은 영원히 빛나고

재산은 무성하고 끊임없기를 ...

부디 여러 형제들 평안 하소서.

말 한 마디를 하면서 향을 한 개비씩 뽑아서, 19마디를 다 하면 향을 뽑는다. 만일 퇴당하는 자의 말이 여러 사람을 즐겁게 하면 두목은 의자에서 일어나 "동생, 가게. 언제든 '집' 생각이 나면 다시 돌아와서 '밥을 먹게' " 라고 말한다.

"고맙습니다. 형님!"

"여봐라!"

"예!"

"동생에게 노자를 줘라!"

"예! 알겠습니다!"

'아이들' 과 소두목들이 모여 들어 전대를 주며 인사를 주고 받는다. 대개 옷이나 "나는 호랑이(돈)" 와 말 한 필을 주게 된다.

만일 탈퇴하는 사람의 말이 설득력이 없거나 조리가 닿지 않고 더듬거리면, 모두의 얼굴에서 웃음이 사라지고 두목은 얼굴색이 변하여 탁자를 두드리며 소리친다. "미련한 놈, 내 오늘 죽여버릴테다!" 그러면 수하 졸개들도 고함을 치며 말한다.

"그 자식 가게 내버려둬선 안됩니다!"

이 때 두목이 모자를 벗어 탁자에 놓는다. 그러면 포두가 나서서 말한다. "자네가 우리와 함께 한 그 긴 세월을 보아서 자네 갈길을 선택할 기회를 주겠네(죽는 방법을 선택하라는 뜻)"

향 뽑기 의식을 시작할 때마다 마적들은 탈퇴하려는 사람을 에워싸고 눈을 부릅뜨고 노려본다. 담이 약한 사람은 이때 바로 바지에 오줌을 싼다. 담이 있는 사람이라도 "향을 뽑아!" 라는 말이 떨어지면 대개 온 몸에 식은 땀을 흘린다. 어떤 무리에서는 두목이 호령하면 여러 마적들이 동시에 칼을 뽑아들고 그 사람의 귀를 베거나 눈을 도려내며, 때로는 생식기를 잘라버리며 욕을 한다. "이 조롱박이 씨를 뿌리나 두고 보자!" 때로는 얼굴 살을 베어 나무에 꿰어 새에게 먹이기도 한다.

때로 "향 뽑기" 는 못마땅하게 여기는 자에게 "향을 뽑" 도록 강요하여, 구실을 삼아 죽이는 수단이 되기도 한다. 대부분 탈퇴를 원하는 사람은 정당한 이유만 있으면 가능했다. 거기에 무리와 관계되는 보증인이 사정을 잘 이야기하면 되었다. 그러나 대부분 마적들은 한 번 가입하면 끝까지 그 일을 하였다. 옛날에 민간에는 "괘주(즉, 입당)하기는 쉬워도 향 뽑기(퇴당)는 어렵다" 는 말이 유행했었는데, 이래서 생긴 말이다. 마적의 무리에 들어와 한 동안 몸을 숨기려는 사람은, 가입하기 전에 미리 선배를 찾아 향을 뽑는 과정을 알아둔다. 향을 뽑을 능력이 없으면 "괘주" 를 할 엄두를 내지 못하는 것이다. 들어갔다가 나오지 못할 것 같기 때문이다.

"향 뽑기" 는 두목 이하 모든 직위의 마적이 탈퇴할 때 겪는 행위를 가리킨다. "향 뽑기" 를 한다는 것은 곧 절교를 의미하며 절대 다시 그 무리에 돌아오지 못한다. 일반적으로 자기 주견을 가진 사람은 탈퇴한 후 다시 그 무리에 들어오지 않는다. 이를 준마는 한 번 뜯던 자리의 풀을 다시 먹지 않는다고 말한다. 만일 두목이 마적 노릇을 그만 두려고 하는데 "향 뽑기"를 할 수 없으면 반드시 소두목들을 설득해야 하며 그렇지 못하면 무리를 절대 떠날 수가 없다.

03
밀천局底과 규칙

무리의 규칙
부도덕한 행위 금지
두목에 대한 공경
주변 평민 약탈 금지
형벌의 실행
형벌의 명칭

03 밑천局底과 규칙

    무리를 형성하기 위해서는 자본이 있어야 하는데 이를 "밑천局底"이라고 한다. 이 "밑천"을 어떤 조직에서는 무리를 이루기 전에 미리 충분히 준비를 한다. 담력과 지략이 있는 사람들이 할 수 있는 일이다. 총이 없으면 붉은 천으로 나무토막을 싸들고 향鄕의 公所나 마을 연합 방위대에 가서 총을 빼앗기도 하고, 천으로 쇠 파이프를 싸들고 사냥총인 양 들고 가서 재산가들을 협박하여 총을 내놓게 하기도 한다. 장작림張作霖이 무리를 이룰 때의 이야기는 아주 재미있다.

    그 해 "난세에 영웅이 사방에서 일어나던" 시절이었는데, 장작림은 총도 탄약도 아무것도 없었다. 어느 날 문득 꾀가 떠올랐다. "武善人"이라는 사람이 일꾼을 쓴다는 말을 듣고 찾아갔다. 그 대지주는 장작림이 힘이 장사라는 것을 알고 고용하려 했다. 그에 장작림이 청했다. "한 가지 요구 사항이 있습니다. 제가 받을 양식을 내일 저의 집에 가져다 주십시오. 일년이니까 수수쌀 8석이지요. 양식이 없으시면 시가로 환산해 주셔도 좋습니다!" 지주는 임금을 당연히 지불해야 할 것이었으므로 그렇게 하겠다고 했다. 그 집에서 나온 후 그는 다시 주위 여러 마을을 돌아다니며 돈 있는 집에 찾아가 같은 방식으로 일을 하겠다고 청했다. 모두 여덟 집에 고용되었는데, 다만 일년 품삯을 배달 받을 시간을 달리 정했을 뿐이었다.

돈과 양식을 다 받은 후 그는 자기를 고용한 주인들에게 "첫 시작"을 축하해 달라고 초청하였다. 장작림은 모두에게 배갈을 한 사발씩 따라주고 자기도 한 사발 가득 따라 들고 말했다. "여러분은 이상하실 겁니다. 가난하기 짝이 없는 장작림이 오늘 웬일로 주머니를 털어 여러분을 청했느냐….? 사실 이건 여러분들의 돈으로 마련한 겁니다…"

모두들 눈이 휘둥그래졌다.

그가 말했다. "놀라지 마십시오. 오늘 여러분을 모신 것은 제가 마적 무리에 들어간 것을 축하해 달라고 그런 것입니다. 여러분이 수수쌀 8석씩을 지원해 주셨지요! 그것이 없었다면 제가 이 20발짜리 총을 어떻게 구했겠습니까?" 말을 마치고는 번쩍이는 새 총을 꺼내 "탕" 소리가 나게 탁자 위에 내놓았다. 지주들은 모두 놀라 어쩔 줄 몰랐지만 누구도 입을 열지 못했다.

장작림은 화제를 돌렸다. "하지만 여러분, 그렇게 놀라실 필요는 없습니다. 속담에 용한 개는 세 집을 지키고, 똑똑한 사람은 세 마을을 지킨다고 했습니다. 내가 무리를 이끌고 마적에 들어간 것은 바로 관병과 싸워 여러분을 보호하기 위한 것입니다. 돈과 양식이 없이 어떻게 제가 늙은 어머니를 봉양할 수 있겠습니까. 다시 말씀드리지만 내가 무리를 결성했지만 절대 여러분을 괴롭히지는 않을 것입니다!" 그리고는 이어 또 말했다. "그러나 여러분 중에 양심을 버리고 관병과 내통을 할 때에는 내 이 총이 누구던 가리지 않을 것입니다. 다시 말씀드리지만 사실 내가 무리를 결성하는데 쓴 이 총은, 모두 여러분이 주신 돈으로 사들인 것 입니다. 관가에 알리면 어떻게 될지 잘 아시겠지요? 앞으로 일이 잘 되면 여러분께 배로 돌려드리리다!"

그리고는 또 물었다. "마음이 내키시는지, 어떠십니까?"

지주들은 별수없이 대답했다. "물론, 물론이지요!"

"찬성하십니까?"

"찬성, 찬성하지요!"

"좋습니다." 장작림이 말했다. "여러분의 협의서를 써 주십시오. 우리 모두 서명을 하겠습니다!"

토호 재산가들은 모두 울며 겨자 먹기였다. 넋이 나간 듯 집으로 돌아가 협의서를 써 장작림에게 주었다. 장작림은 그 협의서를 찢어버리고 다시 한 사람씩 따로 협의서를 체결하였다. 이날 밤 장작림은 지주들을 잘 먹여 보내고는 총을 메고 형제들을 데리고 산으로 들어갔다.

동북의 민간에는 "견면례見面禮"라는 말이 있다. 즉 작은 마적 무리가 비교적 큰 마적 무리에 들어갈 때는 반드시 견면례, 즉 초면 인사를 해야 했다.

무리를 끌고 가기도 하고,

총을 가지고 가기도 하고,

유용한 정보를 가지고 가기도 한다.

동북의 유명한 마적이었던 독수리는 무리에 들어갈 때 중요한 정보를 가지고 갔다. 그래서 나중까지도 그는 "연락망"과 같은 정보에 관심을 가졌다. 독수리의 본명은 張樂山이었다. 청나라 同治年間에 湘軍(湖南省 군대)이 물러간 후, 주인 잃은 군인들은 살아갈 방법이 없어 대다수가 "가로회哥老會"에 가담했다. 그 중 한 파인 "안경도우安慶道友"는 운하에서 조운漕運으로 생계를 삼았는데, 나중에 바닷길이 개통되면서 생업을 잃게 되자 "소금장사"에 나섰고 오랜 시간이 지난 후 청방靑邦(家禮敎라고도 함)을 이루게 되었다.

관에서 개인적인 소금 매매를 엄히 금지 한데다가 청나라 말기에 "關東 바람"이 성행하여, 많은 "재가례在家禮" 사람들이 관외로 나가는 출로를 찾게 되면서 무리들은 省內 각지에 퍼지게 되었다. 이 조직은 강호의 의기를 아주 중요시 하였기 때문에, 자연스럽게 마적에게 이용되거나 마적의 한 계열이 되기도 하였다. 전하는 말로는 독수리의 조부와 부친 모두 "재가례"에서 어느 정도 신분을 가졌던 사람이라 한다. 그래서 그의 가족 내막을 아는 사람들은 "3대 마적" 집안이라고 하였다. 독수리 같은 무리도 애초에는 강호에서 뛰어 다녔던 것이다.

후에 독수리의 조부와 부친은 사람들에게 생업을 들켜서 관에 잡혀가 "참형"을 당했다. 놀란 모친도 얼마 지나지 않아 죽었다. 장락산은 고아가 된 것이다. 그때 8세 밖에 안 되었다.

어느 날, 부친과 떨어져 살던 마음 착한 숙부가 와서 물었다. "낙산아, 뭘 할거냐?"

"원수를 갚겠어요!"

"진짜냐?"

"예."

"그럼 날 따라 가자…"

그래서 숙부가 그를 데려갔다. 그들은 북쪽으로 북쪽으로 흑룡강성 액목額穆 일대에 있는 숙부의 집으로 왔다. 이튿날 숙부는 그를 데리고 陳氏네 둘째 아저씨라는 큰 부잣집으로 갔다. 진씨는 부자 티를 내면서 남을 무시하는 사람이었는데, 그럼에도 숙부는 낙산을 그 집 머슴을 살게 했다. 평시에 일이 끝나면 숙부는 그에게 사냥총을 주며 말했다. "산

행진 중인 마적의 대열 일부

에 노루나 사슴이 널려 있는데 가서 잡아 보아라!" 그렇게 자주 사냥을 하다보니 낙산은 명사수가 되었다. 여러 가지 단련도 하게 되었다. 특히 힘들고 어려운 일을 잘 견디는 인내력을 키웠다. 그가 19세 되던 해 중병에 걸린 숙부는 임종이 가까워지자 안간힘을 쓰며 일어나 앉아 말했다. "낙산아, 꼭 복수해야 한다!"

"숙부! 명심하지요."

"하지만 원수를 갚으려면 기본이 있어야 한다. 인마가 기본인데…"

"어떻게 인마를 끌어 모으지요?"

"무리를 지어야지. 마적 말이야!"

이내 숙부는 숨을 거두었다.

그로부터 2년 후 봄, 4월에 접어들어 진씨네 둘째 아저씨가 소작농인 장락산의 움집에 들어섰다. "소작을 그만 두어야겠네. 집도 빼고! 오늘 나가게."

장락산은 눈이 뒤집힐 지경이었다. "소작료도 꼬박꼬박 바치고 집

세도 거르지 않았습니다. 겨울 내내 부지런히 밭에 거름을 다 내어 놓았는데, 저더러 어디로 이사를 가라는 말씀이세요!"

"네가 어떻던 내 알 바가 아니지! 이 집, 땅 모두 내껀데!"

장락산의 고집도 보통이 아니었다. "집, 땅이 모두 당신꺼라니요? 하느님꺼지요!"

"간이 부었군!"

"그래요! 목숨이야 모두 염라대왕 것이지요."

"그래 안 나가겠단 말야?"

"못 나가겠습니다."

그렇게 험악하게 말이 오가다가 두 사람은 손찌검을 하게 되었다. 그러나 진씨네 둘째 아저씨는 사람 못 살게 구는데는 이력이 난 사람이었다. 아래 사람들까지 데리고 와서 장락산을 유혈이 낭자하도록 매타작을 하고 집안 기물들을 박살을 내버렸다. 낙산의 숙모도 놀라 숨졌다. 이웃의 권고로 장락산은 관가에 고발했다. 재판에서 승소하였다. 관가에서는 진씨에게 관을 마련하여 7일장을 지내주고 은전 7백 냥을 보상해 주라고 판결하였다. 그러나 장례날이 되어도 진씨집안 사람들은 보이지 않았다. 점심 때가 다 되어갈 무렵 서쪽 신작로에서 관병들이 몰려오더니 막무가내로 장락산의 숙모 시체를 관에서 꺼내 땅에 팽개치고는 락산이 마저 감옥에 집어 넣었다. 진씨네 둘째 아저씨가 뇌물을 써서 재판을 뒤집어 놓았던 것이다.

감옥에서 그는 자신의 인생을 곰곰 되씹으며 결심을 굳혔다. 감옥에서 나왔지만 집은 엉망진창이었고 따로 갈 곳도 없었다. 그는 곧바로 진씨네 집으로 찾아갔다. "전에는 제가 무지 몽매하여 어른께 대들었습니다. 갈 곳도 없으니 댁에 의지해서 울안이나 지키면서 속죄할까 합니다…"

이렇게 말하며 그는 눈물마저 흘렸다.

진씨는 낙산이 진심으로 사과하는 태도를 보고 받아 주면서, 사람을 데리고 울안을 지키게 했다. 그 후 두 차례나 마적들이 "향요響窯(대가집을 터는 일)"를 왔지만, 낙산은 사병들을 데리고 물리쳤다. 진씨는 기분이 좋아서 총을 내주면서 20여 명의 사병을 거느리고 포대砲臺를 지키게 했다.

낙산은 때가 왔다고 생각했다. 사실 낙산은 액목額穆에서 멀지 않은 산에 독수리라는 강력한 마적단이 둥지를 틀고 있다는 소식을 듣고 있었다. 거기에 들어 가려면 반드시 "밑천局底", 즉 유용한 정보가 있어야 했다.

그는 진씨네 전 가족의 생명과 재산을 "밑천", 즉 독수리에게 바칠 가입 자금으로 생각하였다. 그런데 때가 온 것이다. 그는 말을 사오라는 주인의 영을 받고 나온 기회를 타서 독수리를 만나 인사하였다. 두 사람은 한가윗날 밤에 진씨네 집을 털기로, 장락산은 안에서 응수하기로 약속 하였다. 일이 성공하면 낙산에게 마적단의 두 번째 두목 자리를 주기로 의논하였다. 독수리는 이를 수락했다.

그날 밤 밖에서 총소리가 나자 장락산은 포대 문을 열고 사다리를 타고 내려가 형제들을 맞이했다. 진씨는 포대에 올라갔다가 깜짝 놀라 말했다. "무엇하는 짓이야?"

"바로 이것이오!"

"마적과 내통했구나!"

"그래. 난 네놈 재산을 입당하는 밑천으로 내놓았네!"

진씨는 그 말에 "여봐라!" 고함을 치며 도망쳤다. 장락산은 단방에 그를 쓰러 뜨렸다. 진씨네 집안을 점거하고 장락산은 마적 무리에 들어

갔다. 그리고 약속한대로 진씨네 재산을 "밑천"으로 마적단의 둘째 두령이 되었다. 얼마 후 두목이 "유괴" 작전을 실시하다가 죽자, 그가 두령이 되었는데, 독수리라는 칭호를 그대로 사용하였다. .

이와 같이 밑천을 마련하는 것은 마적무리에서 흔히 사용하는 방법이었고 대개 마적들은 그러한 경력을 가지고 있었다.

무리의 규칙

마적 무리는 각기 자기나름의 규칙을 가지고 있다. 얼핏 각양각색으로 보이지만 자세히 보면 일정한 틀이 있다.

털지 않는 열가지 물건:

첫째, 결혼 행차와 장례 행차 물건은 빼앗지 않는다. 결혼과 장례는 예로부터 인생의 두가지 대사이다. 결혼 행차와 장례 행차를 습격하지 않는 것은 좋은 운수를 기대하기 때문이다.

둘째, 우체부 물건은 빼앗지 않는다. 속담에 "가난한 훈장, 고달픈 우체부"라고 했듯이 우체부에게는 "편片兒(돈)"이 없기 때문이다.

셋째, 나룻배 주인 물건은 빼앗지 않는다. 자신들도 나룻배를 이용해야 하기 때문이다.

넷째, 의사의 것을 빼앗지 않는다. 무리에 부상자가 생기면 의사를 모셔다 치료를 받기 때문이다.

다섯째는 도박꾼 것을 빼앗지 않는다. 전하는 말에 마적과 도박꾼은 한집 식구라고 하였다. 이와 관련된 다음과 같은 노래가 두 편이 있다. "서북 하늘 맞붙은 곳에 한조각 구름, 천하 도박꾼들은 한 집안 식구.

趙太祖는 내놓고 하는 도박꾼, 18나한은 몰래하는 도박꾼." "千山萬水가 하나의 꽃 송이, 내놓고 하거나 몰래 하거나 같은 도박질. 네가 횡재하면 나도 한 몫 하고, 네가 고기를 먹으면 난 국이나 먹지."

여섯째, 여덟 가닥 밧줄을 메고 다니는 사람의 물건은 뺏지 않는다. 여덟 가닥 밧줄을 메고 다니는 사람은 대체로 두 종류의 사람이다. 하나는 솥 달아주는 사람으로, 이들은 대나무 껍질로 밧줄을 만들어 도구와 걸상을 메고 다닌다. 이를 '빳빳한 여덟 가닥 밧줄'이라 한다. 다른 한 종류는 배, 사탕, 해바라기 씨를 팔러 다니는 사람들로서, 유리 덮개를 한 큰 바구니를 메고 술과 기름을 팔기도 하고, 계란·돼지털·말 꼬리털·개가죽과 바꾸기도 하는데, 이를 '부드러운 여덟 가닥 밧줄'이라 한다. 이들은 모두 밑천이 얼마 안 되는 자영업자들이므로 별로 빼앗을 것이 없었다.

일곱째, 여인숙 물건은 빼앗지 않는다. 특히 평원 지역의 마적들은 낙엽 지고 눈보라가 치는 겨울이 되면 몸 숨길 곳이 없으므로 여인숙에 들어가서 겨울을 났었다.

여덟째, 승려·도인·비구니·불가의 물건은 빼앗지 않는다.

아홉째, 홀아비나 과부 물건은 빼앗지 않는다.

열째, 홀로 밤길을 가는 사람의 물건은 빼앗지 않는다.

그리고 관을 파는 장의사의 것도 빼앗지 않는다. 심리적으로 꺼렸기 때문이다.

토비, 마적, 호자胡子라고 불리던 마적들이 사용하던 총기

부도덕한 행위 금지 不橫推立壓

 상리를 거스리며 압박하지 않는다는 말은 두 가지 의미를 가진다. "상리를 거스린다橫推"는 말은, 평상의 도리와 인정에서 벗어나는 일을 하는 것을 말한다. 그러므로 상리를 벗어나는 부도덕한 행위를 하지 않는다는 것은, 사람을 강탈하더라도 그 사람이 살려달라고 빌면 죽이지 않고, 인간성을 무시한 악행은 하지 않는다는 것이다. "강압立壓"이라고 하는 것은 강박적인 수단으로 여인을 농락하는 것을 가리킨다. 어느 마적 무리에서는 이를 "사악한 가닥"이라고 불렀다.

 1915년(민국 4년) 쌍양雙陽의 대래호大來好 무리가 길림吉林에서 석인구石人溝 쪽으로 가게 되었다. 저녁무렵 마을에 행장을 풀어놓은 다음 한 졸개가 마을 처녀를 농락했는데, 얼마 안 되어 그 집에서 찾아왔다. 대래호는 무리를 울안에 모두 불러놓고 등불을 들고서 그 집사람에게 그

놈을 지적하라고 하였지만 아무리 보아도 찾지 못했다. 대래호는 "보초를 바꿔서 데려와!" 했다. 바로 그 보초였다. 대래호는 총을 몰수하고 나서 물었다. "너 아느냐? 무슨 죄를 범했는지?"

"아니…모르…"

"흥, 우리가 무리를 이룰 때 뭐라고 맹세했어?"

"백성을 때리거나 욕하지 말아야 하고, 아녀자를 범하지 말고, 얼어죽더라도 바람을 맞서고, 굶어죽더라도 허리를 굽히지 않는다…"

"그런데, 넌.. 여봐라! 이놈을 달아!(죽여라)"

그 자가 애걸했다. "형님, 이번만 용서해주세요!"

대래호가 말했다. "안돼. 두목인 내가 도리를 어기고 부도덕한 일을 했더라도 나를 '들보'에 매달거야! 이건 우리의 규율이다!" 아이들이 그를 끌고 나갔다.

얼마 안 되어 총소리 두 방이 났다. 대래호가 들으니 하늘에 대고 공포로 쏜 소리였다. 그는 직접 자신이 나서서 단 방에 그 졸개를 죽였다. 그리고 나서 허공에 총을 쏜 두 졸개도 처분했다.

두목에 대한 공경

큰 두목을 형님, 큰 주인이라고도 한다. 그는 무리에서 가장 권위 있는 사람으로 소두목이나 아이들(졸개)은 반드시 그를 존경해야 한다. 무리의 정신적인 중심이기 때문이다.

평시에 어떤 무리를 일컬어 "거기 '붉은 색이 돌고 훤하다局紅管亮'"고 말하는데, 여기서 "무리에 붉은 색이 돈다"는 것은 살림이 풍족하고 두목의 위신이 높음을 뜻하며, "집안이 훤하다"는 것은 두목이 총을 잘

쏜다는 것을 뜻한다. 두목은 명사수로서 반드시 "십보이내 조립법十步
裝槍法"에 정통해야 한다. "십보이내 조립법"이란, 해체한 총 부품을 옷
속에 숨기고 온돌 위에 앉아 있다가 일단 일이 벌어지면, 마루에 내려서
서 걸으면서 조립하여 대문에 이르렀을 때 발사할 수 있는 기술이다. 그
게 안 되면 두목이 될 수가 없었다.

큰 주인은 또한 "두 다리 장탄술"을 익혀야 한다. 두 다리 무릎으로
총알을 장전할 수 있어야 한다는 것이다. 큰 주인은 보통 총을 두 자루
사용하기 때문에 사정이 긴박할 때는 손만으로는 감당할 수가 없고 발
을 사용해야 했던 것이다. 그 외에도 큰 주인은 아랫사람들이 인정하는
특기를 몇가지 가지고 있었다. 수하 사람들은 모두 두목을 부모처럼 공
경하였고 나쁜 마음을 품으면 벌을 받게 되었다.

내무 4소두목과 외무 4 소두목은 모두 큰 두목이 임명한다. 그가 천
거하여 임명된 소두목들은 졸개들과 만나 인사를 하고 특기를 자랑하
는데, 이것을 "위세 잡기拿威"라 부른다. 형제들 앞에 얼굴을 내보이는
동시에 큰 주인의 얼굴을 빛내주는 셈이다.

주변 평민 약탈 금지 ― 토끼는 굴 앞의 풀을 뜯지 않는다 ―

마적은 무리를 이룬 후에는 사방 돌아다니며 집을 털고 사람을 유괴
한다. 그러나 토끼는 자기 굴 앞의 풀을 먹지 않는다는 말도 있듯이, 자
기 산채 주변의 백성들에게는 피해를 끼치지 않는다. 마을에 결혼식이
나 장례식이 있다는 소식을 알면 절대 그냥 지나치지 않는다. 특히 자기
들을 살려 주었거나 다른 은공이 있는 집에 대해서는 더욱 신경을 썼다.

영길현永吉縣에 있었던 큰 마적 무리인 "천호방天虎幫" 패 두목은

'林氏 형님'이라고 부르는 친구가 있었다. 그 해 '임 형님'의 아들이 장가를 들게 되었는데, 결혼식 사흘 전에 사람을 시켜 귀한 예물(금은과 장신구)을 보내고 결혼 이튿날 저녁에 직접 찾아갔다.

그날 오후에 임씨는 "천호"가 온다는 것을 알고 하객들에게 말했다. "여러분 죄송합니다만 집에 좀 일이 있는데, 모두 편히들…" 그 말에 모두 귀한 손님이 온다는 것을 알고 집으로 돌아갔다. 날이 어두울 무렵에 천호가 보낸 염탐꾼이 나타나서 울 밖을 세 바퀴 돌아보고 다시 울안을 한 바퀴 돌아보고는 임씨에게 말했다. "가죽(개)이 있습니까?"

"가두었오"

"큰 숨 쉬게 해서는 안 됩니다.(짖게 해선 안돼요)"

주인이 머리를 끄덕이었다. 염탐꾼은 그 말을 듣고 곧 울 밖으로 나갔다. 잠시 후에 천호는 몸에 밧줄을 몇 바퀴 감고 그 위에 새 예복을 입고 들어왔다. 주인과 인사를 나누고는 담장 모퉁이에 있는 포대 위로 날렵하게 올라갔다. 주인은 술과 안주를 포대에 있는 천호에게 올려가라고 분부했다. 천호는 포대 위에서 혼자 실컷 먹고 마신 후 조용히 떠났다. 한 번은 그가 친구 아들 결혼식에 참석했었는데, 하객이 많아서 그 소식이 지역 공소公所에까지 들어가서 연방대원聯防隊들이 나타났다. 천호는 포대에서 그들을 보고는, 몸에 감고 있던 밧줄 한 끝을 포대 걸상에 매고 사격을 위해 낸 구멍을 통해 타고 내려왔다. 그리고는 칼로 밧줄을 잘라 버리고 머리칼 하나 다치지 않고 돌아갔다.

마적들이 둥지를 틀고 있는 마을에서 연세가 많은 사람이 죽거나 생일을 쇠면 그들은 소식만 알면 마음을 표시했다. 그들에게도 속담이 있었던 것이다. 즉 나무가 아무리 무성히 커도 잎이 지면 뿌리로 돌아간다는 것이다. 백성들을 돌보지 않고 산채 주변 마을에 들어가 강탈하거나 유괴하는 무리를 그들은 "악한 무리"라고 하면서 기회가 있으면 혼내주었다. 이런 일을 "악한 가닥을 잘라 버린다"고 했다.

마을 사람들이 어려운 일이 생겨 도움을 청하면 선뜻 도와주었다. 물론 웬만해서는 사람들은 그들에게 도움을 청하지 않았다. 백성들은 그들을 "부랑자"라고 하였는데, 부랑자들이 바른 길로 돌아서기를 바라면서 말썽 부릴까 걱정하였던 것이다.

마적들도 사람이었으므로 때로 그들도 인정을 중시하였다.『화전현지樺甸縣誌』의 기록에 의하면 同治年間 어느 날 한 무리가 마을에 들어와서 살림이 괜찮아 보이는 집에 들어가 강탈하려고 했다. 그런데 집안에 관이 놓여있고 울안에 무덤이 있는 것을 발견하였다. 상중이었던 것이다. 마적들은 주인이 모친상을 당했음을 알고 강탈을 포기했을 뿐 아니라 다른 곳에서 빼앗아온 물건을 효자에게 내놓았다. 개중에는 자신의 불효를 뉘우치면서 눈물을 흘리고 돌아가는 사람도 있었다고 한다.

형벌의 실행

무리에서 규칙을 위반한 사람이 있으면 제재를 가하거나 형벌을 주게 되는데, 이 때도 일정한 의식을 거쳤다.

어느 형제가 규칙을 어겼을 경우 큰 형님(큰 주인)은 형제들을 전부 당상에 모아 놓고 직접 나서서 형의 종류를 결정한다. 그러나 형벌의 실행은 "앙자방秧子房" 주인이 큰 주인에게 형을 청한 다음에 하게 되어 있었다.

앙자방 주인은 내외무 8 소두목 중 한 사람이다. 특히 규칙을 위반한 형제를 처벌할 때 그가 시행하게 되어 있다. 범법자를 처벌할 때에는 대개 곤봉과 '나무 나귀'를 사용한다. 나무 나귀란 일종의 나무 걸상이다. 보통 걸상보다는 크고, 네 다리가 단단하고 가운데 아래편에 잠금장치가 있어서 범법자를 묶기 편리하게 되어 있다. 위에는 매듭을 지어 놓았다. 처벌받게 될 사람은 '나무 나귀'를 보면 곧 "형제들, 제가 들어와서 큰 공은 못 세웠어도 고생은 많이 했지요. 여러분, 사정 좀 봐서 높이 들었다가 가볍게 때려 주시오. 앞으로 다시는 그런 일이 없도록 하리다…" 하는 식으로 사정한다.

그리고 흔히 사정을 봐주기도 하였다. 모두들 큰 주인의 눈치를 보며 행동하게 되는데, 큰 주인은 사전에 계획했던 대로 일을 아주 원만히 처리한다. 만일 그 사람을 크게 한번 훈계하기 위한 생각이었는데, 사정을 봐달라고 호소하면 가볍게 몇 대 치고 그만 둔다. 그렇지 않고 그 자를 "차내 버릴" 계획이라면 누가 사정해도 봐주지 않았다. 오히려 사정한 만큼 더 호되게 때렸다.

보통 큰 주인이 탁자를 내리 치며, 크게 너털웃음을 웃으면 곧 엄벌을 주라는 뜻이다. 그럴 경우 법을 실행하는 앙자방의 주인이 말한다.

"누군가 사정 봐달라고 했다. 나도 사정을 좀 봐주려고 했지만 법은 모두 함께 정한 것이고 또 큰 형님이 영을 내리셨으니 누가 이를 어기겠는가!"

그러면 법을 실시하는 아랫사람들이 고함을 친다.

"나귀를 가져와라!"

이렇게 되면 벌을 받는 사람은 놀라서 바지에 오줌을 싸게 된다. 이것이 바로 벌을 받기 전후의 일반적 정황이다.

형벌의 명칭

마적들은 내부 범법자들에게 대개는 처형(즉, 총살)을 내리는데, 총을 쏘기 전에 먼저 그 사람의 "죄악"을 열거하고 지대가 낮은 곳에 끌고 가서 총구를 향해 꿇게 한 후 쏜다. 등 뒤에서 총을 쏘지는 않는데, 이를 가리켜 "검은 총"을 쏘지 않는다고 한다.

또 한 가지 형벌로 "생매장"이 있다. 보통 어느 한 곳에 오래 머물 때, 시간적 여유가 있을 때 실행하는 방식이었다. 밧줄로 목을 졸라 죽이는 형벌을 "배모背毛"라고 했다. 가는 끈으로 범법자의 목을 졸라 매고 나무토막으로 비틀어 목숨을 끊었다.

겨울에는 "갑옷 입히기挂甲"이라는 형벌도 실시했다. 범법자의 옷을 모두 벗겨 나무에 매달고 그 몸에 냉수를 끼얹는 형벌인데, 하루 밤을 지나면 휜 얼음 기둥이 되어 버린다.

여름에는 "꽃달기穿花"라는 형벌이 있었다. 발가벗겨 나무에 달아매는데, 여름 산에 득실거리는 모기, 작은 곤충, 등에가 황혼이 되면 안개 모양으로 무리 지어 사람의 몸에 달라 붙는다. 그렇게 하루 밤을 지나면 그 사람의 피가 말라 버린다. 잡혀왔다가 다시 도망치는 자에게 혼히 이 방법으로 처벌하였다.

"하늘보기看天"는 가장 가혹한 형벌이었다. 버드나무 가지(보통 사발만큼 굵은 것) 한 끝을 뾰족하게 깎아서 범법자의 항문에 박아 넣는다. 아파서 펄쩍 뛰게 마련이다. 이 형벌은 혼히 변절자나 비밀을 누설한 자를 처벌할 때 사

마적의 형구

용했는데, "산보기看山"라고도 했다.

그 외에도 말로 잡아끌기, 불로 태우기, 칼로 베기 등 수없이 많은 형벌이 있었다. 그러나 가장 흔히 볼 수 있는 것은 가죽 채찍(혹은 혁띠)에 냉수를 적셔서 때리는 것이었다. 그들에게는 사람을 괴롭히는 방법이 수없이 많았다. 일례로 잡아온 여인이 말을 듣지 않으면 "고양이를 가져와!" 해서는, 그 여인의 괴춤속에 고양이를 밀어 넣는다. 그런 다음 빗자루로 고양이를 치는데, 고양이는 아프면 속에서 마구 물고 헤비게 된다.

마적들은 "꽃집 누루기壓花窯(강간)"를 한 사람에게는 중벌을 내렸는데 보통 사형에 처했다. 어느 집에 유숙을 하게 되면 함부로 그 집 여인을 만나지 못했다. 꼭 만나야 할 경우, 예컨대 뚫어진 양말을 기워야 할 경우에는 반드시 양대糧臺에게 양말을 맡겨 양대가 집주인을 통해 여인에게 전해서 깁게 하였다. 그리고 나서 다시 양대를 통해 돌려 받았다. 함부로 그 집 여인을 만나면 벌을 받게 되어 있었다.

마적들은 큰 주인마저 "가정(아내)"을 가질 수가 없었다. 그렇게 하지 않으면 군졸들의 마음이 동요 된다고 생각하였다. 무리에서는 이 규정을 엄격하게 실시했다. 1934년에 반석磐石의 마적인 "전신殿臣"이 차로하岔路河를 습격하게 되었는데, 출발에 앞서 그가 말했다. "차로하를 점령하면 모두들 살림을 차리게 하겠다!"

그래서 차로하를 점령한 후 "점구占九" 등 5, 6명의 소두목들이 현지에서 옛날 처갓집을 찾아 신방을 차리고는 푹죽 대신 공포를 쏘아댔다.

전신殿臣은 그 폭죽소리 같은 총소리를 듣고 물었다.

"누구하고 나는 소리야?(누구에게 총을 쏘는 거야?)"

"'붉은 여인(신부)에게' 쏘는 거지요!"

전신은 화를 벌컥 내며 말했다. "모여, 회의를 해야겠다!"

얼마 안 되어 "점구"와 결혼을 한 다른 마적들이 모두 들어왔다. "전신"은 손을 휘둘러 그들의 총을 빼앗아서는 손 가는 대로 "점구" 등 5,6명을 모두 쏘아 죽여 버렸다.

마적들은 아무리 좋은 처녀가 있어도 마음이 움직여서는 안 된다고 늘 말한다. 한 번은 "대래호大來好" 패가 행군을 하다가 20여 명의 처녀가 수수밭에 있는 것을 보았다. 마음이 움직이는 아이들이 있었다. 대래호가 말했다. "누구 집엔들 총각 처녀가 없겠는가, 너희들이 만일 '꽃집을 깨'거나 '꽃을 꺾'으면 내가 용서해준다고 해도 조상신령께서 용서하지 않을 거야!" 이렇게 말하고는 그 처녀들더러 어서 돌아가라고 했다.

"대래호"는 늘 모자에 꽃 한 송이를 꽂고 다니며 형제들에게 말했다.

내 머리에 꽃을 꽂고
다른 꽃을 꺾지 않고
한 인생 크게 살려네.
온 몸에 냄새 풍기지 않고
천하 얼을 일념밖에 없다네.

"산 채로 옷벗기기活脫衣"란 말은 "소牛"로부터 유래한 것이다. 산 채로 소 가죽을 벗기는 과정은 이러하다. 먼저 소를 나무에 매어 놓은 다음 잘드는 칼로 소의 무릎에서 위로 배 아래까지 가른다. 그 다음 소를 맨 밧줄을 풀어 놓고, 다시 갈고리로 목 뒤 가죽을 꿴 다음 몽둥이로

소 궁둥이를 힘껏 때린다. 그러면 소가 고통 때문에 앞으로 뛰게 되고, 가죽이 벗겨지는 것이다. 마적들은 이를 "산 채 옷벗기기"라고 하였다.

"산 채 옷벗기기"는 사람을 죽이는 방법이기도 했다. 그들은 산 사람의 가죽을 벗기기도 하였다. 이는 가장 잔인한 형벌로 웬만해서는 사용하지 않고, 가장 증오하는 사람에게 사용하였다.

물론 마적들이 정한 적지 않은 "마적무리 규칙" 중에는 남들에게 보이기 위한 것이지, 막상 시행하기 어려운 것도 있었다.

04
왜 마적이 되는가
"개도 몰리면 사람을 문다"

핍박에 몰려서
출세를 위하여
재물을 탐하여
원수를 갚으려고
분방한 삶을 찾아

04 왜 마적이 되는가
"개도 몰리면 사람을 문다"

무리를 이루거나 무리에 입당한 이유를 마적들은 "핍박" 때문이라고 말한다.

핍박에 몰려서 — 쫓겨서 양산(梁山)에 오르다 —

속담에 "핍박을 심하게 받으면 사람은 마적이 되고, 개는 사람을 문다"고 했다. 2, 30년대에 마적이 득실거렸던 것은 핍박이 그만큼 심했다는 상황을 말해준다. 그들 중 대부분 온갖 종류의 "핍박" 받았기 때문에 마적이 되었던 것이다. 핍박의 원인은 여러 가지인데, 대체로 아래의 몇 가지를 들 수 있다.

나쁜 일을 저지르고 쫓기다가 더 이상 갈 곳이 없어 마적이 되기도 하고, 또 다른 사람에게 빚을 지고(그 중 일부는 악덕 지주의 핍박을 받은 농민) 갚을 길이 없어 마적이 되기도 하였다.

관가의 핍박과 백성들의 반란도 마적이 사방에서 생겨난 원인 중의 하나였다. 『길림통기吉林統記』의 기록에 의하면 조정에서 해마다 "연반

年班(조정에서 關東의 三寶를 수매하기 위해 해마다 정기적으로 파견하는 관원)"을 보내 관동의 특산물을 수매하고 또 "산군打丁"을 보내 산삼을 캐게 했다. 그런데 일반 백성들이 살아가기 위해 특산물을 캐려고 산에 오르면 관에서 사람을 보내 추격하였다. 이렇게 사사로이 특산물을 캐는 사람들을 "암행꾼黑人"이라 불렀는데 이를 막기위해 청나라 말엽 조정에서는 특산물이 산에서 내려올 시기에 군대를 보내 산을 수색하였다.

『길림통기』에는 다음과 같이 기록되어 있다. "해마다 열씩, 백씩 무리를 지어 쌀과 피륙을 지고 산에 들어 갔는데, 친구며 동료를 불러 천여 명이 산에다 움막을 지었다. '암행꾼'을 모아 의식을 대주며 그들에게 삼을 캐게 하여 자기 이익을 챙겼다." "가경嘉慶 16년(1811)에 보충아寶衝阿 장군이 관병을 거느리고 영고탑寧古塔, 마도석磨刀石, 장령자長嶺子와 삼성포三姓包, 소리니蘇里呢, 만구滿口 등에서 길을 나누어 산에 들어가 수색하며 움막을 태우고, 몰래 삼을 캔 암행꾼들을 영고탑에서 2580리 떨어진 소성蘇城 일대로 축출하였다. 산에서 나올 때 마침 폭설이 내려 8, 9척이나 쌓였다. 암행꾼들은 몸 숨길 곳이 없어 반은 눈에 파묻혔고, 얼어죽은 자가 많았다…" 이렇게 생계를 잃게 된 사람들이 어찌 일어나지 않았겠는가. 이런 상황이 마적들이 사방에서 일어나게 된 하나의 원인이었다.

또 하나의 원인은 관청의 핍박에 못 이겨 백성이 반란을 한 경우다. 『길림회정吉林匯征』에 의하면 명나라 永樂年間부터 조정에서는 관동으로 "죄를 진 신하罪臣"을 유배 보냈다고 한다. 그들은 강남 일대의 "죄인"을 관동으로 보내 깊은 산에서 살아 가도록 했다.

물론 마적 중에는 분명히 "사악한 눈"을 한 불량민도 있었다. 그들은 관청과는 멀리 떨어져 있어 기회만 있으면 총칼을 들고 일어났다. 이런 의미에서 "산이 높고 황제가 먼 곳"에 마적들이 득실 거린다는 말은 일리가 있는 말이다.

옛날에는 사랑이나 혼인의 파탄으로 산에 올라 마적이 된 사람도 혼히 볼 수 있었다. 쌍양현雙陽縣의 큰 마적 두목인 "쌍표雙鏢"가 바로 그런 경우다. 쌍표는 쌍양의 판석교자板石橋子 사람으로 성은 李氏인데, 키가 훤칠한 사내였다. 지주 집안으로 돈도 권세도 있었다. 집터만 해도 천여평이 되었다. 젊었을 때는 십여 명의 일꾼을 거느리고 농사를 지었지만, 옷 치장에 신경을 많이 썼다. 산동에서 나는 백포白布로 만든 흰 제복을 빳빳하게 풀을 먹여 입고 괴춤에는 외사촌 누이가 수 놓아준 담배쌈지를 달고 다녔는데, 금빛 술을 밖에 드러 내어 '사람 죽이도록' 멋을 냈다. 지방 창극도 잘 불렀다.

18세가 되던 해에 그는 20리 밖에 있는 쌍영자雙營子의 서씨 댁에 놀러 갔다가 그 집 딸을 보고 반했다. 그 때는 남녀가 연애는커녕 얼굴이 마주 치더라도 자세히 보아서는 안되는 시절이었다. 그런데 쌍표와 서씨 댁 처녀는 모두 대담했다. 쌍표는 버젓이 처녀를 집으로 데리고 갔다.

집에 돌아온 쌍표는 "서씨 댁 처녀가 아니면 장가 안 갈랍니다. 집에서 허락하지 않으면 난 산에 가서 마적이 될 겁니다!" 라며 고집을 부렸다. 아버지에게 겁주는 말을 한 것인데 그 말을 해놓고는 친구 집에 놀러가 3일간 돌아오지 않았다.

마적 "삼강호三江好, 본명 라명성羅明星"
길림, 구태九台, 영길永吉, 화전樺甸 일대에서 활동하며 일본인에 저항하다 피살되었다

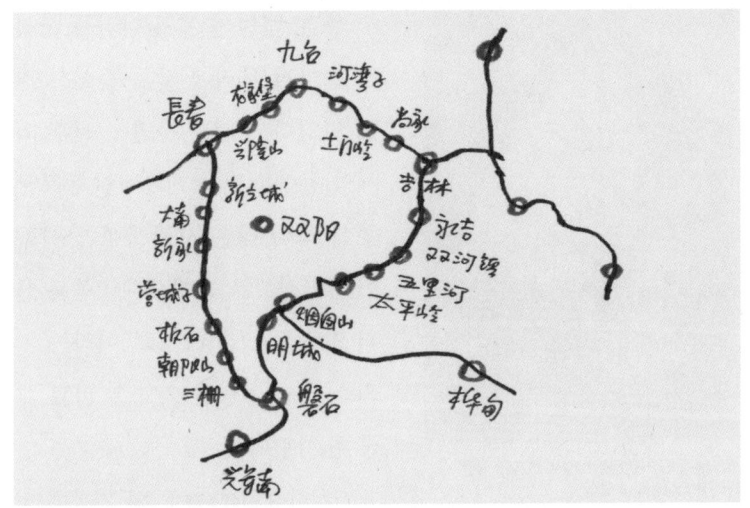

마적 삼강호三江好의 활동 범위

집에서는 놀라 어쩔 줄 몰랐다. 진짜 마적단에 들어간 줄 알았던 것이다. 당시에는 향에 향공소鄕公所가 있고 구에 구공서區公所가 있었는데, 구공소에 포도영捕盜營을 설치하여 누구든 집안 식구가 마적이 된 것을 알면서도 보고하지 않으면 온 집안을 죽일 죄로 처단하였다. 아버지는 아들이 사흘이나 귀가하지 않자 잘못된 줄 알고 급히 구공소를 찾아가 말했다. "제 불효자식이 '패주(마적에 의탁)' 하러 간 것 같습니다. 오늘부터 그 녀석 내 아들이 아닙니다. 저는 그 녀석과 관계를 끊겠습니다. 관에서 알아서 하십시오!"

그런데 나흘째 되는 날 오전 그는 친구 집에서 돌아왔다. 마을에 들어서자 몇 사람이 그를 보고 말했다. "이놈아, 집에 돌아와 뭐해? 아버지가 널 집에서 제명하셨어(마적으로 보고하셨어)!" 농담삼아 한 말이 사실이 된 것이다. 그는 어쩔 수 없이 발길을 돌려 마을을 나가 "쌍표"라고 부르며 마적이 되었다.

1939년 잡지 기린麒麟 10월호 표지에 실린 여마적 타룽駝龍의 모습
기생출신인 그녀는 요양, 농안遼陽, 農安일대에 서(1925~1940) 활동 하던 여두목이다

한편, 군인 중에서 나라를 구하려고 마적 무리에 잘못 들어선 경도 있었다. "9.18"사변[1]- 전후 외세의 침략을 맞아 애국적인 동북군 중에 적지 않은 사람들이 군사를 이끌고 산으로 들어갔다. "동북 산림 의용군東北山林義勇軍"이라는 기치를 내건 기명산祁明山은 바로 그 중 한 사람이다.

『성화요원星火燎原』의 기록에 의하면 기명산은 산동 조주부曹州府 조가장曹家庄 사람으로 15세에 동북에 와서 타요자駝腰子 금광에서 노동자로 일했다. "9.18"사변이 일어난 다음 해에 그는 7명의 노동자들과 돈을 모아 권총 두 자루를 사 가지고, 의리를 맹세하고 군사를 일으켜 오늘의 의란依蘭, 화천樺川 일대에서 활동했다. 나이가 어렸던 관계로 사문동謝文東의 무리에 잘못 들어갔다가 후일 다시 대오를 끌고 나왔다. 그 후 온갖 고난과 위험을 겪다가 공산당을 찾아 항일연합군抗日聯軍 제 11군에 들어가 지휘관이 되었다.

1934년 4월 2일, 20여 명의 산림대山林隊 "주인"이 큰 말을 타고 관동산 속에 있는 진가삭자陳家索子에 와서 양정우楊靖宇를 만났다. 그들 대부분은 "노장청老長靑", "청림靑林", "천호天虎", "전린田麟" 등 각 지역 산

1_ 1931년 일본이 만주 침략을 노골화한 만주사변을 말함.

림대의 인솔자였다. 모두 4천여 명의 군사를 거느리고 있었다. 회의에서 양정우가 말했다. "우리의 투쟁은 장기전입니다. 오늘 연합하였으니 위험이 닥치더라도 물러서면 안됩니다."

그에 모두들 말했다. "서서 죽을 지언정 무릎 꿇고 살지는 않겠습니다."

출세를 위하여

"마적이 되지 않고는 벼슬을 못하고, 기생집에 드나들지 않고는 마누라에게 잘해 주지 못한다"는 옛말이 있다. 과거에는 벼슬을 하기 위해 집을 나가 마적이 되는 사람이 적지 않았다. 천하가 크게 어지러워지면, 곧 "사방에서 영웅이 나오고 총만 있으면 마적 두목이 된다"는 상황에서 다양한 인물이 나오기 마련이다. 재산가나 구 군벌 중에는 난세를 틈타 산 하나를 차지하고 인마를 끌어 모았다가 사태가 안정되면 관직을 얻는 경우가 많았다. 벼슬을 위해 마적이 된 사람은 대개 이미 일정 정도의 무장병력을 소유하고 있던 사람들이었다.

동북 조남부洮南府의 독군督軍인 오준생吳俊生, 즉 "오 왕혓바다吳大舌頭 (혀가 크다는 뜻)"은 젊었을 때 "장수"가 될 상이라는 점쟁이의 말을 듣고 출세에 야심을 품었다. 그런데 벼슬을 하려면 "군대"가 있어야 했고 군대에는 사람을 끌어 모아야 했다. 마적 출신인 오 왕혓바닥은 이 점을 누구보다 잘 알고 있었다. 1912년(민국 초년) 왕혓바닥은 벼슬을 하기 위하여 밤낮 절치부심하고 있었다. 그런데 어느 날 대마적인 동북 왕 장작림張作霖이 그를 갈근묘葛根廟에 보내어 봉군奉軍을 소란스럽게 하던 나마군喇嘛軍을 소탕하도록 하였는데, 승전은 커녕 오히려 군사를 많이 잃었다.

군대에 손실이 생겼으니 상관의 신임을 잃을 판이었다. 왕혓바닥은 격

여마적 타룽타룽駞龍의 어린 시절

정이 태산 같았다. 그 수하 사람이 꾀를 내었다. "형님, 이렇게 하는 게 어떨지요? 옛날 유비가 아들을 내동댕이치던 방법을 써서 인심을 얻어 보시지요!"

"어떻게 인심을 산다는 거야?"

"내일 형님께서 도사나 중, 비구니들을 불러다가 죽은 형제들을 위해 경을 읽고 망자의 혼령을 제도하도록 하는 겁니다. 그러면 여기 백성들이 구경을 올 것이고, 형님이 형제들을 사랑한다는 소문이 사방에 전해질 게고, 그러면 관운官運도 트일테지요."

왕혓바닥이 말했다. "좋은 생각이야! 참 좋은 생각이야."

그의 모사가 말했다. "그런데, 형님께서 먼저 '곡' 하는 것부터 배워야겠는데요."

그리하여 수하들은 죽은 장병의 혼령을 제도하는 의식을 준비하고 왕혓바닥은 그 앞에 나서서 형제들의 죽음을 슬퍼하며 눈물을 흘렸다. 장작림은 용맹스러울 뿐 아니라 마음까지도 착한 그를 큰 두목으로 승진시켰다. 나중에 직—봉直—奉² 간의 싸움이 시작되었을 때 장작림은 그를 흑룡강성 군무독판軍務督辦으로 임명했다.

이는 관직을 위해 마적이 된 전형적인 사례이다. 나중에 오 왕혓바닥은 장작림의 총애를 받아 동북의 군권을 가진 일인자가 되었다. 홍헌

---

2 이른바 직봉전쟁이라고 한다. 장작림(張作霖)을 우두머리로 하는 북양군벌인 직계와, 조곤(曹錕)을 우두머리로 하는 봉계사이의 전투로 1922, 24년 두 번에 걸친 싸움을 말한다.

"황제"(洪憲 "皇帝")인 원세개袁世凱도 그를 접견해 줄 정도였다.

든든한 산에 의지하여 힘을 갖게 되면 관청과 더 좋은 흥정을 하면서 출세를 할 수 있어 일부러 마적이 되는 사람도 있었다.

재물을 탐하여

마적들 중에서 재물을 위하여 세상을 등진 경우도 적지 않다. 그들에게는 다음과 같은 노래가 유행이었다.

> 마적이 되면 걱정이 없네.
> 조계지에 들어가 고층 건물에 살고.
> 맛있는 걸 먹고 기생집에서 자고
> 흐르는 강물처럼 돈을 쓰네.
> 허리 뒷춤에 총을 차면
> 신선보다 더 자유롭네.

대마적 부전신傅殿臣은 바로 이러한 생활을 위해 마적이 된 경우라 한다. 그는 반석현 양수대자盤石縣 凉水臺子 사람인데 어릴 적에 지주 집에서 일했다. 어느 날 지주 집에 마적이 들이 닥치며 고함쳤다. "애들아, 말 놓아라(말을 잘 먹여라)!"

다른 한 마적이 고함쳤다. "물만두를 빚어라!"

"떡 구워라!"

"국수!"

마적들이 뭘 먹겠다면 달라는 대로 만들어 주었다. 주안상이 푸

짐했다. 먹고 나서도 식탁에는 음식이 반도 더 남아 있었다. 부전신과 일꾼들은 일을 수습하면서 물었다. "무슨 사람들이길래 이렇게 잘 먹어?"

"마적들이야."

"마적은 뭘 하는 사람들이야?"

"맛있는 것만 골라 먹는 사람들이지…"

"우리도 마적질 하자!"

"두목은 누가 하지?"

몇 사람이 궁리를 했다. 이렇게 하지. 거름 삼태기를 쌓아놓고 그 위에 올라가 앉아, 떨어지지 않는 사람이 두목이 되기로 하자. 그래서 삼태기를 쌓아 놓고 차례로 올라가 앉아 보았는데 모두 떨어지고 부전신만이 버티고 앉아서 말했다.

"이거 멋있네. 대전에 앉은 것처럼 든든한 걸. 아예 '전신殿臣'이라 불러!"

그렇게 장난으로 시작한 것이 결국 그는 진짜 마적 두목이 되었고 수하에 2만 여명이 모이게 되었다. 그의 본명은 부학문傅學文인데, 키도 크지 않은데다가 밭장다리여서 말 잔등에 오를 때면 "애들" 둘이 두 다리를 안아서 말에 올려 앉혀야 했다. 30년대에 길림에서는 어른 아이 할 것 없이 부전신을 모르는 사람이 없었다. 이런 노래도 있었다.

> 강서江西의 전신殿臣, 강동江東의 왕림王林
> 나라를 망치고 백성을 해치네.

군대에 들어갔다가 재물을 모으고 즐기자고 생각하여 마적이 된 사람도 적지 않았다. 1926년에 쌍양雙陽에 한 영營의 군대가 주둔해 있었다. 아직 풀이 무성해 지기 전인데도 마적들이 사방에서 일어났다. 영장營長은 마적을 소탕하기는 커녕 오히려 수하 분대장 몇을 불러놓고 말했다. "내일 옷들 갈아 입고 나가거라!"

분대장들이 말귀를 알아듣지 못해 물었다. "뭘 하게요?"

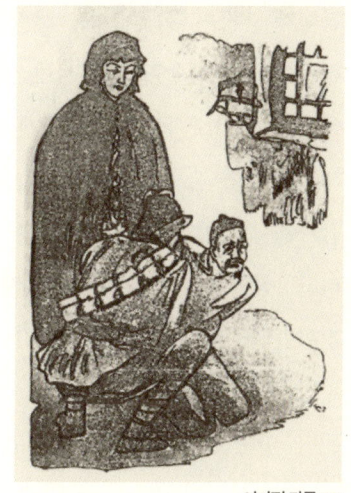

여마적 타룡馱龍

"마적 속에 들어가도 되고! 산을 차지해서 왕 노릇을 해도 되지!"

"얼마 동안요?"

"두 달. 한 사람이 은전 5천 원씩 가지고 돌아오면 되겠지!"

"상부에서 검검을 오면 어떻게 하지요?"

"임무 수행을 나갔다고 해 둘게." 분대장들은 그 말을 듣고 모두 군복을 벗어버리고 무기를 들고 즐거운 마음으로 마적이 되었다. 군대와 마적은 한 통속이라는 말은 틀리지 않았던 것이다.

『비환삼례匪患三例』(佳木斯『文史資料』제5집, 齊述師, 齊王才 著)에 따르면 1917년 마적 "小白龍"이 가목사진佳木斯鎭을 공격했다. 마적의 소란을 물리치고 상인들이 동요하는 것을 막기 위해 가목사에서는 의란부依蘭府에 구조 전보를 보냈다. 의란부에서는 吳 영장營長에게 군사 150여 명을 거느리고 가목사를 지원하게 했다. 12월 14일 "소백룡"의 마적 부대는 강북에서 가목사를 압박해왔다. 경찰대警察隊, 경위대警衛隊와 상인

단체가 구역을 나누어 성을 지키면서 성내에 있는 사람들을 한 곳에 집결시켜 놓았다. 15일 밤 3시에 경위대에서 한 소대 병력을 서문西門 밖에 있는 제1소학교에 주둔하게 하고, 교원과 학생들은 성안에 들어가 대피하게 했다. 그만하면 다 잘 했다고 할 수 있다. 그런데 다음날 16일 갑자기 기온이 내려가고 눈보라가 쳤다. 오영장吳營長은 경비대를 거느리고 "몸을 녹이기" 위해 성안으로 들어가면서 학교 재물을 "깨끗이 거둬갔다." 군대가 마적이 된 것이다.

이렇게 군대와 마적은 서로 통했다. 오늘의 마적이 내일은 군대가 된다. 이는 동북의 민간에서 흔히 들을 수 있는 말이다. 송덕형宋德馨의 『군벌통치시기軍閥統治時期의 진뢰鎭賚』에 의하면 대뇌하大賚河 이북과 진鎭 동쪽에 많은 피해를 끼쳤던 마적 "천심天心"은 나중에 흑룡강으로 내려 갔고, "등산登山"과 "국강局江"은 대뇌성大賚城으로 내려 갔다고 한다. 그 때만 하더라도 이 일대는 수륙 교통이 연결되는 번화한 부두였다. 해마다 연말이 되면 장 보러 오는 사람들로 붐볐다. 그 곳에 주둔해 있던 마일영馬一營의 군인들은 기회만 있으면 집을 털고 행인의 재물을 털었다. 그들은 군복을 벗고 3~5명이 무리를 지어 길목을 지키고 있다가 기회를 보아 가며 손을 썼다.

1929년 말에 마적 세 명이 라마와보喇嘛窩堡에서 길목을 막고 장 보러 가는 시골 사람 수십명을 털었다. 그들은 사람들을 방안에 가두고 하나씩 몸을 수색했다. 그 때 한 사람이 몰래 빠져나와 동병東屏 경찰국에 가서 신고했다. 경찰국에서는 십여 명의 경찰을 풀어 나마와보에 가서 마적 셋을 잡았는데 이들은 마일영馬一營 휘하의 군인이었다.

마일영은 소식을 듣고 전원이 출동하여 경찰국을 물 샐 틈 없이 에워싸고 고함을 쳤다. "사람 내놓아라!"

경찰국에서 나온 사람이 말했다. "왜 이들이 돈을 빼앗고 마적질을 했오?"

마일영의 사람이 말했다. "빼앗은 게 아니라 돈이 없어 빌려 쓴 것뿐이오."

"휴가 차 집에 가다가 노자가 떨어져서 그랬던 거요."

그리고는 사람을 내놓지 않으면 경찰국을 불살라 버리겠다고 으르렁거렸다. 경찰국에서는 어쩔 수 없이 그 셋을 놓아 주었다. 그 후부터 마일영의 군대는 더욱 위세를 부렸다. 움쩍하면 어디서든 "검은 움막"을 부수고 거리의 가게를 털었다. 식량 창고나 솥 공장처럼 무장을 하고 있는 곳도 서슴없이 털었다. 그렇게 경찰과 군대가, 마적과 한 통속이 되면 피해를 보는 것은 백성이었다. 시골의 백성들은 이런 상황을 노래로 지어 불렀다.

멀리서 보니 검은 나귀였는데, 가까이 보니 경찰국이네.
대문 양쪽에 써붙인 글귀는 백성 눈을 속이기 위한 것일 뿐.

산에서도 군대와 마적은 한 통속이었다. 나뭇잎이 "문을 닫으면(무성히 자라면)", 군복을 벗고 산에 들어가 마적이 되었다가, "터럭이 떨어지면(낙엽이 지면)", 다시 군복을 입고 군대가 되었다. 산에 있는 군대는 곧 마적이었고, 마적의 대부분은 지방군 노릇을 하기도 하였다.

군대와 마적이 한 통속이었던 시대였던 것이다. 그렇지만 마적 중 대부분은 동북지역 파산 농민이었다. 그들은 병란兵亂에 시달리며 사지에 몰려서 어쩔수 없이 산에 올라 마적이 된 것이었다. 대다수가 호구

지책으로 마적질을 했으므로 생활만 보장되면 무기를 버리고 귀농하여 온 가족이 모여 편안히 살기를 원했다.

원수를 갚으려고

마적 노릇 하기가 쉽다고 생각하고, 마적을 보고 마음이 달아 올라서 그들을 본떠 마적질을 하는 사람도 적지 않았다. 그러나 본격적으로 목표를 가지고 마적질을 하는 경우가 있었다. 그 목적 중 하나가 바로 마적의 이름을 걸고 원수를 갚기 위한 것이었다.

"북산北山"에서 시끌법석 난리가 났을 때 이수현梨樹縣 일대에서는 사람마다 북산이란 이름을 입에 달고 다니며 좋은 일이건 나쁜 일이건 모두 북산이 한 짓이라 했다. 그 때 소관향小寬鄉의 맹화동孟化東이란 사람이 촌장 노릇을 했는데, "만주 둘째二滿洲"라고 불리웠다. 그만큼 사람들 사이에 악명이 자자했다. 어떤 사람에게 뭘 하라고 하면 반드시 해야 했고, 그렇지 않으면 큰 일이 났다. 모두 그에게 지독한 원한을 품게 되었고, 결국 대처 방법을 의논하기에 이르렀다.

어느 날 날이 어두워지자 몇 사람이 북산 마적으로 변장하여 그 집으로 들어가며 고함쳤다. "문 열어."

"당신 누구요?"

"내가 나지, 누구야!"

"암호를 대시오!"

"찬바람이 만鬼자를 쪼개네!"

"아, 북산패 주인이시군."

맹화동은 대문을 열어 주었다.

1939년 잡지 기린 10월호 실린 타룽의 사형 장면

문을 열자 복면을 한 촌민들이 몰려들어 단방에 그를 쓰러 뜨렸다. 그러다 보니 그는 누구의 총에 죽었는지도 몰랐다.

당시 북산은 유명한 인물이었다. 동산東山의 곤지뢰滾地雷는 그의 조카였다. 북산은 수시로 결혼을 했다. 결혼하여 신부를 맞아 들일 때는 (어느 집 처녀가 이쁘다면 그냥 강탈해 왔다) 폭죽을 터뜨리지 않고 양손에 총을 들고 안아 갔는데, 그 장면이 참으로 장관이었다.

그 북산이 맹화동을 죽였다고 하니 의심하는 사람이 하나도 없었다. 북산 본인은 자신이 죽이지 않은 것을 알고 있었지만, 수하에서 한 일인지 모른다고 생각했다. 그러나 그 일을 추궁하는 사람도 없어 그렇게 말하는 것을 내버려 두고 개의치 않았다. 원래 그는 원수를 갚으려고 생각하면 반드시 갚고 마는 사람이었다.

백성들 사이에 마적이 생기고 그 숫자가 많아지면 사람들의 의식도 변한다. 시국이 불안하고 천하가 혼란에 빠졌다고 여기며 누구든 서슴없이 마적이 된다.

토성자土城子에 있는 두 집은 평시에는 관계가 괜찮았고 모두 살만한 집이었다. 그런데 어쩌다 보니 충돌이 생겨 원수가 되었다. 내놓고 원수를 갚으면 눈에 띌 것이고, 마을 사람 모르게 해야할 것이었다. 장씨 집에서 "마적을 이용"하려고 하였다.

그즈음 마적들이 늘 이 주변을 지나 다녔다. 특히 "홍국紅局"이라는 이름을 가진 마적이 3, 4일에 한 번씩 나타나곤 해서 이씨 집에서는 겁이 나서 이사를 가려고 했다.

그 날 장씨가 가서 말했다. "도망할 필요 없어. 양총 한자루만 있으면."
이씨가 물었다. "그걸 가지고 될까?"
"걱정 마세. 그들이 오면 우리가 같이 총으로 한번 붙어보세."
"정말인가?"
"그럼."
그래서 두 집에서는 약속을 하였다.

장씨네와 이씨네는 가까웠으므로 무슨 일이 있으면 서로 도우며 살았다. 그러던 어느 날 홍국 무리가 나타났다. 무리가 반쯤 통과해 지나갔을 때 장씨가 몰래 이씨 집 뒤로 숨어 들어가서 물었다. "너희들은 누구냐?"

홍국 무리가 대답했다. "네 애비다!"

"애비면 쏴라!" 장씨는 말을 마치고 총 한 방을 쏘았다.

그러자 마적들은 화가 났다. "저 놈 날려버려! 날려!" 마적들이 몰려와서 이씨집을 공격했다. 그 사이에 장씨는 슬쩍 자기 집에 돌아가 숨어 버렸다. 이씨는 총을 쏘면서 불렀다. "장형! 빨리 도와줘!" 그러나 그쪽에서

지은이(차오빠오밍曹保明)와 삼강호三江好의 아들 라미정羅美庭(1996, 장춘)

는 움직이지 않았다. 이씨는 고군분투 할 수밖에 없었다.

새벽이 되어 닭이 울 즈음에 홍국 무리들은 이씨집으로 돌진하였다. 불을 지르고 온 가족을 몰살시켰다. 이씨는 죽지 않았으나 내장이 온통 터져 나왔다. 이씨 일가는 멸족했다. 이런 것을 "마적을 한 번 써 먹는다"고 한다. 동북의 민간에서 마적의 영향력을 알 수 있는 대목이다.

분방한 삶을 찾아

마적이 되어 돈도 벌고 속도 푸는 것, 이 또한 과거 북방 일부 농민들의 심리였다. 그들은 평상시 생각했다. '마적이 되면 참 좋겠어, 잘 먹고 잘 입고, 어디 가나 좋은 술이 있고, 맛있는 요리가 있고, 정말 괜찮을 거야' 이렇게 마적되는 것을 "출국出局" 한다고 하였는데, 마적 무리에 끼어 들어가 기회를 보다가 한 탕 하는 사람을 가리켰다.

이노삼李老三이라는 농민이 있었다. 애써 농사를 지어야 돈이 되지 않자 "과해跨海"라는 마적 무리에 들어가는 "출국"을 하였다. 한 번은 무리가 '소리나는 집(돈 많은 집안)'을 털게 되었다. 돌아오는 길에 마을 하나를 지나게 되었는데, 맨 뒤에 떨어졌다가 대문을 잠그지 않은 집을 보고 무리의 위세를 빌어 혼자 들어갔다. 울안에 들어가 말을 매 놓고 방안에 들어가 궤짝을 뒤져 두 짐 묵직이 챙기고도 도망칠 생각을 하지 않았다. 바로 그때 집안사람들이 돌아왔다. 마적이 마을에 들어온 것을 알고 밖에 나가 몸을 숨겼다가, 마적 무리가 마을을 떠나자 돌아온 것이었다. 집안에 들어서다가 말이 매여 있는 것을 보고는 주인이 말했다. "사람이 있는데!?"

둘째 아들이 말했다. "마적들이 안 갔어!"

다들 말했다. "조용히 해, 가만히 있어봐…"

그리고는 총을 들고(그 때에는 집집마다 총이 있었고 사람마다 총 다룰 줄 알았다) 담장에 몸을 바싹 붙였다. 잠시 후 그 녀석이 보따리 세 개를 메고 방에서 나와, 말을 끌어 당기려는 순간 "땅" 소리와 함께 그는 쓰러졌고 다리가 부러졌다. 그는 곧 묶였다.

그는 울면서 고함쳤다. "그만 때리시오! 그만..."

"넌 누구냐?"

"난 뭘 좀 얻어 먹으려는 놈이오!"

모두 다가가 보니 누구나 다 아는 북쪽 마을 농민이었다. 그래서 가까이 가서 발로 차며 욕을 했다. "미련한 놈, 속을 풀겠다고 이런 짓을 해! 마적질은 드러내놓고 못하는 거고, 토끼도 제굴 옆 풀은 안먹는 데,

마을 사람 물건을 털어?"

조금 있다가 이 집 노인이 나서서 말렸다. "이 녀석도 가난 때문에 죽을 짓을 한게다. 그만 되었다. 목숨은 살려 주거라!"

이런 일이 북방에는 흔히 있었다. 그러나 동북의 농민들이 집을 떠나 마적이 된 것은 대체로 '핍박에 쫓겨서'였다. 개도 몰아세우면 사람을 문다는 말은 이런 것을 두고 한 말이다.

05

마적단의 역할 분담

두목
내무 4 소두목
외무 4 소두목
8 보좌 소두목
졸개 '아이들'

05 마적단의 역할 분담

마적단의 조직은 대체로 다음과 같다. 즉 우선 큰 주인大掌櫃이 있는데 혹은 큰어른大當家이나 큰형이라고 불렀다. 다음 둘째 주인이 있는데, '둘째 어른' '둘째 형' 이라고 불렀다. 그 아래로에 내무외무 8소두목과 그 밑 두목들, 그리고 졸개들(애들)이 있다.

두목 - 큰 형님

큰 어른은 큰 주인 혹은 큰 형님이라고도 부르는데 마적 무리의 총두목이다. 거의 대부분 무예를 겨뤄서 추천된다. 특기가 있고 사람을 다룰 줄 알며 위엄이 있는 사람이다. 만일 그가 큰 어른 노릇을 하지 않고 산으로 채집을 가게 되면 파두把頭가 된다. 파두는, 남방의 "십장工頭(노동자를 거느리고 활동하는 사람)"에 해당하는 말로 북방 사투리이다. 여러 민족 민간의 사투리가 섞인 명사로 생각된다. 예컨대 몽고족은 영웅을 "바툴 巴特尓"이라 부르는데 이는 "파터우巴頭"나 "파트巴特"와 음이 비슷하다. 동북은 옛날 몽고 땅이어서 "파두"라는 말이 여기서 나왔을 가능성이 없지 않다.

파두는 대단한 인물이다. 인삼 캐는 사람들이 깊은 산 속에 들어갈 때 그들의 목숨은 모두 파두의 능력 여하에 달려 있었다. 비록 때로 길흉화복을 하늘에 맡기기도 하지만 총명하고 능력 있는 파두는 재난을 당해도 살아 날 기회를 만들어 낸다.

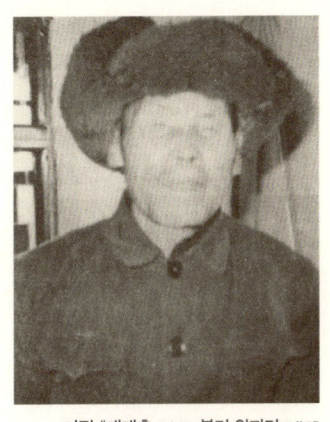

마적 "대래호大來好, 본명 왕지명王芝明
길림, 반석磐石, 이통伊通, 쌍양双陽 일대에서
매우 유명하였다

"파두"는 "산상山相"도 볼 줄 알아야 한다. 산상이란 곧 산의 생긴 모습이다. 경험 있는 파두는 한 눈에 "물건(산삼)"이 있는지 여부를 알아본다. 산삼이 나는 곳은 대개 산이 높고 숲이 울창한 남향으로 물이 충분한 곳이기 때문이다. 그런 곳은 대체로 나무가 울창하고 풀이 무성하고, 꽃과 맹수가 많다.

다음으로, 파두는 산에서 길 잃은 사람을 집에 까지 데려올 수 있는 있어야 했다. 이는 깊은 산 속에서 오랫동안 돌아다니며 익힌 능력이다. 길을 잃는 것(麻達山이라고도 함)은 산 속에서 가장 위험한 일이다. 한 번 길을 잃으면 십중팔구는 숲 속에서 목숨을 잃게 된다. 그러므로 능력 있는 파두는 반드시 방향을 식별할 줄 알아야 한다. 깊은 숲 속에서 방향을 분별한다는 것은 매우 어려운 일이다. 훌륭한 파두는 어떤 상황에서도 방향을 분별할 수 있어야 했다.

마적 무리의 "큰 주인"은 산을 드나드는 파두의 직능에다가 뛰어난 사격술과 기마술을 갖추어야 한다. 사격술이 다른 사람보다 월등해서 무리 전체가 "승복"할 수 있어야 한다. 기마술도 "뛰어나야" 한다. 절대 순종치 않는 말이라도 길들이고 다룰 수 있어야지 그렇지 못하면 부하들이 "승복"하지 않는다.

큰 주인은 또한 인심을 잘 다스려야 한다. 뿐 아니라 좌종당左宗堂[1] 처럼 "기반地盤"을 차지하는 능력도 갖추어야 한다. 어느 해 좌종당은 군대를 거느리고 한구漢口를 떠나 서안西安에 들러 다시 신강新疆에 정벌을 나가게 되었다. 그 때 그의 임무는 대단히 중요한 것이어서 반드시 성공해야지, 어떤 착오라도 있어서는 안되었다. 그가 거느린 군대는 대부분 상군湘軍과 회군淮軍이었는데, 가는 길에는 반드시 장강長江을 건너야 했다. 그 때 장강 유역에는 "삼합회三合會", "가로회哥老會", "포가회胞哥會" 등 여러 명칭의 비밀 결사들이 있었는데, 이들은 북방의 "유자綹子(무리)", "회국會局", "점산보호占山報號"처럼 마적 단체였다.

그 때 "가로회哥老會"의 두목은 "대용두大龍頭"라 불렸는데, 그중 한 대용두가 장강 하류에서 죄를 짓고 한구漢口로 도망을 갔다. 당시 청나라 조정에서는 주로 역참驛站을 통해 조정에 소식을 전했는데 각 지역 비밀 결사의 "바닷잎海葉子(서신, 정보)"의 속도가 조정보다 빨랐다.

하루는 좌종당이 도중에 쉬면서 장강 경치를 구경하다가 자기 군대가 명령이 없었는데 모여들어 십여 리 장사진을 이루고 있음을 발견했다. 좌종당은 이상한 생각이 들었다. 그날 양강총독兩江總督이 보내온 문서를 받았는데, "지금 '강상비江上飛'라는 별명을 가진 유명한 마적 두목이 한구에서 서안 쪽으로 도망하고 있으니 즉각 체포하라"고 쓰여 있었다.

1_ 1812~1885년. 후난성 사람으로 중국번의 상군을 지휘하여 태평천국의 난을 진압하였다.

지은이(차오빠오밍曹保明)가 마적 "대래호大來好"를 만났을 때의 모습

좌종당은 그 때만 해도 "무슨 어려운 일이 있겠는가, '강상비' 란 한낮 마적 두목일 뿐이 아닌가? 천군만마를 가지고 그 녀석을 놓치겠는가" 하고 쉽게 생각했다. 그래서 곧 총독에게 소식을 띄웠다. "지시대로 하겠습니다. 총독께서는 좋은 소식 기다리기 바랍니다."

그런데 답장을 보내고 나서 일이 생겼다. 그는 자기 군대가 엄청 빨리 움직이고 대열이 길어지면서 더욱 정연해 지고 있음을 알았다. 그는 궁금해서 병졸에게 물었다.

"너희들 왜 이러는 거냐?"

"두령을 환영하는 겁니다."

"두령이라니!? 내가 두령 아니냐?"

"아닙니다."

"그럼 누구야?"

"대용두大龍頭입니다."

"그 '강상비'라는 자냐?"

"네, 맞습니다."

병졸들은 저마다 웃으며 말했다. "나리, 우리가 비록 나리의 군대가 되긴 했지만 고향에 있을 때 모두 '방회幇會'에 가입했습니다. 지금 우리 '옛 어른'이 이 곳을 지나신다는데 어떻게 환영하러 가지 않겠습니까!"

"이런, 이런 참…"

좌종당은 그제야 자기 수하 군사들이 환영하고 있는 사람이 바로 양강 총독이 잡으라고 지시를 내린 "마적 두목"임을 알게 되었다. 이 일을 어떻게 하지?

그는 수하 막료를 불러 물었다.

"'가로회哥老會'가 뭔지 아느냐?"

"민간의 방회幇會 조직입니다."

"가로회의 대용두大龍頭와 저 마적 두목이 어떤 관계인가?"

"관계요?" 막료幕僚는 하하 소리 내어 웃으며 말했다. "여간 관계가 아니죠!"

"도대체 어떤 관계냐?"

"이렇게 말씀드리지요. 우리 군대의 병졸은 물론 장교까지 모두 가로회 사람이지요."

"그러면 잡아 바치라는 마적 두목이 바로 가로회의 두목이겠네?"

"그렇습니다."

좌종당은 그 말을 듣고 황당하였다. "그럼 우리 이 군대는 어떻게 해야 유지할 수 있단 말인가?"

막료가 말했다. "그야 간단하죠."

"어떻게?"

"나리께서 이 군대를 유지하시려면 나리께서 '대용두'가 되시면 됩니다!"

"뭐? 나더러 '마적 두목'이 되라는 거냐?"

"그렇습니다."

"아니, 어떻게 그렇게 할수 있단 말야!"

"나리께서 그렇게 하시지 않으면…"

"어떻단 말이냐?"

"우린 신강에 도착할 수 없을 겁니다. 나리, 심사숙고 하십시오. 이건 간단한 일이 아닙니다."

좌종당은 아무리 머리를 쥐어 짜도 뾰족한 수가 떠오르지 않았다. 부대를 잃을 판이었다. 결국 그는 막료에게 말했다. "이 봐, 보아하니 내가 너의 제안을 받아 들여야겠구나. 되었느냐?"

"잘 되었습니다!"

"그러면, 산당山堂을 열어라!"

좌종당은 즉시 산당을 마련하여 향을 피우며 조상에게 제를 지내고 병졸들에게 이 "대용두"를 배알하도록 했다. 이렇게 좌종당도 진짜 "마적 두목"―대용두가 되었다. 그렇게 군사들을 다잡아서 전쟁 임무를 수행했다.

비록 전설에 지나지 않는 이야기지만 여기서 우리는 "민중"의 의식을 이해하는 것이 얼마나 중요한 일인지를 알 수 있다. 민중의 의식은 파두의 권위 신망과 밀접한 관련을 가진다. 파두가 무리行帮에서 얼마나 중요한 위치를 차지하는지를 알 수 있다.

내무 4소두목 里四梁

마적단의 "안쪽 네 대들보", 즉 내무 4소두목은 "포두炮頭", "양대糧臺", "수향水香", "번타翻垛"를 가리킨다. "포두"는 다시 "정正포두"와 "부副포두"로 나뉘는데 "정포두"는 '총總포두'라 부르기도 하다. "포두"는 무리에서 병졸을 이끌고 싸움에 나서는 명사수다. 그들은 야간에 향불을 쏘면서 사격술을 익힌 사람들이다.

"포두"의 사격술은 무리의 공인을 받아야 한다. 그들은 평시에 직접 "포두"의 사격 솜씨를 보아야 한다. 대개 담장에 화살을 꽂아놓고 백 보 밖에서 세 발을 쏘아 명중시키고, 다시 뒤로 물러 서면서 1리(5백 미터) 밖에서도 쏘아 맞히면 명사수로 인정해 준다. 다음은 나는 새 떨어뜨리기이다. 하늘에 나는 새를 쏘는데, 목을 맞춰서는 안 되고 반드시 머리를 명중시켜야 한다. 참새를 쏘아 '꽃이 피어서는(찢어져서는)' 안 되며 반드시 상하지 않은 상태로 떨어뜨려야 한다. 그러나 그들은 기러기를 쏠 때 앞장 선 기러기는 쏘지 않았다. 기러기 무리들이 방향을 잃지 않게 하기 위해서다. 자기 자신들에 대한 생각이 반영된 행동이다.

사격술 외에도 포두는 죽음을 두려워하지 않는 담력을 갖추어야 하는데, 무리에서는 이런 사람을 "담 찬" 사람이라 불렀다. 1931년 여름 마적 두목 부전신傅殿臣은, "포두"의 담력을 시험하려고 "사계호四季好"에게 백여 명의 졸개들을 거느리고 "대래호大來好"와 싸우라고 했다. 나중에 부전신은 "자네가 담력도 있고 '총신도 바르니(사격술이 뛰어나니)' 훌륭한 포두를 얻었네!"라고 말했다. 여기에서 우리는 내무 4소두목 중에서 첫째 소두목인 포두가 무리에서 얼마나 중요한 자리인가 알 수 있다.

그 다음은 "양대糧臺"다. "양대"는 말 그대로 양식을 쌓아두는 대臺

를 가리키는데, 곧 형제들의 식탁을 맡은 사람이다. 양대를 맡은 사람은 우선 심성이 정직해야 하고 무리 내의 모든 사람을 고루 돌봐 줘야 하며, 재물을 빼어 자기 배를 채워서는 안 된다. 그리고 계산이 빨라야 하고 꾀도 많아야 했다.

"수향水香"은 보초 근무를 관장하는 자리다. 무리는 늘 '숨어 다니고' '튀어 도망' 하였으므로(이동이 잦았으므로) 어느 때건 가릴 것 없이 보초가 아주 중요한 일이었다. 한 곳에 이르면 "수향"은 먼저 보초 자리를 정한 다음, 총 잘 쏘고 부지런한 애들을 가려서 보초를 서게 했다. '굴을 하나 열었을 경우(집을 털 경우)' 울안에 들어서면 "수향"은 즉시 보초를 담장이나 옥상에 세워 관군이나 마을 연대聯隊의 기습에 대비하였다. 이런 이유로 "수향"은 눈치 빠르고 약삭바른 사람이 담당했다.

내무 4소두목 중 마지막 하나는 위기의 장애물을 해결하는 "번타翻垜"인데 이 또한 매우 중요한 자리다. 무리 앞에 놓인 장애를 헤쳐 나가는 "번타"는 무리의 군사軍師이고 큰 주인의 참모參謀로서, 반드시 학식이 있고 천문 지리에 통하고, 팔괘와 문장에 막힘 없어야 하며, 사주팔자도 볼 줄 알아야 했다. 매 번 행동을 할 때마다 그가 길일을 택하고 출동 방향도 정해야 했다. 그래서 별자리도 볼 줄 알아야 했는데, 출동했다가 도중에서 길을 잃으면 방향을 잡는 사람도 그였다. 때로는 "법 제정"을 하기도 했다. 좋은 일이나 장례 같은 일도 그가 맡아 진행했고 때로는 귀신 놀음도 했다.

동치同治[2] 연간에 마적 마 바보馬傻子가 장춘長春을 공격했는데, 그

2_ 1856~1875년. 재위 1861~1875년. 서태후의 아들이다.

마적 소백룡小白龍

들에게는 대포까지 있었다. 그런데 남문 일대는 습지가 많아서 대포가 뻘에 빠져 빼낼 수가 없게 되었다. 마 바보 무리의 "번타"는 유삼劉三이라는 사람이었는데 그는 대포 가까이 다가가 포신을 만지며 말했다.

달마 조상님의 명을 받고 성을 재편성하러 왔나이다.

대포가 빠져 나오지 못하면 벼락을 쳐 주소서.

그렇게 염불을 하고 칼을 들고 포신을 "후" 불며 말했다. "끌어라! 이번에는 나올 게다." 여러 형제들이 힘을 쓰자 신기하게도 대포가 빠져 나왔다.

이렇게 어려운 장애를 헤쳐나가는 "번타"는 일반적으로 민간 심리학자라고 할 수 있다. 그들은 흔히 신神, 선仙, 불佛, 도道를 이용하여 사기를 돋구고 승리를 이끌었다. 무리에 똑똑한 "번타"가 있으면 전투에서 손해를 적게 보게 되었다.

위에서 설명한 "내무 4소두목"를 정천량頂天梁(하늘을 찌르는 대들보),

전각량轉角梁(즉 방향을 돌리는 대들보), 영문량迎門梁(문맞이 대들보), 한심량狠心梁(마음 독한 대들보)[3]- 이라고도 불렀다. 정천량은 통천량通天梁(하늘 통하는 대들보)이라고도 불렀는데, 마적 중에서 가장 높은 지위로서 큰 주인이라고 부르기도 했다. 무리에서 사람을 살리고 죽이는 대권을 쥐고 있었다. 그 하는 역할이 한 집의 대들보와 같다고 해서 "정천량"이라 했을 것이다. 단체의 돈과 재물을 관리했는데, 대개 나이가 지긋한 고참 마적이었다.

전각량은 "문명량文明梁(문명 대들보)"이라고도 했다. 대개 큰 주인의 모사 역할을 하였다. 여기서 '문명'이란 곧 문화나 지식이 있음을 의미한다. 문명량은 무리의 행동을 위해 계책을 내놓았다. 천문, 지리에 밝고 예언을 잘하고 꾀가 많은 사람이었다.

영문량은 무리의 포수砲手(혹은 砲頭)로서 사격술이 뛰어났다. 출동하여 행동할 때는 앞에서 돌진하고 퇴각할 때에는 뒤에 서서 큰 주인과 무리의 안전을 맡았다. "영문迎門"이라고 한 것은 언제나 싸움에 앞장서서 용감히 돌진함을 뜻하였다. 특히 "괘주挂柱" 하여 입당하려는 사람이 있으면 그가 직접 나서서 사격술을 시험했다.

한심량은 보통 "앙자방秧子房" 주인을 가리킨다. "독한 마음狠心"이라는 것은 마음이 여리지 않음을 의미하는 것이다. 마음이 약한 자는 한심량을 맡을 수가 없었다. 마적은 처음부터 항상 인질을 유괴하고 인질을 혼내어야 했기 때문이다. 인질 중에는 어른도 있고 아이도 있었는데, 인질이 시달림을 받고 고함을 치거나 울거나 할 때 마음이 약해지면 더

3_ 鶴年 編著, 『舊中國土匪揭秘』(中國戱劇出版社, 1997.3. 69쪽) 참조.

이상 일을 할 수 없게 되는 것이다.

그밖에 또 "외무 4 소두목外四梁"이 있었다.

외무 4소두목 外四梁

외무 4소두목(바깥 네 대들보)은 "앙자방秧子房", "꽃혓바닥花舌子", "첩자揷千的", "글쟁이字匠"를 말한다.

"앙자방"은 유괴해 온 인질을 가둬두는 곳이다. 종자나 모종이란 말은 돈이 될 인질을 뜻하는 것일 것이다. 앙자방 주인은 바로 이러한 인질을 관리하는 우두머리다. 인질 유괴는 마적들의 주요 활동이었으므로 앙자방 주인의 권력은 막강했다. 앙자방 주인을 택할 때 가장 중요한 조건은 마음이 독한가의 여부였다. 흔히 앙자방 두목을 가리켜 마음이 돌덩이라고 말하였다. 마적이 잡아오는 인질은 보통 집안 가득하여 여럿이 울고불고 소란스러웠다. 어떤 인질은, 말 등에 매달려 밤낮을 이동하느라고 엉덩이가 말등에서 이지러지고, 허벅지 안쪽에 구더기가 살 정도였다. 마적들은 이들 인질이 죽을까 걱정하면서도 약 쓰기가 아까워 마른 풀에 불을 붙여 구더기를 쪼였다. 그럴 때면 인질들은 뜨거워 견디다 못해 비명을 질러댔다. 이러니 담이 약하고 마음이 여린 사람은 앙자방 주인 노릇을 할 수가 없었다.

앙자방 주인은 또 유괴한 인질의 동정을 살피고 심리를 분석하여 몸값을 어느 정도 받아야 할지 결정하였다. 이에 관련된 이야기가 있다.

옛날 쌍양현雙陽縣에 전田씨 성을 가진 큰 지주가 있었는데, 백만장자이면서도 인색하기로 소문이 나서 사람들이 '전 노랭이'라고 불렀다. 마적 쌍표雙鏢가 그가 돈이 많음을 알고 인질로 잡아갔다. 그런데 차라리 죽기로 작정을 하고서는 가족들이 돈을 내고 자기를 빼가지 못하도록 하였다. 그렇지만 전 노랭이는 쌍표의 앙자방에 갇혀서 그대로 죽기 또한 싫었다. 자기가 죽으면 그 재산을 어디에 숨겼는지도 모를 것이니 이 아니 허망한가? 그는 생각 끝에 집에 편지를 썼다. 편지에는 이렇게 쓰여 있었다.

쌍표雙鏢의 손에서 죽게 되니
죽음이 눈앞에 있어도 못잊겠네.
재산을 어디에 숨겼는지 묻는다면
위에서 아래로 당겼다가
아래에서 위로 잡아당기라 하겠네.

마적 소백룡小白龍

사실 이것은 가족에게 재산 숨긴 곳을 알려준 것이었다. 그는 맏며느리가 총명하여 이런 수수께끼같은 글을 알아챌 수 있을 것이고 마적들은 속일 수 있을 것이라 믿었다. 마적들 중에도 총명한 사람이 있을 줄은 꿈에도 생각하지 못했던 것이다. 쌍표의 앙자방 주인은 '두 방구 二屁'라 부르는 마馬씨였다. 그는 총명하고 머리가 잘 돌아갔다. 그 편지를 보고는 전 노랭이가 죽음을 앞두고 아들에게 비밀스럽게 돈 숨긴 곳을 알려준 것이라 판단했다. 그런데 "위에서 아래로 당겼다가 아래에서 위로 잡아당기라"니, 도대체 어디를 말하는 것인가?

온갖 궁리를 하다가 마방구는馬二屁는 마침내 그 수수께끼를 풀어 냈다. "어서 그 집을 포위하고 그 놈 버선을 찾아!" 전노랭이가 말한 것은 바로 버선을 가리켰던 것이다. 유괴되어 갈 때 너무 급해서 미처 신지 못한 버선은 그가 누웠던 온돌방 방바닥 자리 밑에 있었다. 그리고 그

속에는 평생 번 돈이 들어 있었다. 전노랭이는 재산을 돈표로 바꾸어 버선의 덧댄 헝겊 속에 감추었던 것이다. 결국 마적들은 횡재를 했다. 머리가 잘 도는 사람만이 앙자방 주인이 될 수 있다는 것을 알 수 있는 전형적인 예이다.

"꽃혓바닥花舌子"[4]은 무리의 연락관 자리다. 인질을 유괴한 후 늦어도 5일, 빠르면 3일 후에 인질 가족들은 "꽃혓바닥"이 보낸 "해엽자海葉子(편지)"를 받게 된다. 꽃혓바닥은 소식을 전하는 역할을 한다. 꽃혓바닥은 겉으로는 보통 마을 사람이지만 사실은 마적이다. 그는 유괴된 가족에게 소식을 전하고, 또 직접 무리에서 인질을 빼올 수 있는 가격을 알려 주기도 한다.

"꽃혓바닥"를 선택하는데 가장 으뜸가는 조건은, 말을 잘하는 것이다. 세 치 혓바닥으로 일을 성공시킬 수 있어야 한다. 유괴한 인질의 몸값은 "번타"와 "앙자방" 주인에 의해 책정되는데, 가격은 인질 가족의 경제능력에 따라 책정한다. 가족들이 몸값을 치룰수 없이 많이 부르게 되면 인질을 다치면서까지 유괴한 성과가 없게 되고, 너무 낮으면 헛수고가 되는 것이다. 그러므로 몸값은 반드시 적당해야 하는데, 그 적당한 값을 정하기 위해 앞뒤로 뛰어다니는 사람이 바로 꽃혓바닥이다. 그는 인질 가족에게 이렇게 말하곤 한다. "이 집에서 어려운 일을 당하셨군요. 저도 맘이 아프지만 어떻게 합니까? 크게 생각하세요. 사람부터 빼내는게 중요하지요. 사람 목숨부터 살리고 봐야지 돈이 다 뭡니까? 살면서 돈은 다시 벌면 되지요. 그래도 집주인이신데요 뭐. 옛말에 천만금

---

[4] 화설자란 입에 발린 말을 잘하는 사람인데, 여기서는 직역을 하였다.

마적 소백룡 부부(1991, 磐石 北石 砬子村)

도 주인이 번다고 했지 않아요. 빼 오셔야지 어쩝니까?"

죽어도 돈 주고는 인질을 빼내려고 하지 않는 집도 있었다. 일이 그렇게 되면 그는 방법을 바꿔 죽은 사람의 귀나 돼지 혀를 짤라 보내어 위협하기도 한다.

마적들이 꽃혓바닥을 선택할 때는 그 사람의 인간성을 특히 중요시한다. 성실해야지 그렇지 않고 중간에서 떼먹거나 해서는 안 되기 때문이다.

'외무 4소두목'의 세 번째는 "첩자捕干的"다. 공격 목표를 정했을 때 먼저 정보를 수집하는 사람이다. 이 "첩자"를 선택할 때는 우선 '총신이 곧아야管直' 한다. 총을 잘 쏘아야 하는 것이다. 다음은 지혜와 용맹을 겸비함으로써 선택된 공격 대상인 "가마窯"에 먼저 접근하여 그 곳의 모든 정보, 특히 숨겨진 방어가 있는지 탐지해야 한다. "가마"에 대한 공격은 대개가 밤에 진행되는데 숨겨진 방어진을 모르고 들어갔다가는 목숨만 잃게 되기 때문이다. "첩자"는 공격을 개시하기 전에 미리 행상, 이발사, 포목장수, 박물장수, 돼지털·고양이·개가죽을 사는 장사꾼 등으로 변장하여 잘 사는 집안으로 들어가 정황을 살펴서 공격하기 좋은 길을 정한다. 물론 첩자도 성실하고 믿음직해야 했다. 관직을 가졌던 경험이 있거나 벼슬자리나 하는 사람의 친척은 배제했다. 혹시라도 부지불식간에 행동 계획을 누설하여 "벼룩(군대)"에게 일망타진 당할 수가 있기 때문이었다.

"외무 4 소두목"의 마지막 자리는 "글쟁이字匠"인데 선생이라 부르기도 한다. 무리에서 편지 쓰기를 도맡아 하는 사람이다. 인질이 손 안에 들어오면 글쟁이는 편지를 써야 하는데, 적당한 말을 골라 써서 상대가 돈을 내고 사람을 빼가도록 해야 한다. "글쟁이"를 선택하는 조건은, 우선 학식이 있고, 특히 붓글씨뿐 아니라 여러 가지 글씨체를 쓸 줄 알아야 하고, 남의 필적을 모방하고 도장을 새길 줄 알아야 한다. 인질 가족에게 편지를 쓰는 외에도 글재주가 필요한 일들, 이를테면 대련을 써 붙이고 부적을 쓰는 것도 그의 몫이었다. 대체로 문장이 좋은 늙은 글쟁이들이 이 자리를 맡았다.

다른 자료에 기재된 "외무 4소두목"은 아래와 같다.

부조량扶助梁: 총과 탄약을 관리하는 사람.
여기서 "부조扶助"는 도와준다는 뜻으로 큰 주인을 위해 무기를 관리해 줌을 의미한다.

적화량赤火梁: 탄약을 관리하는 자.
화약에 불을 대면 붉은 불길이 치솟는데서 지어진 명칭이다. 마적들이 얼마나 화약을 귀하게 여겼는지 알 수 있다.

타골량駝骨梁 : 말을 관리하는 사람.

마적들은 사방을 옮겨 다녔으므로 말은 중요한 도구였다. 말이 없으면 마적 그 자체가 없어지는 것이다. 그래서 말 관리 담당이 있게 된 것이다. 타골駝骨이란 아마 말이 낙타와 비슷하여 붙인 이름 같다.

조응량照應梁 : 경비를 맡은 자.

여기서 조응照應은 서로 살피고 주의하는 것을 뜻한다. 마적들은 밖에 나가 행동하거나 '가마'를 털 때, 숨어있거나 유숙할 때 언제나 경비를 소홀히 해서는 안 되었다. "요수料水"라고도 불렀는데 서로 조응함을 뜻한다.

8명의 보좌 소두목 八柱

마적의 조직에는 "기둥柱"이라는 것이 있다. 기둥柱은 내외 8소두목인 "대들보梁" 다음가는 직책이다. 일종의 보좌 소두목이라고 할 수 있다. 마적 무리에는 "여덟 기둥八柱"이 있었다.

소청주掃淸柱

어떤 무리에서는 총최總催라 불렀다.

그는 졸개들을 거느리고 '소리나는 가마'(큰 대가집에서 설치하고 있는 포대)을 공격하였고, 포위를 돌파할 일이 생길 때는 '뒤를 맡아서' 철수하는 무리의 안전을 지켰다.

한심주狠心柱

붕포두棚炮頭라고도 불렀다.

"붕棚"은 "봉捧" 즉 받들어 모신다는 의미이다. 공격할 때 포두炮頭 앞에 서고 퇴각할 때에는 포두 뒤를 맡는다. 그리고 강탈이나 인질 유괴할 때에는 보통 가장 앞에 나선다.

불문주佛門柱

수향水香, 箱이라고도 하며 보초 경계를 맡은 자리다. 물水은 옛날에 시간을 계산하는 도구였다. 향香 또한 태우면서 시간을 계산하는 도구였다. 아마도 향이란 이름이 붙어서 그로부터 "불문주佛門柱"라 불렀던 것 같다. 동음이의어를 가지고 연역적인 발상을 한 명칭이라고 할 수 있다.

백옥주白玉柱

마호馬號라고도 불렀다.

백옥주는 주로 말을 관리하는 직책이었다. 말은, 큰 주인·4명 소두목과 8명 보좌 소두목·아이들의 것으로 나뉘었는데, 이 직책도 매우 중요했다. 말을 잘 관리하지 못하면 활동이 거의 불가능했기 때문이다.

청천주青天柱

잘못된 행동을 다스리는 검사를 가리킨다. 무리에서는 늘 규칙을 어기는 졸개들이 생기게 마련이었는데, 이들을 관리하는 자리가 바로 청천주다. "청천青天"은 "포청천包青天, 包公"의 이름에서 따온 듯하다. 판결을 공정하게 함으로써 범법자들이 원망하지 않는다는 뜻을 가진다. 전통문화의 한 반영이라 할 수 있다.

통신주通信柱

전호傳號라고도 했다. 통신병通信兵을 말한다. 그는 큰 주인과 둘째 주인의 곁에 있으면서 명령을 무리에 전하고 편지를 나르는 일을 맡았다. 쉬운 일이라 할 수 있었으므로 흔히 나이가 어리고 발이 빠르거나 큰 주인이 신임하는 사람이 맡았다.

인전주引全柱

실제로 양대糧臺 혹은 총무를 가리킨다. 무리에서는 꽤 중요한 자리라 할 수 있었다. 소굴을 나가 행동하거나 유숙하게 될 경우 먹고 마시는 일을 맡았다. 그가 일을 어떻게 하느냐에 따라 군졸들의 사기와 휴식이 좌우되었고 이것이 바로 무리의 전투력과 깊은 관계가 있었다.

부보주扶保柱

'아이들'을 말한다. 즉, 무리의 가장 기본적인 구성원을 말한다. 어떤 무리에서는 이렇게 부르지 않았다. '애들'이면 그냥 '애들'이라고 했지 "부보주"라 부르지는 않았다. 부扶는 부지함을, 보保는 보전함을 뜻했다. 전통문화로부터 물려받은 이름이라 할 수 있다.

한 마디로 들보梁와 기둥柱은 모두 집안의 주체를 가리키는 것이다. 마적 무리가 한 채의 집이라면 이들 주요 인물들은 집의 "들보"와 "기둥"처럼 어느 하나가 없어도 안 되었다. 마적들이 얼마나 완전한 조직 구조를 형성하고 있었는지를 보여주는 이름이다. 이는 또한 마적이라는 무리가 긴 발전의 역사를 가지고 있음을 말해준다 하겠다.

소백룡小白龍

이 책 사진으로 소개된 소백룡은 보좌소두목 팔주출신이다. 소백룡小白龍은 말을 "연자連子"라 불렀다. 여기에는 '줄'이라는 의미가 있는데 말들이 무리 지어 달려갈 때 긴 행렬을 이룬 장관을 가리킨 것이다.

지은이(차오빠오밍曹保明)와 마적 소백룡小白龍

졸개 '아이들 崽子'

마적 무리의 형제들을 "아이들"이라 불렀다. 애들은 큰 주인, 둘째 주인, 내외 8소두목의 명령에 절대 복종해야 했다. 전투 때에는 앞뒤를 맡아 용감히 싸워야 했고, 한 곳에 유숙하게 될 때에는 보초를 서야 했다. 그리고 연말이나 겨울을 날 때에는 각자의 점수에 따라 재물을 분배받았다.

애들은 먹고 마시고 아편을 피우는 면에서는 자유로웠다. 그러나 여자가 적을 때는 내외 8소두목처럼 자유롭지 않았다. 그래서 애들은 때로 여자 때문에 큰 주인·둘째 주인과 알력이 생길 때도 있었다.

너무 핍박을 당하면 애들도 큰 주인을 죽이는 경우가 있었다. 부전 신傅殿臣이 바로 수하 애들을 너무 괴롭혀 당했다고 한다. 어느 날 애 하나가 보초를 서던 중, 외부에 나갔다 돌아오는 부전신을 만났다. 그가 물었다. "누구냐?"

부전신이 받았다. "나지 누군 누구야!"

"손목 눌러!"

"불 막아!"

이것이 밤에 무리에서 통하는 암호였다. 뜻인즉 총을 쏘지 말라는 것이었는데, 이때 양측에서는 모두 손가락을 방아쇠에 대고 있었다. 그런데 이 아이는 부전신의 목소리를 듣고는 화가 치밀어 부전신이 가까이 오기를 기다려 방아쇠를 당겨 버렸다.

평시에 큰 주인이나 소두목, 보좌 소두목이라도 애들을 가볍게 다루지 못했다. 특히 그 중에 위신이 있는 애들에게는 더욱 그랬다.

애들이 큰 주인을 혼내고자 할 때에는 돼지머리를 가져다가 칼로 한 조각 한조각 편육을 만들었다고 한다. 이런 행동을 가리켜 애들이 "엉덩이 들기"를 한다고 하였는데, 돈을 요구하는 것이었다. 이러면 두목

지은이 (차오빠오밍曺保明)와 마적 오룡五龍의 아들 오룡은 일면파—面波일대에서(1925~1945) 활동한 두목이다

은 돈을 나누어 주어 불만을 다독였다. 그러나 애들 속에서 그런 기미가 보이면 큰 주인과 내외 8소두목, 그리고 8 보좌두목들이 대개는 그들을 먼저 정리해 버렸다.

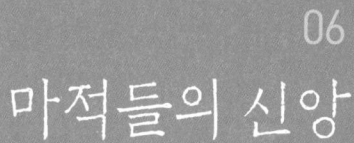

06

마적들의 신앙

꿈에 기댄 행동
길을 잃었을 때
희사와 장사
주문
믿을 것은 몽둥이

06 마적들의 신앙

마적들의 신앙은 비교적 복잡하여 믿지 않는 것이 거의 없을 정도였다. 몇 가지 흥미 있는 사례를 살펴보자.

꿈에 기댄 행동

마적들은 꿈을 매우 중요시 했다. 보통 꿈의 내용에 따라 다음 날의 행동을 결정하였다. 특히 큰 주인의 꿈은 더욱 중요했다. 그리고 그들은 모두 팔괘를 믿으며, 앞으로 행동의 길흉을 점쳤다. 그리고 각 시간대의 행동에 대해서도 분명한 지침을 가지고 있었다. 예컨대 다음과 같은 말이 있다.

> 丑시에는 먼길을, 酉시에는 동쪽으로 가지 마라,
> 재물도 희망도 한바탕 헛꿈 되리니.
> 寅辰시에 서쪽으로 가면 주인에게 큰 재앙,
> 환자가 사악한 귀신에게 해를 입네.

亥子시에 북방으로 가면 크게 흩어질 것이니,
닭과 개가 일을 망쳐 하는 일이 어그러지네.
巳未시에 동북은 통하지 않나니,
세 산이 길을 막고 재앙 별이 떨어지네.
午申시에 서남 방향으로 가지 말아야지,
文生이 말에서 내려 한바탕 헛일일세.
戌시에는 동과 서로 가지 않는다네,
구설수에 오르고 재난을 만나리니.
庚시에 서북은 통하지 않나니,
산과 물이 막혀 서로 만날 수 없다네.

이 같은 길흉의 논리에 큰 주인의 꿈을 합하여 무리의 활동을 결정하게 된다. 큰 주인은 자신의 꿈을 특히 중요시한다. 꿈에 만나는 할머니·할아버지는 재록신이고, 처녀나 젊은 여인은 귀인貴人이다(가령 꿈에 노란 옷을 입은 처녀를 만나면 黃소저라라 하여 금을 뜻한다). 꿈에 불을 보면 운이 트이고, 큰물을 보면 물에 금은보화를 밀어 온다고 믿었다. 꿈에 붉은 관을 보면 재물이 있고, 나귀 새끼를 보아도 역시 재물이 생긴다 했다(나귀 꿈을 꾸면 신선인 張果老가 온 것이라 재운이 있을 것이라고 생각했다. 전설에 장과로는 나귀를 거꾸로 타고 다녔다고 한다). 장례 행차에서 아이들이 우는 것을 보았으면 불길하다. 강풍이 불었으면 벌이를 나가지 않는다.

마적들이 숭상하는 달마의 모습

바람이 분다는 말과 재산 날린다는 말이 상관성이 있기 때문이다. 꿈에 호랑이를 보면 벌이를 나가지 않는다. 호랑이는 강자가 있음을 상징하기 때문이다. 개가 사람을 쫓으면 절대 나가지 않는다. 꿈에 어떤 사람이 나무에서 뛰어내리면 반드시 나가지 않는다. 뛴다는 의미의 도跳는 "양도자洋跳子", 즉 군대나 경찰이라는 말과 음이 비슷하기 때문이다.

길을 잃었을 때

마적들의 행동, 즉 '우리'를 깨고(부자집을 털고) 인질을 유괴하고 보복하고 의거하는 행동은 모두가 밤에 행해지므로 길을 잃는 경우가 있었다. 이럴 경우 장애를 뛰어 넘는 '번타'의 능력 여하에 따라 결과가 달라진다. 우선 번타가 팔문八門(일종의 카드)을 벌려 놓고 팔괘, 즉 "건乾, 감坎, 간艮, 진震, 손巽, 리離, 곤坤, 태兌" 여덟 개의 문으로 나눈다. 그 중의 한 장이 "관문關門"이다. 관문은 '틈'을 의미하기 때문에 어느 방향에서나 이 카드를 찾아 잡아야 한다. 이들은 자신들이 틈을 넘는 사람이라고 생각한다. 그래서 "관"문을 찾아 철수 방향을 잡는 것이다.

다음은 번타가 모자를 던지는 방법이 있다. 그는 모자의 어느 한 쪽을 "관문"이라고 정한 다음, 손에 들고 입으로 염불처럼 왼다.

십팔 나한 어르신네
저희들께 밝은 길을 가리켜 주소서.
무리가 빠져 나가게 되면
다함께 여러 신선 어르신을 받들겠나이다.

그렇게 염불이 끝나면 모자를 던져서 그것이 떨어져서 가리키는 쪽으로 바로 나아갔다.

셋째는 '번타'가 향을 태워 방향을 정하는 방법이 있다. 동서남북 네 곳에 흙더미를 쌓아 놓고 향을 꽂은 후 가장 향이 빨리 타는 쪽을 나갈 방향으로 생각한다.

넷째는 공중에 손수건을 날리는 방법이다. 번타가 손수건 네 귀를 접어 손으로 받쳐 들고 염불한다. "십팔 나한 여러 신령님께서 밝은 길을 가리켜 주소서." 그리고는 공중에 날려 땅에 떨어진 모양을 보는데, 접었던 귀퉁이가 펼쳐지지 않은 쪽으로 방향을 잡는다.

다섯째는 번타가 별자리를 보는 것이다. 그들은 별자리를 특히 중요시했다. 시간도 별자리를 보고 알았고, 별자리를 보고 행동을 결정하기도 했다. 번타는 천문을 보고, 팔괘를 계산하고, 관상·신수도 볼 줄 알아야 했다. 그렇지 않고서는 "군사軍師"가 될 수가 없었다. 만일 날이 흐리면 별자리를 볼 수가 없었으므로 은하수를 찾아 따라갔다.

경사慶事와 상사喪事

무리의 경사란 대개 큰 주인이 "부인"을 맞는 것을 가리켰다. '우리'를 털거나 연말에 "몫 나누기"(돈을 나눠가지고 집에 돌아감)를 하는 것도 포함된다. 상사喪事란 형제 중에 누가 죽었을 때 지내는 장례를 말한다.

일정한 소굴을 가진 무리에서는 경사나 상사가 있을 때 "취주 악대"를 청해오기도 했다. 마적들은 취주악대를 청할 때 상당히 공손히 대했다. 문에 들어서서 취주악대 주인을 보면 말했다. "악대 주인양반, 좋은 사람을 몇 보내 주십시오. 돈은 문제 없습니다!" 말을 마치고는 돈

마적들이 무리에 가입하고 향을 피우며 맹세했던 향로

을 얼마간 두고 간다. 악대들도 마적을 두려워 하지 않았다. 마적이 그들을 털지는 않았기 때문이다. 악대가 오면 첫 곡으로「아홉 마리 용」이라는 곡을 연주했다. 이 아홉마리 용은 십팔 나한이 외출하여 노닐 때 두 분마다 한 마리를 같이 탔던 바로 그 용들이라고 한다. 경사던 상사던 아홉 마리 용을 악대가 불어 대면 희노애락을 유연하게 변화시킬 수 있었다. 물론 작거나 떠도는 무리들은 악대를 청할 수 없었다.

전투에서 형제가 죽어 매장할 때면 큰 주인이 향을 사르고 다른 형제들은 꿇어 앉는다. 그러면 큰 주인이 말한다. "강호에서 이리저리 방랑하였는데, 늙어 하늘에 돌아가네. 형제여 그대가 가니 우리 모두 모여 전송하네!" 그러면 애들 중 하나가 지전을 태워 주었다.

주 문 呪文

마적들은 천문을 살피고 주문을 외웠다. 밤길을 걸을 때 앞에 "관을 드는 검은 통나무黑杠(귀신이 친 담장이라고 하였다)"가 보이면 액운을 피하

마적들이 숭상했던 호胡, 황黃, 사선蛇仙의 위패

기 위해 큰 소리로 노래를 불렀다. 마적 무리마다 각자의 방법이 있었다. 대래호大來好에 의하면 그는 "무리 일 보러" 나갈 때면 흔히 밤길을 걸어야 했는데, 길을 잃으면 주문을 외웠다고 했다.

> 밤길 걸어도 두렵지 않네,
> 구리 손과 쇠 손톱을 가졌으니.
> 난 일곱 막대기 여덟 금강金鋼을 가졌는데,
> 불뿜는 용까지 사방을 비쳐주네.

그들은 "밤길 천리를 가면 누구나 호씨虎氏 성이 된다"고 했다. 자신이 "호랑이"가 되었다고 여긴 것이다. 호랑이는 동북에서 "산신山神爺", "늙은 파두老把頭"로 불려져서 아무 것도 두려워하지 않는 존재였다.

"믿을 것은 몽둥이" － "몽둥이꾼은 '귀 아픈 소리鼓耳詞'는 듣지 않는다" －

　동북의 민간에 이런 속담이 전한다. "보통 사람들은 나귀 우는 소리를 못들은 체 해야한다. 나귀가 우는 건 늑대가 잡아 먹는 거다. 몽둥이꾼棒子手은 '귀 아픈 소리'를 듣지 않는다." "몽둥이꾼"은 동북의 토비土匪, 향마響馬, 수염장이, 강도 같은 사람을 말한다. 그들의 직업은 살인과 약탈이다. 이 몽둥이꾼들이 약탈을 할 때는 먼저 상대방에게 몽둥이부터 안긴다. 상대의 말을 듣지 않는다. 그래서 "몽둥이꾼들은 '귀 아픈 소리'를 듣지 않는다"는 말이 전해진 것이다.

　어떤 목수가 외지에 나가 일년을 일하고 섣달 스무 사흗날 연장 상자와 일년 번 돈을 지고 설을 쇠러 돌아오고 있었다 한다. 돌아 오는 길에 그는 이런저런 생각을 했다. "집사람에게 꽃 솜저고리를, 아들애에게는 호랑무늬 신발을, 어머니에게는 발에 매는 감발을, 아버지에게는 담뱃대를 사다 드려야지. 돼지고기나 당면도 좀 사야겠고...." 그런데 갑자기 길 옆 골짜기에서 강도가 뛰어 나왔다. 강도는 키는 크지 않았지만 호랑이처럼 다부졌다. 허리에 칼을 차고 손에는 "굽은 손잡이(민간의 토총)"를 들고 목수의 가슴을 겨누었다.

　목수는 깜짝 놀랐다. 큰일 났군. 강도가 내 돈을 노리고 달려드는구나. 어떻게 하지? 목수가 대책을 찾기도 전에 몽둥이꾼이 말했다.

　"이 놈아! 목수질을 해서 돈 벌었다지? 여기 두고 가거라. 그럼 목숨만은 붙여 주지. 아가리에서 안된다는 '아' 소리만 나도 알아서 해. 흐흐!"

　이런 상황에서 무슨 도리가 있을까. 돈을 주는 수 밖에. 목수는 돈을 꺼내면서 생각했다. 일년 내내 피땀 흘려 번 돈을 그냥 이렇게 허망하게 버린단 말인가! 온 집안식구들이 내가 오기를 손꼽아 기다릴텐데. 안돼.

무슨 방법을 써야지.

몽둥이꾼은 돈을 받아 쥐자 곧 달아나려 했다. 이 때 목수가 말했다.

"여보시오! 잠깐!"

"무슨 일이야?"

"돈을 다 주면 나는 어쩌란 말이요!"

몽둥이꾼이 말했다. "난 이 돈이면 끝이야. 네 일은 니가 알아서 해!"

"안돼요! 집에 가서 뭐라고 할말이 없네요."

"강도 당했다고 하면 될게 아냐."

"집사람이 믿지 않을 걸요. 밖에서 먹고 마시고 계집질하구 노름해서 다 썼다구 생각할텐데…"

"그건 내 알 바 아니야. 난 '귀 아픈 소리'는 안들어. 시간을 끌어 사람들이 와서 날 잡아가게 하려는 수작이지? 어림 없지. 나 간다." 말을 마치고는 곧 도망치려 했다.

목수가 말했다. "부탁입니다. 저한테 총 맞은 자국이라도 남겨 주고 가세요."

"자국?"

"네."

"그러지. 네가 이렇게 돈을 많이 주었는데 부탁을 하나는 들어 줘야지. 어떻게 남겨 줄까?"

목수는 몽둥이꾼이 응낙하자 모자를 벗어 들고 말했다. "여기 한 방 쏴주세요!" 몽둥이꾼은 귀찮다는 듯 총을 들고 모자에 한 발 쏘았다. 구멍이 뚫렸다. 목수는 다시 옷섶을 헤치며 왼편을 가리켰다. "여기도 한 발 쏴 주세요." 몽둥이꾼은 그대로 했다. 목수는 또 오른편을 가리키며 말했다. "여기에도 한 발 쏴 주세요!" 또 한 발 쏘았다. 목수는 다시 허리를 굽히며 연장 상자를 들고 말했다. "여기에도 부탁드려요. 사람 죽이려거든 아주 죽여주시구, 살려 주실려면 아주 살려 주서야지. 여기 한 발 더 쏴 주세요."

몽둥이꾼은 그 말을 듣자 마음이 급해져 꽥 소리쳤다. "아직두 모자 란단 말야! 왼쪽 오른쪽 쏘다가 총알을 다 썼단 말이야!"

목수는 마적의 말을 듣자 도끼를 빼들고 몽둥이꾼의 머리를 찍었다. "미련한 놈, 네 총알 다 쓰기를 기다렸다…" 몽둥이꾼은 곧 쓰러지더니 움직이지 않았다. 목수는 빼앗긴 돈을 도로 챙겨 급히 길을 떠났다.

나중에 마적은 깨어나서 머리에 난 상처를 만져보고, 총알이 다 떨어진 총을 만지작 거리며 중얼거렸다. "몽둥이꾼노릇 하려면 '귀 아픈 소리'를 들어서는 안돼!" 그로부터 이 말이 격언처럼 남아 내려온다 한다. 이런 전설이 생겼을 정도로 마적들은 귀아픈 소리를 듣지 않아야 한다는 것을 철칙으로 삼았다.

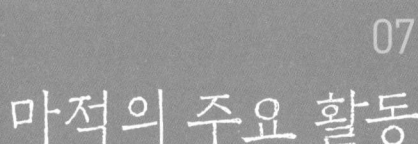

07
마적의 주요 활동

부잣집 털기
납치
인질 교환
의거
보복
겨울 나기
세금받기
큰 무리와 연합
공론 모으기

07 마적의 주요 활동

마적들의 주요 활동으로는 "부잣집 털기砸窯(가마깨기)", "인질 납치綁票", "인질 교환換票", "의거義擧", "보복報復", "겨울 나기猫冬", "세금받기吃票", "뒷배경 삼기靠窯", "전편典鞭" 등을 들 수 있다.

부잣집 털기(가마깨기, 砸窯)

가마깨기란 돈 있는 큰 집을 공격해 치는 것이다. 공격해 들어간 것을 "깨지는 소리났다砸響了"고 하고, 공격해 들어가지 못한 것을 "깨지 못했다沒砸響"고 한다. 가마깨기는 "약한 가마軟窯" 깨기와 "단단한 가마硬窯" 깨기 두 가지가 있다. 약한 가마는, 포대砲臺는 없지만 버드나무 가지나 널판자로 울타리를 두르고 집 모퉁이나 마굿간, 울타리, 돼지우리에 "숨긴 총구暗槍"가 있는 것인데 때로는 땅 속에 총을 숨기기도 하였다. 단단한 가마란 사면에 포대砲臺를 두고 벽돌이나 진흙으로 담장을 두르고, 경호원(모두 큰 돈을 들여 산에서 고용해 온 백발백중의 명사수)을 둔 것을 가리킨다.

20세기초 군벌이 어지러웠던 시대에는 풀 줄기가 완전히 자리를 잡기 전부터 털보胡子, 마적土匪, 대배大排, 산림대山林隊, 노소단老少團 등 무리들이 도처에서 일어나 민가를 습격하는 사건이 비일비재 일어났다. 『이수현지梨樹縣志』, 『임강현지臨江縣志』 등의 기록에 의하면 "풀 줄기가 자라나기 전부터 마적들은 산림 속에서 인질 납치를 하기 시작한다"고 하였다. 그러기에 봄이 되면 돈 있는 집에서는 마적의 습격을 막으려고 총 잘 쏘는 사냥꾼을 고용해다가 집을 지켰다. 군벌이나 대지주들은 사병私兵을 두거나, 관병官兵・단련團練・화방자대花勝子隊・경찰대대警察大隊 등 지방의 무장 병력을 불러 "촌단村團", "연방聯防" 등 혼성 무장대를 만들었는데 이를 "마적 방비대防匪"라 불렀다.

　마적들에게는 "'가마 깨기'를 하려면 먼저 '붉은 가마'를 깨라"는 말이 있다. 붉은 가마란 붉은 깃발을 내건 대갓집을 말한다. 당시에는 사병을 기르거나 경호병을 고용한 대지주와 재산가들이 무장 병력을 과시하여 마적들에게 겁을 주기 위해서, 자기 집 굴뚝에 붉은 깃발을 내걸곤 했다. 마적 무리들은 웬만해서는 붉은 깃발을 내건 대갓집을 가볍게 털지 못하였기 때문이다. 그러나 그런 집일수록 '기름 물'이 많이 흐르기 때문에 결국은 손을 대게 마련이었다. 물론 깃발을 내걸지 않고 전투력을 드러내지 않은 집들은 일상적으로 마적들의 목표가 되어야 했다.

　붉은 깃발을 내건 대갓집을 습격하기 위해서는 먼저 첩자挿千의 나 포두砲頭(명사수)를 보내어 화력을 정탐해야 했다. 붉은 깃발을 내건 '가마'를 깨기 위해 첩자는 그 집 사람들을 매수하기도 했는데 이를 "내선內盤"이라 불렀다. 내선은 그 집 일꾼일 경우도 있고, 첩이나 유모・하녀일 경우도 있었다. 그렇게 내선이 있으면 내외로 결탁할 수 있었다. 1914년民國四年에 장령長嶺의 "노이가老二哥" 무리가 마가요馬家窯를 습격

출발을 준비하는 마적

할 때는 그 집 큰마누라를 매수했었다. 주인이 첩을 총애하였으므로 이를 시기한 큰마누라가 마적에게 매수당한 것이었다. 습격이 시작되자 온 집안사람 모두 총을 들고 저항했으나 큰 마누라는 오히려 총을 들고 자기 주인을 쓰러뜨려 마적들이 진격해 들어 오도록 길을 열었다.

습격 대상의 내부 정황이 파악되면 가마깨기는 바로 개시된다. 습격 당일에는 "번타翻垛的"가 그 날이 길일인가 운세를 보고 출동한다. 습격은 흔히 밤에 하게 된다. 총소리가 울리면 형제들은 포수砲手의 인솔하에 일제히 총을 들고 공격해 들어간다. 겁쟁이나 용감하지 못한 자는 그 자리에서 쏴 버리고, 공을 세운 자에 대해서는 돌아 가서 바로 상을 준다.

가마 깨기는 만만치 않은 전투여서 늘 "아이들崽子"을 몇이나마 잃게 되지만 습격이 성공하면 마음껏 먹고 마실 수가 있었다. 울안에 들어간 다음에는 노인과 어린애들을 시켜 말을 먹이게 하고, 여자들에게는 밥을 짓게 하는데, 먹고 싶은 것은 다 시켜 먹는다.

여자들이 밥을 다 지으면 실컷 먹고 마시고 나서 아낙네들을 희롱하기 시작한다. 때로는 한 여인을 놓고 저희들끼리 싸우기도 하는데, 심지어 자신의 허벅지 살을 칼로 베어서 상대를 위협하기도 한다. 상대방은 여기에 지지 않으려면 자기 귀를 베어 내는데, 그러면 허벅지 살을 베었던 자는 양보하지 않을 수가 없게 된다. 어떤 자들은 여인을 벌거 벗겨 놓고 배 위에서 카드놀이를 하여 이긴 자가 그 여인을 차지하기도 하였다. 젊은 아낙네가 없는 집에서는 안노인마저 화를 면치 못했다. 1923년 동북에서 "타룡馱龍"이라고 불리는 무리가 어떤 마을을 습격했는데, 이 때 두령은 "형제들 돌격! 마을에 들어가 처갓집을 찾아라!" 하고 외치며 들어갔다. 이런 일은 아주 흔한 일이었다.

가마 깨기를 한 다음에는 관병의 추격을 피하기 위해 오래 머무르지 않는다. 한바탕 실컷 먹고 마시고 즐기고 나서 값어치가 가는 물건들을 챙겨 철수한다. 때로는 깨지지 않는 아주 단단한 가마를 만나는 경우도 있다. 내부의 화력이 강해서 공격해 들어가지 못할 경우에는 더욱 더 강하게 공격해 들어간다. 1914년 가목사佳木斯의 "소백룡小白龍" 무리가 성을 공격할 때에는 마차 앞에 볏짚을 쌓고 거기에 물을 끼얹어 얼음 방패를 만들어 가지고 그 뒤에 숨어서 마차를 전진시키며 공격해 들어 갔다. 때로는 콩대를 마차 앞에 쌓아 놓고 거기에 물을 끼얹어 얼음방패를 만들어 공격하기도 했다.

더 재미있는 일은 1923년 조안洮安지방 마적 "천조응天照應" 무리가 대안성大安城을 습격할 때의 일이다. 성벽이 너무 견고한데다가 땅이 모두 얼어붙은 겨울이라 공격해 들어갈 수가 없었다. 그래서 마적들은 소똥을 성벽 밑에 쌓고 불을 질러 땅을 녹였다. 그런 다음 굴을 뚫어 성안의 마굿간으로 들어가 마침내 가마 깨기에 성공하였다.

깨치고 들어갈 방법이 없을 때는 다른 방법을 찾는데, 가장 흔히 쓰는 방법이 "인질 납치"이다.

인질 납치 綁票

인질 납치란 돈 있는 집 중요한 인물을 납치하는 것을 말한다. 주인 본인이나 외아들, 맏아들, 맏딸 등이 주요 대상이다. 봄 풀이 돋아날 때가 되면, 돈 있는 집에서는 자녀들이 학당에 오갈 때 무장 병사를 호위시켰다. 주인도 웬만해서는 바깥출입을 하지 않고 일이 있으면 일꾼을 보냈다. 부득이 주인이 나가야 할 일이 생길 경우에는 경호원을 대동한다. 그러나 아무리 방비를 해도 대갓집 주인도 꼬임에 넘어가는 경우가 있다.

어떤 마적들은 올가미를 가지고 다리 밑에 숨어 기다리다가 "재물신財神"이 지나갈 때 올가미를 주인의 목에 걸어 "와라!" 소리치며 잡아 당겨서는, 얼굴을 가리고 입을 틀어막고 납치해 갔다. 1919년 마적 대룡大龍 무리 중 한사람이 "금옥당金玉堂"이라고 하는 기생집에서 기생 하나를 돈 주고 빼가려고 했는데, 소금보小金寶라는 기생 어미가 죽어도 내놓지 못하겠다고 했다. 그러자 대룡은 납치를 결정했다. 하루는 소금보가 외아들을 데리고 묘회廟會 구경을 갔는데, 사람 틈을 비집고 다니는 경황 중에 대룡 무리 사람들이 그 외아들 머리에 마취제를 발라 놓았다. 그리고는 그녀가 소홀한 틈을 타서 아이를 납치해 갔다. 나중에 중개인을 통해 소식을 보냈는데 그녀는 별 수 없이 돈나무나 다름없는 기생 장숙정張淑貞(그가 바로 나중에 여 마적이 된 타룡駝龍이다)과 외아들을 바꾸었다.

마적들의 인질 납치 방법도 각양각색이었다. 1935년 길림성 구대

吉林省 九臺 동부 산악 지역 화수구樺樹溝 근처에 큰 부자가 살고 있었는데 돈은 엄청 많으면서 인색하기가 비할데 없었다. 그래서 사람들은 그를 "강노랭이"라 불렀다. 그 지역에 "삼강호三江好"라고 하는 마적 무리가 있었는데 성은 나羅씨고 이름은 명성明星, 즉 나명성이라 했다. 그는 무리를 이끌고 세 차례나 강노랭이 집을 쳤는데 그때마다 실패하여 방법을 바꾸지 않을 수 없었다.

하루는 강노랭이네 집에 이상한 일이 일어났다. 이 날 아침을 먹고 강노랭이가 방에 누워 아편을 피우고 있는데 동생이 허겁지겁 들어와서 묻는 것이었다. "형님, 우리 집에 늙은 분이 계시나요(돌아가신 분이 있나요)?"

강노랭이는 그때 나이 50여 세로, 대머리에 몸집이 뚱뚱하였고 머리 회전이 빨랐다. 가업을 일으켜 성공하고는 20여 명의 경호원을 고용하여 집안을 지키고, 집 주위에는 포대砲臺를 만들어 놓았다. 그러면서도 수수가 허리를 넘게 자라자 그는 집에 틀어 박혀 외출을 하지 않았다. 납치될까 걱정 되어서였다. 둘째가 그렇게 묻자 화가 치밀어 올라 방에서 펄쩍 일어나 욕을 해댔다. "미친 놈, 백주 대낮에 무슨 귀신 씨나락 까먹는 소리야, 누가 돌아가셨으면 이렇게 한가 하겠냐?"

"그런데 왜 선산에 무덤을 파고 있지요?"

강노랭이는 담뱃대를 내려놓고 곧바로 문을 나섰다. 사람들을 데리고 조상이 묻힌 선산에 도달하니 멀리 붉은 관이 놓여있는 것이 보였다. 상복을 입은 남녀들이 목 놓아 울고 있었다. 강노랭이는 이 모습을 보고 화가 치솟아 소리를 내질렀다. "이런 제길 헐놈들, 미쳤어?" 그러나 그들은 펄펄 뛰는 강노랭이는 본 척도 하지 않고 더욱더 크게 목 놓아 울었다. 강노랭이는 더 이상 참을 수가 없어서 팔을 걷어붙이고 쫓아갔다. 그런데 그가 맨앞 영정을 든 사람을 치려는 순간 사람들이 갑자기 상복을 벗어 던져 버리는 것이었다. 그 중 한 놈이 관 덮개를 열어 젖히면서 말했다. "어서 오거라! 네 놈을 기다리던 참이다." 그리고는 재빨리 그를 관속에 밀어 넣었다. 강노랭이는 "삼강호"에게 교묘하게 납치를 당한 것이다.

인질을 납치한 후에는 앙자방秧子房에서 인질을 먹여 살려야 했다. 한 곳에 오래 머무를 때는 인질이 한방에 가득차기도 하였는데 그럴 때면 저녁마다 통곡소리가 진동했다. 행군을 하거나 전투를 할 때도 그들을 데리고 다녀야 했으므로 번거롭기가 짝이 없었다. 따라서 그들은 되도록이면 빨리 인질을 풀어 놓기를 바랐다. 돈값이 나가는 인질은 웬만해서는 죽이지 않고 행군하거나 자리를 옮길 때도 데리고 다녔다.

때로는 인질을 3~4개월씩이나 데리고 다니는 경우도 있었다. 1923년에 요양遙陽의 "서노수徐老帥" 무리가 부잣집 아들을 납치했는데 겨우 4살 밖에 되지 않았다. 그런데 협상을 나선 "꽃혓바닥花舌子"이 온갖 머리를 굴려 8통의 편지를 보냈지만 몸값을 내려하지 않았다. 그래도 "서노수" 무리에서는 그 번거로운 인질을 포기하고 싶지 않았다. 아이가 작고 어려서 전투를 할 때면 큼직한 주머니에 넣어 업고 다녔다. 한 달 한 달 세월이 흘러갔다. 그를 업고 다닌 늙은 마적은 정이 들었다. 나중에 그 집에서 아이의 몸값을 치르려 하지 않자 늙은 마적은 그를 아예 양아들로 삼았다.

인질을 납치한 다음에는 어떻게 해서든 몸값을 내고 데려 가게 만들어야 한다. 그렇지 않으면 인질 납치의 의미가 없는 것이다. 몸값으로는 돈만이 아니라 물건을 받기도 했다. 몸값은 처음에는 아주 높이 부르지만 흥정을 하게 되면 어느 정도 내려간다. 흥정이 끝나면 협상자가 시간과 장소를 정해 돈과 사람을 바꾸게 된다. 보통 백성들에게 몸값 치르

마적들의 산중 대열

고 사람 빼오는 것은 매우 어려운 일이었다. 왕왕 온 재산을 다 탕진해야 했을 뿐 아니라, 가족들이 애가 타서 죽거나, 몸값을 치르고 빼내온 사람도 돌아와서 바로 죽기도 하여 장례를 치러야 하는 경우가 많았다. 마적들은 집을 털어서 먹고 입는 것이 해결되면 인질 납치 같은 일은 잘 하지 않았다. 너무 많은 사람의 미움을 사기 때문이다. 마적들은 전혀 다른 방법이 없는, "어쩔수 없는 지경"에야 인질을 납치한다고 말한다.

　마적들이 인질을 납치할 때 특별히 주의를 기울이는 일이 있다. 바로, 인질 대상을 물색하는 사람挂牌이 '남의 칼로 소잡는', 즉 무리의 힘을 빌려 자기 개인의 원수를 갚는 일이 생길까 아주 경계하였다.

　인질 납치는 마적들의 중요한 행동 중 한 가지이다. 즉 어떻게 해서든 부잣집이나 대갓집 인질을 잡으려 하였다. 그들은 '인질'을 "모종 秧子"이라고 부른다. 무엇때문에 "모종"이라고 불렀는지에 대해서는 고증할 길이 없다. 동북의 민간에서는 돈과 권세가 있어 일하지 않는 사람과 부잣집 아들을 그렇게 불렀는데 이것도 한 이유가 될 수 있을 것이다. 한편 '모종秧子'이란 것은 식물의 덩굴에 대한 별칭으로 앙秧, 만蔓, 등藤은 같은 의미를 가지고 있다. 또 '앙秧'이란 표현에 "덩굴을 따라가 오이를 딴다"는 의미가 있기도 하다. 이런 의미로 풀어보면 '모종秧子을 인질로 해서, 집주인에게 몸값을 내고 빼가게 한다고 볼 수 있는 것이다. "모종 고문하기拷秧子"라는 표현은, 온갖 방법으로 괴롭혀서 인질이 집으로 편지를 쓰게 만들어서 돈을 내고 빼내가게 한다는 의미이다. 마적들이 "모종 고문"을 하는 방법은 수없이 많아서 듣기만 해도 모골이 송연해지는데, 십팔 층 지옥 못지 않게 잔혹하다. 아래 몇가지를 든다.

재신 경배 敬財神

재신 경배는 원래 민간에서 신을 섬기는 행동 중의 하나이다. 즉 사거리에서 향과 종이를 태워 제를 올리는 것이다. 그런데 마적들이 인질에게 "재신 경배"를 한다는 것은 완전히 생명을 요구하는 행위였다. 먼저 사람의 눈에 고약을 붙이고 두 손을 묶은 다음, 땅에 물레방아 크기의 십자가를 박는다. 그 틀에 갈고리를 만들어 놓은 다음 사람을 끌어온다. 그리고 묻는다. "집에다 편지를 쓰겠느냐?"

"나리, 너무 큰 돈이라 낼 힘이 없습니다!"

"보아하니, 우리가 너를 존경하지 않는다고 생각하는 모양이구나!"

"아닙니다!"

"그렇구나! 여봐라!"

"예!"

"재신을 경배해라!"

그러면 두 사람이 인질을 끌어다가 두 손 묶은 끈을 십자가 위 갈고리에 걸어 놓는다. 인질은 새우처럼 허리를 구부리고 머리는 아래로 향하게 된다. 이때 마적들은 수숫대처럼 굵은 향을 붙여 인질의 콧구멍 밑에 댄다. 그렇게 연기를 쏘이면 처음에는 머리를 이리저리 움직여 피할 수 있지만, 시간이 지나면서 눈물이 흐르고 머리를 돌릴 수도 없게 된다. 결국 코와 입이 말라 얼굴색이 검게 죽어가면서 말도 할 수 없고, 죽으려고 해도 죽지 못하고 살려고 해도 살 수가 없는 지경이 된다. 이것을 "재신 경배"라고 한다.

뒷간에 앉아 똥도 못누게 하기 占着茅坑不拉屎

이 말은 원래, 권력만 차고 앉아서 손하나 까딱 하지 않으면서 다른 사람이 어쩔 도리가 없게 만드는 사람을 가리키는 속담이었는데, 인질을 고문拷問하는 혹형의 일종을 가리키는 말이 되었다.

사람의 두 손을 뒤로 묶어 놓고 그의 바지를 벗긴다. 그리고 땅에 사람 키 반 정도 깊이의 구덩이를 파서 들어가게 한 후 상반신만 드러나게 묻는다. 묶인 두 손은 구덩이 밖에 걸쳐 있게 한다. 가슴팍 아래가 땅속에 묻혀 있어 숨쉬기가 매우 힘들다. 그리고는 "라라구喇喇蛄"(집게를 가진 딱정벌레로 얕은 흙 속에 굴 뚫기를 즐겨하는 동북 지역 곤충)를 주위 흙에 흩뿌린다. 그러면 얼마 지나지 않아 그 딱정벌레들이 파고 들어가 사람의 몸을 물어뜯는 것이다.

이런 혹형을 받으면 너무 괴로워 고통 소리를 질러댄다. 그리고 얼마를 지나면 고함은 물론 숨쉴 힘조차 없어지고 온 몸이 물려 성한 데가 없게 된다.

베개 베우기 拿枕頭

이것은 다른 사람들이 마적에게 쓰던 방법을 배워 온 것이다. 동북 민간에는 말 도둑이 흔했다. 도둑은 대갓집 벽에 구멍을 뚫고 들어가는데, 기어 들어 갈 때는 겨우 몸을 눕히고서야 들어갈 수 있었다. 그런데 집 주인은 이들이 잠입하는 것을 듣고 기다렸다가 도적의 상반신이 들어오면 달려들어 누르면서 식구들에게 소리친다. "베개를 가져다가 베워 줘라!"

그러면 누군가 베개를 가져다가 도적의 머리 밑에 베워 주면, 나가지도 들어오지도 못하고 잡히고 만다. 말 도둑들은 벽에 구멍을 내되 크게 뚫지 않는다. 머리만 들어 가면 몸은 천천히 밀고 들어갈 수 있기 때문이다. 그러나 이때 몸은 반드시 바로 누운 상태여야 한다. 그러니까 그렇게 머리를 밀고 들어갈 때 머리 밑에 베개를 대주면 구멍에 걸리고 마는 것이다.

마적들이 인질에게 "베개 베우기" 고문을 할 때는 머리 밑에 베개가 아니라 돌, 흙덩이, 나무토막 같은 것을 대주었다. 한 벽면에 십여 개의 구멍을 뚫어 한 사람씩 밀어 넣고서 구멍 속에서 더 이상 들어갈 수도 나올 수도 없게 만든다. 그런 다음 구정물을 얼굴에 한 숟가락씩 뿌려 고역을 치르게 하기도 한다.

궁둥이 물기 咬屁

사람을 굴비 묶듯이 연이어 결박하는 것이다. 을乙의 머리를 갑甲의 궁둥이에 대게 하고, 병丙의 머리는 또 을의 궁둥이에, 정丁의 머리는 병의 궁둥이에, 무戊의 머리는 정의 궁둥이에 대게 하는 식으로 둥글게 되도록 묶어 놓는다.

이러한 형벌은 "궁둥이 물기" 라 불렀다. 얼굴을 돌리지 못하고 앞 사람 궁둥이에 박아 놓고 수시로 달려 들어 배를 밟아 방구를 뀌게 하고 그 냄새를 맡게 했다.

요강 걸기挂尿桶

이런 형벌은 주로 나이 든 사람에게 사용하였다. 요강에 가는 철사를 꿰어 사람의 목에 건다. 가령 할아버지와 손자 2대를 잡아 왔을 경우, 요강을 조부의 목에 걸고 손자에게는 요강에 오줌을 쏟아 넣거나 오줌을 누게 했다. 그러면 조부는 그 악취 때문에 정신을 잃을 정도가 되는데 이렇게 해서 손자가 어쩔 수 없이 집에 편지를 쓰게 만들어, 돈과 인질을 교환하게 했던 것이다.

수박 껍질 벗기기打瓜皮

인질들이 많아지면 빨리 몸값을 내도록 하기 위하여, 잡아 온지 오래 되었는데도 아직 몸값을 치르지 않은 인질을 골라 "수박 껍질 벗기기"를 실시한다.

1931년 화전樺甸에 있던 마적 "천산갑穿山甲" 무리에서 30여 명의 인질을 잡아 들였다. 어느 날 그들은 "수박 껍질 벗기기"를 하기로 하였다. 두목이 앙자방에 가서 물었다. "바보형(앙자방의 두목), 수박 있어?"

"더러운 놈이 하나 있는데 일곱달이 되는데도 아직 몸값이 안 왔어요!"

"그놈 수박 껍질 벗기기 해봐!"

그래서 그들은 웃옷을 벗겨 결박시켜 놓고 아주 예리한 칼로 순식간에 눈꺼풀, 코, 귀바퀴를 베어 버렸다. 얼굴이 괴물같이 되어 본인마저 거울 속 자신을 알아볼 수가 없게 되었다. 그야말로 죽으려 하나 죽을 수 없고 살려고 해도 살 수 없는 상황이 된 것이다. 이것을 "수박 껍질 벗기기"라고 불렀다. 그렇게 껍질을 벗기운 사람은 하루종일 벽 구석에 틀어박혀 사람을 쳐다보지도 못했고 다른 사람이 자기를 쳐다보는 것마저 꺼렸다. 그래도 마적들은 살려 두었다. 이렇게 껍질이 벗겨진 수박으로 다른 인질들을 위협하는 것이다. 새로 납치해 온 인질들에게 빠른 시일 내에 가족들에게 연락을 취하고 몸값을 받아내기 위해 이런 방법을 썼다.

이렇게 사람을 상하게 하면 죽을 게 아니냐고 하지만 그렇지는 않다. 마적의 수중에도 칼에 난 상처를 치료하는 좋은 약이 있어 오관을 베어낸 후 약을 붙이면 바로 지혈이 되고 새 살이 나와 사람은 죽지 않는다. 물론 흉터는 영원히 남게 된다. 그렇게 "수박 껍질 벗기기"를 당한 인질은 영원히 무리를 빠져나갈 수 없으므로, 마적 무리를 따라다니며 인질들에게 몸으로 보여주는 것이다. 집안 식구들이 안다고 해도 그렇게 "괴물"이 된 사람을 몸값을 치르고 빼내갈 마음을 먹지 못했다.

새매 들볶기 熬鷹

"인질"은 식구들이 몸값을 치르고 빼내가기를 기다려야 하는데 이 기다리는 시간이 가장 견디기 어렵다. 그래서 마적들은 "새매 들볶기"라는 것을 만들어냈다. 놀이 방법은 이렇다. 흔히 행군을 하거나 이동 중에 잠시 쉬게 되는데, 양자방의 두목(바보 형)이 "인질"들에게 모닥불을 둘러싸고 앉게 한다. 그런 다음 아이들이 가지고 노는 "방울 방망이 花鈴棒(놀이감의 일종)" 따위를(방울로 대체하는 경우도 있다) 주면서, 한 사람이 다섯 번씩 흔들고 다음 사람에게 넘겨주도록 한다. 그런데 방울을 전달

행진중인 마적 대열

받고도 흔들어 울리지 않으면 지키고 있던 마적이 달려 들어 뒤에서 몽둥이로 때린다. 이를 "새매 들볶기"라 불렀다. 이런 방법으로 괴롭혀서 잠을 자지 못하게 하고 도망가는 것도 막았다. 그렇게 며칠 밤을 자지 못하고 방울방망이를 흔들다가 못견뎌서 모닥불 속에 머리를 틀어박고 타 죽거나 얼굴에 온통 화상을 입기도 하였다.

　어떤 무리에서는 물레방아 바퀴에 "인질"의 두 다리를 묶어 놓고 쉬지 않고 바퀴를 돌리라고 하였다. 동작을 멈추어 바퀴가 돌지 않고 물소리가 나지 않으면 매질을 했다. 때로는 "인질"에게 모닥불을 에워싸고 쉬지않고 돌도록 하여 기진맥진 도망을 못가게 하기도 했다. 이런 것들이 모두 "새매 들볶기" 방법이다.

　어떤 무리에서는 긴 통나무에 다리를 밀어 넣을 만한 구멍을 여러개 판 다음, 그 구멍마다 여러 인질이 다리를 집어 넣게 했다. 보통 8—10명의 다리를 한 통나무에 묶어 놓는데 이렇게 하면 도망할래도 어쩔 수가 없게 된다. 이런 것을 "통나무 개木狗子" 라 불렀다. 도망못가게 지키는 개와 같다고 해서 붙인 이름으로 생각된다.

"인질을 먹여 살리" 는 일은 흔히 있는 일은 아니었다. 오랜 기간을 먹여 줄 수도 없었다. 마적자신들조차 불안 속에서 살았기 때문이다.

기차 태우기坐火車

이는, "인질" 을 고문할 때 사용하던 혹형이었다. 끝을 벌겋게 달군 후 그 위에 앉게 하는 것이다.

1921년 겨울 마적 두목 "천심天心" 은 도아하洮兒河 일대에서 "인질" 몇명을 납치해서, 바지를 벗고 기차에 앉게 했다. 인질들은 너무도 괴로워 몇 번이나 까무러쳤다. 그런 혹형을 당하고 나면 인질들의 엉덩이는 완전히 익고 썩어서 구더기가 생기곤 했다.

콩 찾기找豆

이것도 동북의 마적들이 "인질" 을 괴롭히던 혹형 중 하나였다. 즉 사람의 고환을 떼어 굽거나 볶아서 술안주로 하는 것이다. 1922년 마적 흑탑黑塔은 눈강嫩江의 오아烏鴉역에서 많은 남자 인질의 고환을 떼어냈다. 인질들이 아파서 하루종일 울부 짖었지만 흑탑은 오히려 껄껄 웃어 댔다. 이런 흉악하고 잔혹한 짓은 소문이 나서 아녀자나 어린아이 할 것 없이 모르는 사람이 없었다. 그래서 이 일대의 사람들은 아이들이 울음을 그치지 않으면 "흑탑이 온다!" 고 겁을 주었다. 그러면 울던 아이도 그쳤다고 한다.

감찰 察底

　산에 사는 사람들은 대개 마적들과 내통을 하고 있었다. 그들은 관청보다 마적을 더 무서워했다. 농민이나 산에 사는 사람들이 흔히 만나는 게 마적이었기 때문이다. 게다가 마적들은 백성들의 사정을 제 손금 보듯 잘 알고 있다. 백성들이 가장 두려워하는 것은 인질로 납치되는 것이다. 죽도록 괴롭힘을 당해야 했기 때문이다. 인질을 납치하면 낮에는 숲속이나 풀섶에 엎드려 있게 하고 배가 고프면 야채를 먹이는데 그조차 배불리 먹이지 않아 모두 수숫대처럼 말랐다. 인질이 도망치지 못하게 하기 위해서였다. 그런 다음에 식구들이 몸값을 치르고 빼가게 하는데 끝내 빼가지 않으면 죽여 버리게 된다. 인질을 죽일 때는 총을 쏘지 않고 나뭇가지로 목을 졸라 소리를 내지 않고 죽였다. 인질이 도망치지 못하도록 무거운 식량을 메고 가게 하기도 한다. 물건을 메고 갈 때에는 같은 길을 가지 못하게 하였다. 길에 흔적이 남아 남의 눈에 뜨일까 걱정하기 때문이다.

　마적들이 여름과 가을에 납치하는 인질은 산에 버섯이나 잣을 따러 떼 지어 올라온 농민들이다. 이들을 끌어 다가 주로 풀베기, 벌목, 집 짓기 등의 일을 시켰다. 마적들은 흔히 산에서 "겨울나기"를 해야 했기 때문이다.

　"겨울 나기"란 겨울에 산에서 나오지 않는 것을 말하는데, 특히 집이 없는 마적들은 겨울 내내 산에서 지내야 했다. 지붕을 길게 간이 가옥을 짓고, 가을에 강탈해 온 옥수수나 콩은 땅에 묻어 둔다. 맷돌을 가져다가 "소두부 小豆腐"(두부를 가공한 식품인데 야채와 함께 볶으면 향이 좋다)를 만들어 먹었다. 마적들은 눈길에 발자욱이 생길 것을 걱정하여 겨우 내내 산에서 나오지 않는다. 그렇게 집안에서 세월을 보내면서 유일하게 즐거움이라고 할 만한 것이 바로 "인질" 괴롭히기였다.

첫째, 인질에게 일을 시키는데, 대소변을 받아내게 하는 등 무슨 일이든 다 시켰다.

둘째, 노래와 창극을 하게 하거나 개 돼지 울음소리를 흉내 내도록 했다.

셋째, 그들을 성적 도구로 삼아 괴롭혔는데, 어떤 이들은 그대로 죽기도 했다.

설을 쇠어 날씨가 따뜻해 지고 나뭇잎이 푸른 빛을 띠면 인질을 납치해 끌고 간다. 그런데 끝내 몸값을 치르러 나타나지 않는 인질은 풀어 주기도 하였다. 놓아 보낼 때는 위협을 한다. "누구에게도 우리의 주둔지나 이름을 말하면 안된다. 그렇지 않으면 너희 집 식구를 몰살시키고 집도 태워버린다!"

놓여 나온 인질들에게 만약 군인이나 경찰이 와서 상황을 들어 보려고 묻기도 한다.

"겨울에 어디에 가 있었어?"

"장사하러 나갔다 왔지요."

이렇게 꾸며서 둘러 대면서 사실을 말하지는 않는다. 보복할까 두려웠기 때문이다. 그들은 군대나 경찰을 두려워 하지는 않았다. 이는 산에 사는 사람이나 농민들의 일반적인 심리였다. 군대나 경찰들은 한번 가면 그만이지만 마적들은 언제든 다시 올 수 있었기 때문이다. 게다가 언제 올지 알 길이 없었다. 그리고 마적들은 숨어 다니고 군대나 경찰들은 드러내 놓고 다니니 더욱 마적이 무서웠던 것이다. 숨어있는 마적들은 언제든 농민들을 감시할 수 있어서 농민들에게는 큰 압력이었고 피해서 숨을 래도 숨을 수가 없었다. 다시 말하면 들이나 산속 어디든 "귀신

(마적)"의 눈이 있었다고 생각했다. 산에 사는 사람들이 제일 걱정하는 것은 잘못하여 뜻하지 않게 마적 소굴에 들어가는 것이었다. 들어갔다 하면 좋을 리가 없었다. 마적들은 자신들의 소굴이 드러날까 두려워 들어간 사람을 내놓지 않았다. 이것을 소위 "감찰"이라고 했는데, 상대의 마음을 이해 했기 때문이었다.

인질 교환

마적들은 돈(금은이나 은전)이 있어도 장터에 나가 얼굴을 내놓고 사용하지 못하였다. 그래서 그들 나름의 특이한 생활방식, 즉 물물 교환 방식을 가지고 있었다. "인질 교환"은 그 중 한 방식이었다.

마적 무리의 중요한 인물, 예컨대 두령이나 '내외 소두목과 보좌 소두목四梁八柱' 중 한 사람이 관군이나 경찰, 순포巡捕, 포도관捕盜官, 혹은 다른 무리에게 잡혀 갔을 경우 남아있는 사람들이 잡은 인질(상대의 중요한 인물)을 주고 자기 사람을 바꿔오는 것이다. 인질 교환은 상당히 위험한 일이어서 그것을 실행하는 사람은 총명하고 기지가 뛰어 나야 했다. 조금만 실수를 해도 무리 전체가 일망타진될 위험이 있기 때문이었다. 즉, 사람을 교환해 오지 못할 뿐만 아니라 거기에 나갔던 사람마저 죽거나 잡힐 위험이 있었다. 이런 상황을 그들은 "교환이 깨졌다換炸了"고 했다.

'교환'은 인질과 인질의 교환뿐만 아니라, 인질과 물건 또는 물건과 인질의 교환도 포함되는데 마적 무리에서는 흔히 인질을 물건으로 바꿔온다. 1931년 가을, 산에 있던 늙은 마적 좌산조座山雕(산 독수리)가 일본 개척단開拓團 백여 명을 생포했다. "아이들"은 흥분하여 그들을 다 죽이

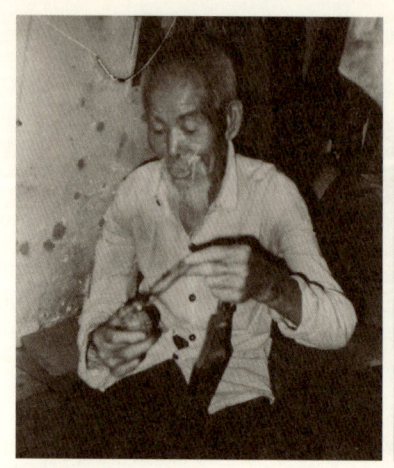 

마적에게 잡혀 노역했던 노인들

겠다고 난리였다. 그러자 좌산조가 말했다. "가만, 일본놈들에게 편지를 써라. 총과 탄약을 가져와서 바꿔 가라고 해!" 그래서 "해엽자海葉子 (즉 편지)"를 일본사람들에게 띄웠다. 그걸 본 일본인들은 화가 나서 펄펄 뛰었지만 뾰죽한 방법이 없었다. 편지는 시간과 장소를 정해 주며 총과 탄약으로 교환하지 않으면 인질의 목을 자르겠다고 분명히 하고 있었던 것이다. 일본인들은 하는 수 없이 "인질 교환"을 하기로 했다. 그러나 그들은 이런 기회를 타서 좌산조 무리를 일망타진하려고 주도면밀하게 준비하였다.

그 날 일본인들은 먼저 지정된 장소에 와서 사방 산 위에 기관총을 설치해 놓고 지상에는 총과 탄약을 쌓아 놓았다. 오후가 되자 산길 어구에 갑자기 붉은 옷을 입은 사람 둘이 나타나더니, 다른 쪽에서는 흰옷을 입은 사람 둘이 나타났다. 일본인들이 머뭇거리고 있는 동안 산 속에서 야위었으나 날렵한, 염소 수염을 기른 노인이 천천히 걸어 나오는 것이었다. 그가 바로 유명한 비적 두목 좌산조였다. 그는 천천히 일본인 대장인 명곡치태랑明谷治太郎 앞에 다가와 섰다. 두 사람은 아무 말도 하지 않고 마주 보았다. 인질 교환이 시작되면 쌍방의 총을 든 병졸들은 사격 거리가 미치지 못할 만큼 뒤로 물러서는 것이 서로의 약속이었다. 한 일본인이 걸어나와 인질의 수를 헤아렸고 좌산조의 앙자방 소두목인 '혹부리' 가 나와서 총과 탄약을 점검했다. 양쪽에서 점검을 마치고 각자 자기 본대 쪽으로 돌아가 섰다. 이때 양 쪽 두령들이 손을 흔들자 일본인 인질들이 먼저 일본인들 쪽으로 뛰어갔고, 마적 무리에서도 10여명의 건장한 젊은이들이 뛰어나가 총과 탄약을 재빨리 자기 진영 쪽으로 옮겨 왔다.

마지막 한 애가 좌산조의 옆을 뛰어 지나갈 때, 갑자기 강가에 서 있던 20여 명이 비켜서자 거기에 뗏목 두 개가 나타났다. 애들이 물건을 메고 잽싸게 첫번째 뗏목에 올라타자, 뗏목은 순식간에 저어 나갔다. 명곡치태랑은 그것을 보자 더 이상 생각할 겨를도 없이 "모두 엎드렷!" 하고 고함을 질렀다. 인질들은 곧 진흙 땅 위에 엎드렸다. 멀리 서있던 일본군인들이 강가로 돌진하여 뗏목이 나가지 못하도록 저지하려고 했다. 그러나 그 사이 뜻밖에도 좌산조는 벌써 두 번째 뗏목에 올라 탔고, 그 뗏목도 총알이 미치지 못하는 거리로 나가버렸다. 산 위 일본인들이 설치한 기관총이 울렸지만, 붉은 옷·흰옷을 입은 명사수들이 기관총 사수들을 꺾어 버렸다. 이렇게 인질교환은 위험하고 어려운 일이었다.

인질 납치와 교환, 그리고 가마 깨기는 마적들의 두 가지 주요한 활동이었다. "인질"을 납치해 왔다고 돈이나 재물이 바로 손에 들어오는 것은 아니다. 온갖 수단과 방법을 써야 필요한 돈이나 재물을 손에 넣을 수 있었다. 마적과 인질 간에 생각과 지혜의 다툼이 없을 수 없었다. "인질"도 생존하기 위해서, 마적 손에서 빠져 나갈 틈을 찾기 위해서

갖은 방법으로 머리를 써야 했다. 그렇지 않으면 결국 비극적인 결말을 맞아야 했기 때문이다.

마적들은 인질을 납치한 후 미워지면 언제든 죽일 수 있었다. 인질을 납치해 왔는데 집에서 돈이 없다고 연락이 오면 마적들은 욕부터 하게 된다. "개자식, 헛소리 하지 마라. 돈이 없다구? 이렇게 좋은 걸 입고, 그렇게 큰집에 살면서? 벼슬살이를 그렇게 했으면 일년에 10만, 8만은 벌었겠지! 그 돈도 다 백성들 걸 뺏어 간거니, 내가 오늘 대신 복수하는 거야. 다시 말하지만, 우릴 잘 섬기면 큰일은 없을 거다. 많이 달라는 것도 아니구 은전 60만원만 내면 개같은 목숨 살려 줄거다. 동전이나 금괴, 어음 같은 건 우린 안받아."(이상 장건암(張健庵『마적단 생활 실기匪窟生活記實』, 1924년판 참조). 이들은 자신들을 백성이라 칭하면서 "하늘을 대신하여 도를 행한다替天行道"는 생각을 가졌는데, 이는 돈 있는 사람에 대한 일종의 원한을 말해 주는 것이다. 납치해 온 인질에 대해 그 식구들이 몸값을 치르지 않을 경우 실컷 괴롭히는 것 외에는 죽이는 일만이 남게 된다.

의거 義擧

마적들도 강호의 의리를 중하게 여긴다. "의거"는 그들의 활동 중에서 중요한 행동이었다. 가령 동류 무리가 난을 당하면 절대 수수방관하지 않는다. 그렇게 하지 않으면 "독초毒草子(마음이 같지 않은 사람)"라고 손가락질을 받는다.

1935년 이른 겨울에 "삼강호三江好" 나명성羅明星이 연통산煙筒山을 공격했다가 실패하여 뿔뿔이 흩어졌는데 돌아오는 길에 "대래호大來好"라고 하는 마적 무리를 만났다. "삼강호"는 두 손을 맞잡고 그들 특유의 예를 갖추며 말했다. "대래호 두목 어른, 더 이상 걸을 수가 없게 됐구만요. 땔나무(탄약)도 다 떨어졌는데, 좀 데려다 줄 수 없을까요?"

"어디까지요?"

"구대九臺 쪽으로요! 강 길목까지 데려다 주면 고맙겠습니다."

"날 따라 오시오. 이 길이야 우리집 안방이니까!"

그렇게 두 사람은 비록 처음 만난 사이였으나 의기가 상통하여 "대래호"는 "삼강호"를 강 갈림길까지 데려다 주었다. 도중에 자기 애들을 꽤 많이 잃기까지 했다. 광대나 이발쟁이, 구두장이, 거지들과는 달리 이들은 동류를 만나면 서로 도와서 "밥을 먹여" 주었다. 쓰는 말이 맞고 규범이 같으면 서로 통했던 것이다. 그러나 무리에서는 이렇게 자기들의 규칙을 잘 아는 사람이라도 쉽사리 받아주지는 않았다. "벼룩(관병)"이 끼어 들어 올까 걱정하였기 때문이다.

의거의 또다른 한 가지는 대의멸친大義滅親 이다. 개인적인 친소관계보다는 대의를 앞세우는 정신을 말하는 것이다. 1936년 이른 겨울, 어느 날 "기노호祁老虎"라 하는 기명산祁明山 무리가 흑룡강黑龍江 쪽 팔호력하八虎力河 근처의 작은 마을에 들어가서 하루 묵는데 할머니 한 분이 울며 찾아왔다. 노파는 그의 앞에 꿇어 엎드리며 말했다. "나리, 은혜를 베풀어 주시오. 우리 가난한 백성들은 나리들을 도와드릴 수가 없네요."

기명산이 할머니를 부축해 일으키며 왜 그러냐고 물으니, 집에 있던 바지 두 벌을 애들이 가져갔다고 했다. 기명산은 곧 무리를 집합시켜 놓고 물었다. "어느 놈이 남의 물건을 가져 왔느냐?" 대답하는 자가 없었다. 아무리 닥달해도 찾을 수가 없었다. 인원 점검을 해 보니 두 사람이 없었다. 몸이 아파 나오지 않았다고 해서 찾아 오라고 했다. 하나는 군사정변때 넘어온 만주 괴뢰 병사 출신이고 다른 하나는 이도하자二道河子에서 들어온 농민이었다. "기노호"가 눈을 부라리자 둘은 얼굴이 사색이 되었다. 할머니를 앞에 모셔다가 둘을 가리키며 물었다. "이들이 맞아요?" 할머니는 그들을 보더니 뒷걸음을 치며 입술만 떨뿐 말을 하지 못했다. 모든 게 확실했다. "법대로 해!" 할머니가 말리기도 전에 기노호의 총이 소리를 냈다.

대의멸친의 정신으로 가장 이름난 것은 무송撫松의 "유불개면劉不開面"이란 두목이었다. 누구 한테도 말을 바꾸지 않아 '불개면' 이란 이름이 붙었다. 그와 죽음을 함께 했던 숙부가 어느 마을에 들어 갔다가 처녀를 강간하여, 그 집에서 찾아왔다. 숙부는 속으로 '두목이 친조카인데 그가 설마 날 어쩌려고?' 하고 생각했다. 그러나 "유불개면"은 팔을 내저으며 숙부를 묶으라고 명령했다. 그리고는 숙부 앞에 꿇어 앉으며 말했다. "삼촌, 오늘 조카가 삼촌을 황천에 모셔야겠습니다!"

숙부가 욕을 퍼부었다. "이 놈이 감히? 난 네 숙부야!"

유불개면이 말했다. "숙부고 아니고가 무슨 상관입니까. 저보다 이틀 먼저 나신거 아닌가요? 난 당신 같은 숙부가 없습니다. 이 유불개면이 애초에 선언했죠! 내가 법을 어기면 나한테도 얼굴 바꾸지 않는다구요. 숙부를 죽이지 않으면 무리를 통솔할 수 없습니다."

그제야 숙부도 마음이 통했다. "얘야, 네 말이 맞다! 내가 법을 어겼으니! 형제들, 자네들이 모두 같이 쏴주시오!" 유불개면은 직접 숙부를 쏘고 장례를 잘 치러주었다. 어려운 상황에서 무리를 이끌어 나가기 위해서는 이렇게 같은 무리끼리 돕고, 백성을 생각하고 졸개를 생각하는 대의멸친의 정신이 필요했던 것이다.

보복

　마적 무리에서는 "보복"도 중요한 활동의 하나이다. 보복 대상은 주로 무리를 배반하거나 비밀을 누설한 자였다. 암살을 당한 부하 '아이'들을 위해 은밀하게 복수하는 경우도 있었다. 해마다 "겨울나기"가 끝나면 모이기로 약속한 첫 달에는 "보복"을 주요 활동으로 삼는다. 먼저 인원수를 점검하고 나서 오지 않은 사람이 있으면 첩자를 보내어 상황을 파악해 온다. 만일 "겨울나기"를 하는 동안 누군가에게 살해되었다면 찾아내어 목을 잘라서 죽은 형제 무덤에 제를 지내 주었다. 만일 오지 않은 사람이 배반하고 자기 무리를 고발한 것이라면 어떻게 해서든 찾아내어 데려 오고, 결코 내버려 두지 않았다.

　어떤 마적 무리에서는 집결한 첫 달을 "흘삽월吃揷月(보복의 달이라는 뜻)"이라 부르면서 "대오隊伍 정리"를 하고 무리를 정돈했다. 이 달에는 누구나 바삐 움직여야 했고, 무리전체는 묘한 분위기에 휩싸인다. 두목은 재집결하기 위해 돌아온 모든 사람들을 믿지 못하기 때문에 교묘한 방법으로 일일이 시험을 하였다. 조금이라도 이상한 눈치가 보이면 곧바로 "낙등落凳" 시킨다(결박한다).

겨울나기

　평야지대에서 활동하던 마적 무리들은 땅이 드러나 숨을 곳이 없는 계절이 와서, 가을 바람에 낙엽이 지고, 기러기들이 끼룩끼룩 남쪽으로 날아갈 무렵이면 '겨울나기'를 해야 했다. 두령은 무리 전원을 모아 놓고 벌어들인 재산으로 모두에게 "홍궤紅櫃(즉, 돈)"를 나눠 주었다. 두령이 말한다. "날씨가 추워진다. 재물을 나눠 가지고 집 있는 사람은 집에, 집 없는 사람은 친척집에, 친척도 없는 사람은 친구 집에, 친구도 없는 사람은 절이나 조차지租界地로 가라. 내년 4월 18일에 거기서 만난다." 모두들 규율을 다시 맹세하고 각자 떠나간다. 장총은 숨겨 두고 권총을 지니고 가게 된다.

집과 가족이 있는 마적들은 집에 돌아가서 그간 외지에 나가 장사를 하다가 설쇠러 왔다고 둘러댄다. 3~5명이 무리를 이루어 벌목장에 들어가 겨울을 나기도 한다. 벌목장에는 관군이나 경찰이 잘 드나들지 않기 때문에 안전했던 것이다. 친구의 집에 가서 겨울을 나는 사람도 있었다.

"겨울나기"는 마적들이 즐기는 계절이기도 했다. 호주머니에 돈이 있는 데다가 죽음을 무릅쓰고 전투를 하거나 가택 습격을 하지 않아도 되었다. 총각들은 좋아하던 여자를 찾아가기도 했다. 이런 여자를 "의탁자靠人的(기대는 사람)"라고 불렀는데, 대개 남편이 외지에 나가 장사를 하면서 어쩌다가 집에 들어오는 사람들이다. 개중에는 남편이 도박에 미쳤거나 굿을 하거나 놀이극 배우 노릇을 하거나 밖에 나가 걸식하는 자도 있었는데, 이런 남편들은 마누라가 마적과 놀아나도 대수롭게 여기지 않았다. 이런 여자뿐 아니라, '몰래 몸 파는 여자'를 찾아가는 경우도 있고, 저희들끼리 뭉쳐서 지내기도 하였다.

겨울나기를 하는 마적들 중에는 도박장을 여는 자도 있었다. 동북에서는 이런 도박장을 "압회押會"라 불렀다. 압회는 동북 지역에서 가장 규모가 큰 도박이었다. 물론 작은 도박장에 관여하는 자도 있게 마련이었다.

겨울을 나는 동안 "발이 빠진(경찰에게 체포되는 것)" 경우도 있었다. 발이 빠진 마적은 대개 밀고에 의해 잡히는 경우가 많은데, 술을 마시고 실언하여 관군에게 잡히기도 하였다.

마적들이 겨울나기를 하려고 차점車店(일종의 여인숙)에 찾아가는 경우가 있는데, 그러다 보니 차점과 마적들 사이에는 항상 밀접한 관계가 유지되고 거기에서 생겨난 이야기도 많았다. "차점"이라고 불린 여인숙은 동북 어디서나 볼 수 있었는데, 민간의 문화를 들여다 볼 수 있는 창구로 의미가 있다. 차점은 길 떠난 행인을 먹이고 재워주는 여점旅店, 객점客店을 말한다. 당시 북방에서 차점이 번창하는 지역은 두 종류였다. 하나는 인구가 밀집된 읍으로, 오가는 손님이 많고 교통도 편리하여 각양각색의 사람들이 몰려들어 장사를 하였다. 다른 하나는 인구는 적지만 말이나 마차들이 반드시 지나가야 하는 교통의 요지였다. 이런 지역의 차점에는 마적들도 자주 드나들게 되었다.

이전에는 작은 여인숙이 동북 민간에 가장 많았다. 이런 여인숙에서는 떠돌아 다니며 장사하는 사람들을 주로 받았는데, 장사꾼이 들어 오면 여인숙에서는 그들에게 물건 "살 사람買主"을 소개해 주기도 하였다. 이야기꾼이면 공연 장소를 알선 해주고, 작은 악대가 오면 고수를 찾아 주기도 하였다. 손님이 만일 약장사꾼이면 환자를 소개 해주고, 고소하러 온 사람이면 글 아는 사람을 찾아 "고소장"을 대필 해 주기도 했다. 그야말로 없는 것이 없고 못하는 일이 없어서, 손님들은 기꺼이 이런 곳에 투숙하였다. 마적들도 바로 이런 강호의 작은 여인숙을 눈여겨 보게 된다.

마적들은 이런 여인숙에 들어서 흔히 "눈치 보기(재물 탐지)"를 한다. 대개 첩자들이 드나 들며 이 역할을 하였다. 첩자들은 입담이 좋고 손재간도 좋아서 여인숙 주인이 이것저것 물어봐도 실수를 하는 경우가 거의 없었다.

1926년 초, 동산東山에 있던 마적 천룡天龍의 모사謀士가 "고루자古樓子"

라고 하는 첩자를 산 아래로 내려 보내 노이가老二哥의 소식을 알아오게 시켰는데, 고루자는 이발사로 가장하여 마의하자진螞蟻河子鎭에 있는 "열래객잔悅來客棧"에 들어갔다. 여인숙 주인이나 이발소 주인 모두 그가 어디서 왔는지 몰랐다. 그는 거기에 묵으면서 오가는 사람들의 입을 통해 노이가의 거주지뿐 아니라 그의 생활 방식까지 알아 내어, 어느 바람 부는 깊은 밤 동료를 데리고 노이가의 비밀 은신처로 쳐들어갔다.

그들이 노이가의 집에 들어가고 나서도 노이가는 어리벙벙하여 물었다. "자네, 유해劉海 이발소 이발사 아냐?"

고루자가 말했다. "다시 한번 잘 보시지."

노이가가 다시 보니 권총에 매다는 붉은 술이 허리춤에 보였다. "당신 누구요?"

고루자가 말했다. "내가 나지!"

그제야 노이가는 그들만의 은어를 알아들었다. "팔목 눌러!"

고루자가 말했다. "불 꺼!"

고루자가 껄껄 웃으며가 손을 내젓자 천룡이 데리고 온 사람들이 뛰어 들어 노이가를 결박했다.

이런 일들은 비일비재 했다. 모두 작은 여인숙을 은신처로 삼아 임무를 완성하기 마련이었다. 단골 손님들이 하는 이야기를 엿듣고 부잣집을 알아 내기도 하였다. 나중에 인질로 납치하여 몸값을 받기 위해서 였다. 이런 여인숙에 의탁하면 안전하기도 하였다. 군인이나 경찰이 기찰을 오기도 했지만 아무 것도 알아내지 못하게 마련이었다. 게다가 주인은 신분을 모르면서도 투숙객을 보호하려고 애썼다. 만약 사고가 나더라도 몸을 빼기가 쉬웠다. 이런 여인숙은 대체로 사람이 붐비고 교통이 편리한 곳에 있어서 튀려고만 하면 언제든 튈 수 있었던 것이다.

두 번째 유형의 여인숙은 교통이 불편한 지역에 있는 것으로, 이런 곳에도 마적들이 자주 몸을 숨겼다. 궁벽한 곳에 있었으므로 인가도 드물고, 설이나 명절이 되면 오가는 손님도 줄어 들고, 마차나 기마대馬隊마저 오지 않기 때문에, 편하고 안전해서 "겨울나기"에는 안성마춤이었다. 여인숙 주인이 안면이 넓기 때문에 더욱 안전하였다. "뒷배경"이 없이 인적이 없는 곳에 여인숙을 차릴 수 없었다. 겨울이 되어 사람들이 들어 오면 주인은 곧 이들이 무슨 일을 하는 사람인지를 짐작하였지만 이들을 잘 대해 주었다.

동북의 겨울은 사방이 얼어 붙고, 산은 높고 인가도 드물어 대부분의 여인숙들은 한가하기 그지 없었다. 그래서 주인들은 누가 오던 잘 받아 주었다. 설쇠러 왔다는 소리만 들으면 모든 걸 짐작하면서도, 무얼 하는 사람인지 묻지 않았다. 겨울에 이런 여인숙에 들어오는 마적들은 대개 평원에서 활동하던 무리였다. 가을이 되어 풀이 마르고 낙엽이 지면 해산해서 이런 여인숙에 들어와 겨울을 보내다가 다음 해 봄이 되면 다시 무리를 모았던 것이다.

마적들과 이런 여인숙은 한집 식구나 다름 없었다. 여인숙의 주인은 그들을 끌어 묶게 하려고 식구처럼 대해 주었다. 식사 때에도 따로 상을 차리지 않고 주인 가족과 한 식탁에 둘러 앉아 식사를 하였다. 만일 새로 손님이 들어와 누구냐고 물으면 아이들 외삼촌이라고 둘러댔다. 마적을 아이들 외삼촌이라고 둘러대서 새로 들어온 손을 안심시키려는 의도도 있었다.

겨울이 길기 때문에 여인숙 생활이 지루해 지면 좋아하는 여자를 찾기도 한다. 여인숙 주인 마누라나 딸을 넘보기도 하였다. 그럴 때면 주인은 "삼촌, 다 그만 두고 싶으시우?" 하고 충고를 하는데 그 충고를 듣

마적이 외출할 때 사용하던 1인용 말 썰매

고 마음을 돌리는 경우도 있었다. 그러나 그런 말에 개의치 않고 기어이 여자를 탐내어 아예 주인을 "장인"이라 부르면서 강제 결혼을 하는 경우도 있었다. 여인숙의 주인이 기꺼이 딸을 주는 경우도 있었는데, 이들이 가지고 있는 재물을 탐냈기 때문이었다.

마적 자신들은 이런 여인숙에 머무는 것을 "꽃집에 든다住花店"거나 "꽃겨울을 난다猫花冬"고 말하면서, 이런데 드는 것을 소일삼는 사람도 있었다. 봄 여름 내내 사방으로 죽음을 넘나들며 모은 돈을 가지고, 겨울 동안 이런 여인숙에 머물러 하루하루를 보면서 보통 사람이 누렸던 따듯한 생활을 누렸던 것이다.

동북의 차점에는 여러 가지 낭만적인 이야기가 전해 지는데 대개 주인집 딸과 인연을 맺어 겨울 동안 행복한 생활을 했다는 이야기들이다. 봄이 되어 떠날 때면 서로 떨어지기가 아쉬워 주인집 딸이 마적 무리에 가담하는 일도 종종 있었다.

여인숙이 겨울을 나는 마적에게 여자들을 소개하는 뚜쟁이 노릇을 하기도 하였다. 깊은 산골에 살던 시골 여자들은 마적과 지내는 일을 기꺼워하지는 않았다. 그러나 개중에 너무 생활이 어려워서 "가난할 때는 웃었지만 몸을 팔면서 웃지 않게 된 여자"가 생겨나기도 하였다. 살림이 어려운 집, 특히 남자가 늙었거나 일거리가 없어 가족을 먹여 살리지 못하거나, 남자가 병이 들어서 여자가 생계를 맡고 있는 집이 있으면, 여인숙 주인은 눈에 찍어 두었다가 소개를 하였다. 동북의 여인숙은 이렇게 마적들의 "생활 낙원生活樂園"이었다.

이와 같이 마적 생활을 이해하는데에 차점은 매우 중요하다. 옛날에 "호랑이 같은 차들이 여인숙에 들어오면 현청의 지사知縣 보다도 두렵다"는 말이 있었다. 사방을 마차로 오가는 상인들이 여인숙에 들어오면 반드시 허리를 굽혀서 잘 대접해야 해야 하는 상황을 말하는 것이다.

이렇게 차점들 사이에 서로 더 잘하려는 경쟁이 붙어 손님을 끌다 보니, 차점에는 헤일 수 없는 여러 종류의 사람들이 다 모여 들었다. 온갖 세태를 볼수 있는 작은 세계가 된 것이고, 그 만큼 기이한 얘기들이 생겨난 것이다.

세금 받기 吃票

"흘표"란 지방에서 서너명이 무리를 결성한, "단독單開" 혹은 "단도單挑"라고 일컫던 마적들에게서 진상품進項으로 돈이나 물건을 받는 것을 말한다. 흘표를 받아 먹는 것은 대개 그 일대에서는 알아주는 큰 무리들이었다.

흔히 관동關東 산악지대가 가난한 사람이 살기에 좋다고 하는데, 산에는 값나가는 물건이 널려 있기 때문이었다. 산이 살쪘기 때문에 수많은 사람들이 백두산長白山 인근으로 몰려 들었다. 특히 청나라 함풍연간咸豊年間에 조정에서 출입 금지를 해제하자, 개간꾼·방목꾼·사냥꾼·어부·채금꾼·약초꾼·뗏목꾼 등 별의별 사람이 다 모여 들었다. 그에 따라 산주변에 자리한 작은 읍의 잡화점, 대장간, 솥공장, 기름집, 토산품집, 양복점, 약방, 국수집, 차점車店, 여관, 재목상, 염색방, 은장포銀匠鋪, 떡방앗간, 기생집 등도 덩달아 활기를 띠었다. 업종마다 경영 성격이 달라서 각 업종에서 뛰어난 "인물" 들이 이름을 날리기도 하였다.

그러다가 2, 30년대에 관동 산악지대 개발이 시작되면서 각종 유형의 마적 무리가 생겨났다. 산에서 토산품이 나오는 계절이 되면, 하산하는 사람들은 항상 강도들에게 자기 물건을 빼앗길까 걱정하여 준비를 단단히 갖추어야 할 정도였다.

백두산長白山에서는 홍송, 자작나무, 버드나무, 황벽나무 등 귀중한 목재들이 많이 났는데, 교통이 불편하여 압록강, 송화강松花江, 혼강渾江 등 크고 작은 강의 뗏목을 이용하여 운반해야 했다. 이때 가장 두려운 것이 "목재가 걸려 쌓이는起垛" 것이었다. 물을 따라 흘러 내려가던 뗏목이 바위에 걸리면 뒤에 내려오던 뗏목들도 연이어 걸려 쌓이는 현상이 일어났다. 어떤 때는 몇 층 짜리 집처럼 높이 쌓이면서 강을 완전히 막았다. 그렇게 뗏목이 쌓이면 앞에 섰던 뗏목 키잡이는 사람을 구하여 목재더미를 헤쳐挑垛 나가야 했다. 그래서 뗏목을 띄우는 계절이 되면 목재더미를 헤쳐 주는 일을 생업으로 삼는 사람들이 강 양쪽 위험 구간마다 모여 들었다. 말이나 나귀를 타고 강가를 내려 가면서 뗏목이 바위에 걸리기만을 기다리는 사람도 있었다. 이렇게 사는 것을 "뗏목밥 먹고 산다吃排飯"고 했다.

이들 "뗏목밥 먹는" 사람들은 대개 그 일대에 있는 마적 두목을 찾아 인사를 하고 허락을 받아야 했는데 그것을 "고표考票"한다고 불렀다. 사실상 "세금걷는吃票" 마적 두목을 찾아가는 것은 "뒷배경"을 삼기 위한 것이었다. 그렇지 않을 경우 돈을 벌어도 산 밖으로 나갈 수가 없었기 때문이다. 마적들도 사실은 이들 "뗏목밥 먹는" 사람들 때문에 살아갈 수가 있었다고 해도 과언이 아니었다.

"뗏목밥을 먹는 사람"은 마적 무리를 찾아 두 손을 맞잡아 왼쪽 어깨에 올려서 예를 갖춘다. "서북쪽 하늘에 구름이 뜨니 까마귀가 봉황의 무리에 내렸는데, 어느 분이 주인이시고 어느 분이 신하인지를 모르겠나이다!"

그러면 두목이 말한다. "어디서 온 어른相府이신가?"

찾아온 사람이 말한다. "어른이라니요, 노파두老把頭의 표주박을 들고 뗏목밥 먹는 사람입니다." (노파두는 산에서 방목하는 사람들이 모시는 신령인데, 산사람들은 모두 그 신을 믿었다). 가짜 삼을 판다고 하거나, 사기꾼 혹은 토산품 도매상이라고 자신을 소개하기도 하였다.

이때 두목은 이렇게 말한다. "이 형제에게 술과 담배를 권해라."

그러면 그 사람이 말한다. "제가 일을 하면, 형제들과 두령님을 잘 모실 겁니다…"

그러면 모두들 이렇게 말한다. "맘놓고 해 보시게!"

이렇게 해서 허락이 되는 것이다. 이들은 강에 걸려 쌓인 뗏목을 풀어 주고 마적 무리에 돌아와 돈주머니를 풀어 놓으며 말한다. "두령님과 형제들께서 나누십시오!"

이런 상황이 되면 마적들도 흐뭇하여 양대糧臺를 시켜 일부를 떼어내면서 말한다. "다들 한집 식구인데, 자네가 가지고 쓰게나!"

"두령님, 감사 드립니다!"

마적들은 보통 세금(홀표)으로 3할을 떼는데, 나중에는 점점 적어져 1할 정도만 떼었다. 그렇지만 멧목밥 먹는 사람이 자기 무리를 찾아 오지 않아도 마음대로 혼내지는 못하였다. 먼저 그 자가 "배경"이 있는지부터 알아 봐야지 잘못하면 골치 아픈 일이 생겨 양쪽 모두 손해를 볼 수 있기 때문이었다.

"홀표吃票"란 이렇게 작은 무리들이 그 지역의 큰 두목에게 진상을 바치는 것을 말하는 것이었다.

무리의 연합 靠窯

고요靠窯란 상대편의 제안을 받아들여 그쪽 무리에 가담하는 것을 가리킨다. 마적들은 무리를 형성한 그 날부터 항상 자기가 다른 무리에 의탁할 것인지, 아니면 다른 무리를 자기쪽으로 끌어 올 것인지 생각해야 한다. 이런 일 하는 것을 항복 권유, 즉 "세항說降"이라 부른다.

세항은 모험이 따르는 일이다. 마적들은 항상 변화무쌍해서 권유하러 간 사람을 해치는 일도 많았다.

1933년 겨울 교하蛟河의 파리하玻璃河 일대에 "장산호長山好"라는 두목이 수 백 명 큰 무리를 거느리고 활동을 시작하였다. 산림 속에서 활동하던 일본인들과 양정우楊靖宇 부대가 모두 이 "목표물"에 관심을 보였고 각각 이들에 대한 공작을 개시했다.

양정우는 기회만 있으면 그에게 설득을 시도했다. 한 번은 양정우가 일부러 "장산호"를 찾아가서 말했다. "장산호 형제, 자네는 총도 잘 쏘고 능력도 있으니 항일운동을 하면 얼마나 좋겠나!"

"양사령님께서는 마음을 놓으십시오. 아직 형제 40여 명이 돌아오지 않아서 그런데, 3일 후에 소식을 드리지요!" 겉으로는 양정우에게 그렇게 말 했지만, 장산호는 속으로는 일본인들과 내통하고 있었다. 사정을 모르는 양정우는 이 기회를 놓치고 싶지 않았다. 이틀 후 오전 내내 기다렸으나 장산호의 그림자 조차 오지 않았다.

양정우는 영리한 심부름꾼 두 사람을 시켜 "장산호"에게 편지를 보내 그의 눈치를 살펴 보라고 시켰다. 그때 장산호는 방안에서 일본 사람과 열을 내며 이야기를 하고 있었다. 그 일본인은 만일 "장산호"가 투항해 오면 소중대장 자리를 주겠다고 말했다. 바로 이때 졸개 하나가 들어와 보고했다. "양정우가 사람을 보내 왔습니다!"

장산호는 밖으로 나와 명령했다. "이 두 놈을 결박해…" 두 심부름꾼이 외쳤다. "장산호 이놈! 중국사람 옷을 입고 외국놈 일을 하다니 네가 사람이냐!" 한 놈이 성을 내며 이들을 때리려 하니 장산호가 말했다. "그 놈들과 씨름할 시간이 없다! 무리가 다 이동한 다음 없애 버려도 돼!" 담배 두 대쯤 피울 시간이 지나서 장산호의 마적들이 반 이상 철수해 가고, 졸개 황뚱뚱이 혼자서 괴로운 표정으로 그들을 지키고 있었다.

두 심부름꾼은 생각했다. 설득을 하러 왔다가, 장산호에 대한 설득이 실패했다고 다른 사람을 설득할 기회마저 버릴 수는 없지 않은가. 최씨 성을 가진 심부름꾼이 말했다. "여보시우 형님, 부대가 다 철수하면 형님은 어떻게 할 셈이시우?"

그 사람이 말했다. "우리들 보고 남아서 추격을 막으라는 게지! 기다리고 있다가 항일연군에게 얻어 맞으라는 거 아니겠나!"

최씨가 말했다. "형님, 제 말씀 좀 들어 보시우. 그건 장산호가 제 살

궁리만 한것이지, 사방을 항일연군이 지키고 있는데, 나갈 길이 있나요. 형님은 우릴 풀어주고 공을 세워 양사령께 가는 게 좋지 않겠오!" 그 마적은 그렇게 하겠다고 했다. 그런데 이때 전령을 맡은 '아이' 하나가 뛰어오며 말했다. "가자. 이 두 녀석을 쏴 버려!"

그 마적은 놀라서 낯빛마저 변했다. 그러나 심부름꾼들은 크게 소리 내며 웃었다. 그 전령은 항일연군 군복을 입고 있었던 것이다. 전령과 마적은 두 병사를 데리고 뒷산으로 들어 갔다…

수많은 크고 작은 마적 무리들이 서로 투항하고 연합을 하였다. 때로는 작은 무리들이 힘을 모아 큰 무리에 대처하기도 했다. 한 무리가 커지면 그들의 처지가 더 어려워졌기 때문이다. 이렇게 서로 합종연횡을 하면서 마적무리는 활동을 하게 되어 있었다.

공론 세우기 典鞭

전편典鞭이란 뜻이 맞는 무리들이 모여 공동으로 "큰일"을 벌이는 것을 말한다. 이는 여러 마적 무리가 모여 관심사를 의논하는 특이한 행동 방식이었다.

한 번은 흑룡강성黑龍江省 마적 좌산조座山雕가 "양아들"인 대림大林에게 속아 결박 당한 채 일본사람의 손에 넘어갈 뻔하였다. 좌산조는 화가 머리 끝까지 치밀어 여러 마적 무리를 모아 이 일을 처리하려고 통지하였다. "전편"이 시작된 것이다.

전편에 응하는 두목들이 올 때에는 먼저 총을 세 발 쏘고 나서 자기의 칭호를 댄다. 가령 "노이가老二哥요—!", "삼강호三江好요—!", "화룡火龍이요—!", "금갑산金甲山이요—!", "대마아大馬牙요—!" 하는 식이다. 그 다음 총소리, 말발굽 소리와 함께 약속한 장소에 모여든다. 이는 관동關東 산악지대에서의 규칙으로 그런 상황이 벌어지면 누구나 큰 일이 일어났음을 짐작하게 된다. 잘못된 일을 '바로 잡는' '채찍'을 잡을 수 있는 사람은 자격을 갖추고 있어야 했다. 즉 무리가 크던가, 내실이 있던가, 두목이 인기가 있던가 해야 했다. 그렇지 않으면 불러도 응하지 않았다. 동북의 녹림에는 이와 관련하여 일반 백성들에게도 널리 알려진 속담이 있다. "설에 폭죽을 터뜨리는 것은 귀신을 쫓는 것이고, 마적이 전편을 하는 것은 귀신을 불러 오려는 것이다."

그 때 좌산조가 전편을 시행하자 대림은 겁이 나서 좌산조 앞에 무릎을 꿇고 빌었다. "다섯째 아저씨 살려주세요!" 좌산조는 말없이 대림을 나무에 매달아 놓았다. 얼마 후 각지에서 두령들이 모여 들었고, 울안에 주안상이 차려졌다. 좌산조가 말했다. "마적 노릇을 하면서 사람 죽이지 않는다는 건 말이 되지 않는다. 마적이라도 좋은 사람을 죽이는 것은 잘못이다. 이 좌산조는 세 종류 사람만 죽인다. 첫째는 탐관오리貪官汚吏, 둘째는 외국놈, 셋째는 산을 배신한 놈이다" 그는 술을 벌컥 한 잔 마시고 말을 이었다. "오늘 내가 또 사람을 죽이려 한다. 우리 녹림의 배신자다."

좌산조는 대림을 쏘아보더니, 칼을 집어 들고 천천히 나무 앞으로 다가갔다. "옛말에 용이나 호랑이를 그릴 때 뼈를 그리기가 가장 어렵고, 사람은 얼굴을 보고 마음을 알 수 없다고 했다. 내가 오늘 네 놈의 가죽을 벗겨서 마음이 어떻게 생겼는지를 봐야겠다!"

마적들 모두 하하하 크게 웃으면서 노백간老白干(독한 배갈)을 마셨다. 좌산조는 말하면서 칼로 대림의 몸을 그어 옷을 벗겨버렸다. 그리고 말을 이었다. "우리 녹림의 두 번째 큰 금기는 여색을 가까이 하는 것이다. 대림의 눈은 항상 여자 엉덩이만 쫓아다녀서, 그 눈에 우리 형제들이 보일리 없었다. 다들 말해 보거라, 이 눈을 남겨 어디에 쓰겠느냐?" 그렇게 말하면서 머리를 쳐들고 다시 술을 한잔 입에 털어 넣었다.

"그래그래, 눈을 빼야 해!" 한 두령이 고함을 쳤다.

"이놈 눈에는 사람이 없었어." 또 다른 자가 맞장구를 쳤다.

좌산조는 한 걸음 다가가 사납게 대림의 눈을 도려냈다. 다음 심장을 도려냈다. 일을 끝내고 두령들은 다시 모여 앉아 실컷 마시고 놀았다. 전편의 목적이 바로 여기에 있었던 것이다.

08 마적들의 일상 취미

엽전 쓰기
행주령
예인 초청
자체 공연 구성
수수께끼 노래
마적에게 권하는 노래
마적들의 싯구
"마적"에 관한 노래

08 마적들의 일상 취미

평상시 생활에서는 마적들도 그들나름의 취미가 있었다.

엽전 쏘기

동전 쏘기란, 낡은 동전을 백보쯤 거리에 있는 나무에 매달아 놓고 사격을 하는 놀이이다. 돈을 걸기도 했으므로 도박의 성격도 띠었다. 이런 놀이는 사격 연습을 겸한 것이다. 대개 내외 8소두목과 보좌 소두목 四梁八柱들이 졸개들과 겨루었는데, 소두목 끼리도 시합을 했다. 절묘한 것은 고무줄 새총으로 동전을 허공에 쏘아 올린 후, 총을 쏘아 승부를 다투는 놀이였다. 명사수인 대포두大砲頭와 이포두二砲頭가 재주를 자랑하기에 적합한 놀이였다.

권주 놀이 行酒令

이는 마적들에게 가장 흔히 볼 수 있는 오락이었다. 집털이를 해서 성공하였을 때 술과 안주가 있으면 그들은 술을 마시면서 권주 놀이를 벌이곤 했다. 그러나 무리에 돌아와 하는 경우가 더 많았다. 안전하고 마음껏 놀 수 있었기 때문이다.

권주놀이는 적어도 두 사람 이상이 되어야 할 수 있는데, 술을 마시기 전에 두 사람은 탁자를 마주하고 앉거나, 마당에 거적이나 자리를 펴 놓고 권주가를 부른다.

조정에 일품 벼슬을 하니

두 눈에 꽃 깃털을 달았네.

세 별이 빛나는 사계절 오경까지

천지 사방 여섯 번 봄을 함께하고

일곱 재주, 여덟 필 말, 아홉 눈으로 꽃깃을 도둑질하니,

열 가지 복록福祿이 들어오네.

창문을 여니

밝은 달이 하늘에 걸렸네.

當朝一品卿, 兩眼大花翎, 三星高照四季到五更, 六合六同春

七巧八馬九眼盜花翎, 十全福祿增, 打開窓戶扇, 明月照當空

이렇게 권주가를 부르며 권주놀이를 시작하는데, 노래를 부를 줄 모르면 벌주를 한 잔 마셔야 하고, 권주놀이에서 지면 또 벌주를 마셔야 한다.

마적들의 "권주가"는 남방과 북방의 차이가 크다. 북방에서는 하나에서 열까지의 수를 중심으로 이루어지는 데, 남방 마적들의 권주가는 서사성이 강하고, 거꾸로 물어보는 전도법 민요 형식을 취하기도 한다.

마적의 움막

이는 동북 민간의 연극 형식인 이인전二人轉의 영향을 받은 것인지 모르겠다. 연극을 하거나 짧은 희곡戱曲을 부를 때 대개 먼저 서곡에 해당되는 노래를 부르는데, 이런 서곡은 대체로 "숫자풀이" 노래로 되어 있었다. 마적들은 읍내에 나가 본격적인 연극을 구경할 수 없었기 때문에, 차점車店 같은 여인숙에서 간단한 연극을 구경하거나 스스로 연극놀이를 하며 즐겼는데, 여기에서 배운 것이 권주 놀이의 "숫자풀이" 대사가 되었을 것이다.

예인 초청

마적은 광대를 털지 않았다. 왜냐하면 그들의 생활도 "예인藝人"을 떠날 수가 없기 때문이다. 왕길王桔의 『송료예화松遼藝話』에 의하면 유명한 이인전二人轉 예인이었던 유사덕劉士德도 '마적 굴' 에서 공연을 한 경험이 있었다고 한다. 한 번은 그가 대국大國, 곡진탁谷振鐸, 그리고 악사 한 사람 모두 넷이 어두운 밤길을 가고 있는데 나무 뒤에서 두 사람이 뛰어 나와 총을 들고 소리쳤다. "손 들어!"

그들이 손을 드니 물었다. "뭘 하는 놈들이야?"

"강호江湖 사람입니다."

"강호 사람?"

그들은 미덥지 않아서 몸을 수색해 보았다. 악기 외에는 아무 것도 발견되지 않았다. 그들은 총을 내려 놓았다.

이때 옆에 있던 한 사람이 말했다. "동생, 강호 사람 몇을 불러다 산에서 며칠 공연을 할 수 없겠소?" 유사덕이 말했다. "되지요, 되요! 며칠 동안 창을 해도 되요." 그래서 그들은 마적들을 따라 산으로 들어 갔다.

마적 무리는 몇 십 명 정도의 중간 규모였다. 구레나룻을 한 30여 세의 두목은, 이들을 보자 말했다. "당신들은 강호 사람이고 우린 강양江洋 사람이요. 우린 강 하나를 사이에 둔 사이이니 불편을 끼치지 않겠오." 그리고는 곧 그들을 방에 들게 하고 아편을 대접했다. 저녁에 마적들이 식사를 마치자, 두목이 유사덕 일행에게 말했다. "형씨들 수고하셨오! 좀 놀아보는 게 어떠오?" 마적들의 얼굴에는 기대와 흥분의 빛이 역력하였다. 일반 사람들과 별 다름이 없는 마음을 드러냈다. 그래서 이인전 광대들은 곧 화장을 하고(여자 광대가 없어서 남자가 여복을 입고 여자 광대 역을 맡았다) 공연을 시작했다.

떠돌아 다니며 공연을 하던 이인전 예인들은 마적들의 심리를 어느 정도는 알고 있었다. 이들에게 공연을 할 때는 관청이나 관군을 찬양하는 소리가 들어 가면 안되었다. 그들은 마적들이 가장 좋아하는 것이

『양산호한梁山好漢』이나, 관군이 패하고 의용군이 승리하는 이야기라는 것을 잘 알고 있었다.

그래서 예인들이 물었다. "나리들, 어떤 대목을 들으시렵니까?"

"『매선賣線』을 불러주게!"(『燕青賣線』이라는 극을 가리킴)

"그렇게 하죠!"

그래서 공연을 시작하였는데, 새벽까지 이어진 창을 마적들은 졸지도 않고 또렷또렷이 즐겼다. 그렇게 며칠간 마적들은 낮에는 밖에 나가서 "장사를 하고" 밤이면 돌아와서 "이인전"을 구경하였다. 십여일간 실컷 들어서 내용을 훤히 안 다음에야 마적들은 그들을 돌려 보냈다. 이것이 바로 동북에서 유명한 "마적굴에서의 공연"이었다.

자체 공연 구성

마적들은 재물을 강탈하여 물질적으로는 넉넉 하였지만, 정신 생활은 무미건조하고 공허했다. 그런 상황을 개선하기 위하여 그들은 자체적으로 연극도 공연하고, 악기도 타면서 노래를 불렀다. 친지나 고향에 대한 내심의 그리움을 달래기 위해서였다. 그들이 공연한 연극이나 노래는 대체로 이야기로 이루어져 있었다. 물론 이런 공연이나 노래는 매우 안전하다고 생각되는 곳에서만 행해졌다.

쑤흐바루蘇赫巴魯와 장계신張繼新이 함께 쓴 『소마蘇瑪』에 전하는 내용이다. 갑인년甲寅年부터 병인년丙寅年(1926) 사이, 유명한 민간 가수 소마蘇瑪는 13세였다. 당시 동몽고東蒙 초원에 흉년이 들어 도처에 마적들이 득실거렸는데, 어느 날 마적들이 소마를 납치하여 "강통江通" 일대로 들어 갔다.

"강통"은 눈강嫩江 유역 야마투가바라牙瑪吐嘎巴拉 일대의 관목 산림 지역이었는데, 버드나무 외에도 여러 가지 잡목이 많았다. 낮에도 하늘이 보이지 않아 만 명 마적들이 들어가도 마치 개미 굴 몇 개 더 늘어난 것이나 같아 아무도 알 볼 수 없었다. 소마는 거기에 납치되어 한달여를 노숙을 하면서 지냈는데, 어린 마적 둘이 늘 그와 놀아주었다. 그러면서 그도 마적들의 여가 오락을 두루 알게 되었다.

그러던 어느 날 달 밝은 밤이었다. 강통 일대에 고요가 깃들었다. 이름 모를 새 몇 마리가 어쩌다 한 번씩 날면서 밤의 신비를 더해 주었다. 마적들은 양을 잡아 놓고 술을 마셨다. 그 때 한 마적이 악기를 타면서 노래를 불렀는데「천호天虎」라는 민요 같기도 하고「다야버가 오네達雅博來」라는 민요 같기도 했다. 다른 마적들도 따라서 콧소리로 흥얼거렸다.

소마는 민간 가수의 후예였으므로 마적들이 노래 곡조를 제대로 부르지 못하는 것을 보고는 납치되어 온 인질이라는 사실도 잊은 채 뛰어가서 말했다. "잘못 부르고 있어요!"

마적이 말했다. "네가 알아?"

소마가 머리를 끄덕이었다.

소마는 악기를 받아 들고「천호」를 연주했다.

「천호」의 가사는 동몽고 일대에 전해지는 민담이었다. 어떤 젊은이가 너무 살기가 어려워 집을 떠나 마적이 되었는데, 집에 남아있던 누이동생이 능욕을 당한다는 이야기였다. 소마의 연주는 처량하면서도 유장하고 깊이가 있었다. 몇몇 젊은 마적들은 그 곡을 듣더니 점차 말을 잃고 나중에는 흐느껴 울었다.

초원에 있는 마적은 거의 몽고족 사람이었다. 몽고족은 노래를 잘

마적들이 상주하던 산속의 건물 모습 만주족 연구가 富育光 그림

부르고 춤 잘 추었는데 마적들도 마찬가지였다. 한족 마적 중에도 간단한 연극을 하거나 노래를 부르는 오락 풍습이 있었다. 그들은 남자가 여장을 하고 이인전을 공연하기도 했는데 내용은 대체로 민간에 전해지는 사랑 이야기였다.

마적들의 놀이는 때로 매우 잔인하기도 했다. 한 번은 영길현永吉縣의 "반랍호半拉好" 무리가 산 길을 가다가 임신한 여인을 만났는데 한 마적이 말했다. "뱃속의 아이가 틀림없이 사내놈일 꺼다!" 그에 다른 마적이 말했다. "아니, 계집앨 꺼야!" 둘은 다투다가 총을 들어 그 여인을 살해하고 칼로 배를 갈라 사내인지 계집애인지를 확인했다. 영길현 서하하자西下河子의 습지 일대에는 장발張發이라는 마적이 있었는데 잔인하기로 소문났다. 그는 흥이 나면 사람 머리를 베어 쪼개서 피를 마시기까지 했다. 어떤 마적들은 인질의 귀를 잘라 골패 놀이를 하기도 했다. 한계 상황에 처한 이들의 정서를 포용해 줄 오락이 없었던 것도 이런 상황이 만들어진 이유 중 하나일 것이다.

수수께끼 노래 物語歌謠

마적들의 오락 중에는 때로 "물어物語"라는 것도 있었는데 민간에서는 그것을 수수께끼, 심심풀이破閑라고 했다. 무리가 한 곳에 머물러 생활이 안정되면 삼삼오오 모여서 이런 놀이를 했다. 그 내용은 일상 생활과 관계된 것이었다. 가령 화전樺甸의 노이가老二핆 무리 중 한 사람이 "배가 높은 꺼면 형님이신데, 먹을 밥만 있으면 불로 태워도 무서워하지 않는다"고 하니 양대糧臺가 말했다. "그건 솥이야! 맞지?" 양대는 먹는 일을 관리하는 사람이었던 것이다. 다른 사람이 수수께끼를 냈다. "온 집안 식구가 말을 하지 않는다. 작은 것은 작고 큰 것은 큰데, 큰 것은 앉아서 일어서지를 못하고 작은 것은 서서 앉지 못한다." 이에 모두들 답을 내지 못하는데 번타翻垛선생이 말했다. "절의 불상이 맞지?" 번타선생은 책략가로서 절에 가서 예불을 하는 사람이었다. "한 쪽 머리는 곧고 한 쪽 머리는 휘었는데 친구가 오면 그가 먼저 나서네(담뱃대)"나 "이 놈은 마을마다 있는데 진짜는 기어다니고 가짜는 걸어다닌다.(거북이, 오쟁이 진 사내)" 등은 누구나 쉽게 맞출 수 있는 수수께끼였다.

마적들은 늘 자기의 생활을 노래로 엮어 불렀다. 대개 "너 한마디, 나 한 마디"씩 장난 삼아 만든 것이었다. 가령 "빛나는 홀아비, 홀아비가 앓으면 누가 국을 끓여 주나? 괴로운 홀아비, 홀아비 옷이 찢어지면 누가 기워주나? 즐거운 홀아비, 홀아비 배부르면 온 집 식구 굶지 않네." 등이 그것이다.

또 이런 노래도 있었다. "수탉은 싸울 때 머리끼리 부딪쳐도, 부부는 싸워도 원망을 품지 않네. 아침에는 세숫물 한 대야, 저녁에는 꽃 베개 하나." 이렇게 부르고는 껄껄거리며 유쾌하게 웃었다.

정상적인 생활에 대한 아련한 그리움이 배어 있는 노래이다. 오랜 기간 말을 타고 싸우는 생활을 하다보니 성생활을 할 수가 없어서 마적 중에는 "계간鷄姦"이나 수간을 하는 자도 있었다. 교하蛟河의 "대산호 對山好" 무리의 한 "졸개"는 암돼지와 그짓을 했다가 동료들에게 알려졌다. 동료들은 그를 나무에 매달아 놓고 "더러운 놈! 건달 같은 놈! 네 에미 애비가 암돼지 괴롭히라고 그걸 달아줬냐!" 하고 욕지거리를 퍼붓고는 총으로 쏘아 죽였다.

마적들의 성격이나 행위가 보통 사람과 다른 것은, 그들의 생활이나 처한 사회적 지위 때문이었다. 그들은 자신을 이렇게 형용하기도 했다.

> 마적이 되면 즐겁네.
> 큰 말을 타고 술을 마시며
> 집에 들어가면 계집을 안고 젖을 빠네!

그러나 사실 그들의 생활은 너무도 단조롭고 무료하고 고독했다. 이 노래는 그런 현실에서 오는 갈망을 표현하고 있다고 해야 맞을 것이다.

"마적에게 권하는 노래 勸土匪歌"

"마적에게 권하는" 노래는 동북에 비교적 널리 전해지고 있다. 반석 盤石에 "곤지뢰滾地雷"라고 하는 마적 두목이 있었다. 나쁜 일도 많이 했지만 좋은 일을 하기도 하였다. 그는 30여 명의 "인질"을 풀어준 적도 있었다. 이 이야기를 하려면 동북 민간에 전해지는 「마적에게 권하는 노래」에 대해 언급하지 않을 수 없다.

「마적에게 권하는 노래勸匪歌」는 모두 16구절로 되어 있는데, 민간에 전해지던「계절가四季歌」와「만주군에 권하는 노래勸滿軍」를 개작하여 널리 전해진 것이다. 1934년 겨울, "곤지뢰"는 납치한 인질 30여 명을 데리고 역마驛馬지역 산림으로 들어갔다.

그 때 인질 중에 "살찐 물건"은 몇 명 되지 않았다. 기껏해야 겨우 밥이나 먹을 만한 집 주인이나 자녀들이었다. "꽃 혓바닥花舌子"이 벌써 소식을 전했지만 몸값 치르러 오는 사람이 없었다. 그들은 인질을 돈과 바꾸지 못하게 되면 때로는 물건과 바꾸기도 했다. 산호, 청금靑金, 명청시대 관복蟒袍, 꽃자수옷, 조모朝帽, 부인용 솔, 관복 장식, 허리띠, 조복, 충효대, 부인 예복, 공작새 깃털바구니, 비단첩지, 몽고 청동 불상, 콧담배병 같은 물건이었다.

눈이 많이 내린 어느 날 "곤지뢰"는 반석盤石에 있는 일본 헌병대에 투항했는데, 너무 낮은 자리를 주자 한바탕 욕지거리를 퍼붓고는 화가 나서 산 속으로 돌아 왔다. 이때 날이 저물어 30여 명 인질들이 화톳불을 둘러 싸고 추워서 덜덜 떨고 있었다. 앙자방 주인이 "새매 들볶기熬鷹"를 시켰는데도 불구하고 몇 명은 말을 듣지 않고 낮은 소리로, 높은 소리로 노래를 부르는 것이었다.

가을이 가는 걸 보니
가난한 백성 근심이 서리네.
농사를 지었는데 곡식이 왜없나?

왜놈들 세금으로 모두다 걷어갔네.

그놈들, 우리를 소 말처럼 부리며

호적戶口을 들고서 징병을 해가네.

조금만 지체하면 몽둥이 세례에

온 몸을 맞아서 흐르는 핏줄기.

내 권하니 마적 형제들이여

우리를 그렇게 쥐어짜지 마시게.

일본 강도는 우리의 큰 적인데

개같은 왜적은 왜 치질 않는가?

마적 형제들이여,

생각 좀 해보시게.

당신은 누구이신가?

중화中華에 태어나 중화에서 자랐는데

어찌하여 자기 혈육 괴롭히는가…

   몇 사람이 부르니 다른 사람들도 따라 불렀다. 앙자방 두목이 몽둥이를 들고 때렸으나 그들은 노래를 멈추지 않았다. 이렇게 되자 방안에 있던 "곤지뢰"도 놀라지 않을 수 없었다. 그도 사실 방안에서 노래를 듣고 있었던 것이다. 그는 밖으로 손을 내저었다. "이 사람들 다 놓아 보내!"
   앙자방의 두목이 걱정하여 말했다. "형님, 여기 몇 놈은 200원도 내 놓지 않았는데요!"
   곤지뢰가 말했다. "잔말 말고! 어서 풀어 줘!"
   이날 그는 왜놈에게서 푸대접을 받은 데다가 인질들의 노래를 듣자, 자기 집안 형편이 떠올랐다. 그래서 그의 무리로서는 있을 수 없는 일인데, 납치해 온 인질을 놓아준 것이다. 이 일은 반석 일대 미담으로 한 때 널리 전해졌다.

"마적에게 권하는" 노래들은 나중에 민간에서 더 많이 불려졌다. 「불한당 뉘우치면, 금으로도 못바꾼다浪子回頭金不換」, 「아편쟁이에게 권하네勸抽大烟」, 「노름꾼에게 권하네勸賭博」, 「바람둥이에게 권하네勸逛窯子」 등이 그런 것인데 모두가 나쁜 일을 그만두고 바른 길로 들어서라는 내용이었다.

「남편에게 권하는 노래勸夫歌」도 마적에게 권고하는 노래다.

권하노니, 서방님 어서 돌아서세요
마적 무리에는 들어가지 마세요.
집에는 아내와 아이가 있는데,
밖으로 떠돌아 다니지 마세요.
살인엔 목숨으로 갚아야 하고
사람을 해치면 보복을 당하지요.
뉘집엔들 누님과 누이동생 없을까?
뉘집엔들 소나 말 없을까?
내맘처럼 타인 맘도 헤아려 봐요,
집식구들 근심짓게 하지 말아요…

송강하 경로원에서 지내는 老木把(본명 王宇廷) 일생동안 온갖 풍파를 겪으며, 죽음을 무릅쓰고 마적의 활동을 주선해주었다

"오빠에게 권하는 노래勸哥歌"라는 것도 내용은 비슷했다. 이런 유의 노래는 백성들의 순박하고 선량한 생각과 감정 그리고 미덕을 보여주는 것으로 중요한 가치가 있다.

마적들 사이에도 "스스로 권하는" 내용의 노래가 있었다. 가령 어떤 사람의 아버지나 어머니가 "늙은(죽은)" 경우, 아들로서 집에 돌아가 장례를 모시지 못하게 되면 그는 맨발로 절에 가서 예를 올린다(겨울에도 맨발을 하여 효심을 보인다). 절이 없으면 벽돌 세 개를 쌓아놓고 울면서 넉두리하였다.

> 어머니, 어머니!
> 저를 낳고 키우시느라 얼마나 고생하셨는데,
> 아껴 먹고 아껴 마시며 고생고생하셨는데
> 아들은 장례식도 가질 못합니다!
> 은혜 죽어도 다 갚지 못할 겁니다.
> 청명에는 돈을 보내드리지요…

두목들은 보통 이런 일을 허락하지 않는다. 군심을 동요시킬까 걱정하기 때문이다. 이는 사실 부모에 대한 제사의식을 통해 자기를 권유하는 것이라고 볼 수 있다.

마적들의 싯구 對聯

마적들도 보통 무리의 대문에 대련對聯을 써 붙였다. 민간의 풍속을 그대로 따른 것이다. 작은 무리에서는 설이나 다른 명절 때도 붙이는 경우가 있었다.

문 입구에 붙이는 대련:
천지가 넓으니 형제들이 영원히 화합하고,

풍운風雲이 만나는 곳에 항상 충의가 있네.

한 점이라도 충심이 있으면 형제의 의를 맺지만,

반 줄기 의기도 없으면서 연맹은 맺어 무엇 하리.

향당挿香堂에 붙이는 대련 :

뜻 있는 사람 청하려면 양산박梁山 의리를 베풀어야 하고,

다른 성씨 마음을 구하려면 도원桃園의 충의를 배워야 하리.

친지가 아니라도 의 있으면 공경하고,

벗이라도 정 없으면 사귀지 말아야 하리.

소림사少林寺의 대련 :

소년에 출가하여 온몸 깨끗씻고 바른 과업 수련하며,

산림속 절에들어 성심 재계하고 아미타불 염불하네.

노조당老祖堂의 대련 :

문을 나서서는 임금의 얼굴 멀리서 뵙고,

집에 들어서는 바야흐로 옛날 불심을 지키네.

천후묘天后廟의 대련 :

순풍 불고 고른 비 내리니, 하늘의 도에 순종한 것이요,

녹을 받고 복덕을 누리니, 벼슬에 봉해졌기 때문이라.

무제묘武帝廟의 대련 :

충심이 있어야 절에 들어갈 수 있나니,

한 줄기 의기없이 어디가서 분향하리.

관간당觀間堂의 대련 :
서산西山의 푸른 대 천년을 푸르고,
남해南海의 연꽃 향 더없이 은은하네.

화광묘華光廟의 대련 :
형제가 간담肝膽처럼 의기로 사니,
집밖의 사해四海가 한 집안 되네.

교두橋頭의 대련 :
강하江河에 맑은 날이 있고,
무리 형제들 좋은 세월 있으리.

의화점義和店의 대련 :
의기는 천하 손님을 불러 모으고
합심은 세상 재물을 모아 들이네.

죽은 형제를 위해 붙이는 대련 :
억울한 원한 언제야 갚으리
남기신 한은 만년을 남으리.

"마적"에 관한 노래

천하 제 일단第一團!
사람마다 모두 돈을 바라는데
좋은 말하니 거절타가
나쁜 말하니 바로 내놓네.

이것은 요서遼西 마적 "노이가老二哥" 무리 깃발에 씌여있던 글이다. 그들은 자신이 천하에서 가장 "용맹" 한 사람이며 "불평등" 한 세상에 대하여 반드시 무력으로 대처해야 한다고 생각하였다. 이런 노래도 그들의 심리를 반영하는 것이다.

일부 마적들은 무리를 이룰 때부터 일본인을 적으로 삼았다. 그들에게는 「왜놈에게 권고하는 노래勸鬼子歌」 유형이 전해지기도 한다.

13개월, 일 년을 넘게
왜놈 시체가 산비탈 가득 쌓였네.
집에는 노인과 철부지들을 남겨두고
중국 땅에 뼈를 버리네.

이는 소영전邵永全의 무리인 "쌍승雙勝" 부대에서 부르던 노래인데 교하蛟河 일대에 널리 전해졌다(『蛟河文史資料』 1958년 제1집 참조). 그러나 백성들은 살인, 강도를 일삼는 일부 마적에 대해서는 뼈에 사무치도록 증오했다. 특히 나중에 "마적 토벌" 을 할 때 민중 속에는 다음과 같은 노래가 불려질 정도였다.

제8장 | 마적들의 일상 취미

7월 30일

오시午時 3각刻 쯤

수염장이 장관삼張冠三이 나타났네.

살인방화를 일삼고

억지를 부려 돈을 긁어가니

그 죄악이 하늘을 덮네.

연자구碾子溝를 습격할 때는

살인을 하면서도 눈도 깜짝하지 않고

기관총, 수류탄이 하늘을 뒤집었네.

마을 사람들이 함께 대항하여

만든 대포와 총을 들고

수염장이를 쳐 마을을 지키네.

어이 죽음을 두려워하리.

마적과 관련된 속담도 있다.

모종秧子(인질)은 마치 돈 나무와 같아

두드리지 않으면 금金이 떨어지지 않는다.

영리한 개는 세 이웃을 지키고

좋은 사람은 세 마을을 지킨다.

토끼는 자기 굴 앞 풀을 뜯지 않고

마적은 자기 주변 물건을 뺏지 않는다.

마적질을 하루라도 하게되면,

그날부터 하루종일 군인이 무섭다.

호칭을 내걸지 않고서는 큰 돈을 벌 수가 없다.

무리에 들어가는 사람에게 묻는 말도 있다.

신령의 모래 세 줌이 없이는
서쪽 기산岐山 뒤엎을 수 없다네.
좋아!
순금은 불의 단련을 겁내지 않고
좋은 총은 쏘아본대도 두려워 않네.
대장부인지 졸장부인지
겪어 보아라, 그 행동을!

사람들이 편집한 마적 가요중 일부는 마적의 명칭이나 활동을 드러낸 것도 있다.

동북풍東北風, 항청산項青山,
그리고 홍국紅局과 남변南邊.
동흥호東興好는 염탄鹽灘를 지키고
채보산蔡宝山은 가장사駕掌寺에서 지치도록 싸웠네.
그리고 득호得好와 고천靠天,
야룡野龍과 대룡大龍은 군사가 1천.
노보인老宝人, 남장산南長山,
거기에 쌍갑雙匣, 북패천北覇天.

동흥東興, 동신東新, 동변東邊, 동패천東霸天은

싸움도 잘하고 뛰기도 잘 뛰어

사흘만에 혼하渾河를 건넜네.

장금생張金生은 도망도 잘해라,

대포소리 나지도 않았는데 하늘을 원망하며

소막사로 뛰어가서 문을 닫아걸었네.

대로기大老紀도 이제 끝장이 났네,

의용군을 보고는 황망히 허리를 굽혀

일꾼 불러 돼지를 잡고

주방장을 시켜 차를 따르더니

천진天津으로 도망가서 돌아오지 않네.

북가北歌는 『토비비록土匪秘錄』 王希亮에 보이는데, "9.18" 사변 이후 요령성 남쪽遼南 일대에 출현한 몇몇 마적의 심리와 활동을 기록하고 있다. 요동 서쪽遼西 일대에서 활동하던 마적의 상황을 이렇게 기술하고 있는 노래도 있다.

"풍린각馮麟閣은 동산東山을 차지하고,

수마감壽麻坎은 따로 놀고,

홍보신洪輔臣은 세상 절반을 차지하고,

김수산金壽山은 포관사抱官寺에 자기도장을 찍었네.

삼지안三只眼(즉 齊海龍)은 시끌벅쩍 일을 저지르고,

해사자海沙子(즉 闖海山)는 도처에서 들고 일어나네."

같은 책에 기록된 이 노래는 당시 요동 서부에 마적들이 얼마나 창궐하였는지 보여주고 있다.

마적요馬賊謠

파란 풀 장막이 펼쳐지니

총 들고 말 타고 큰 무리大排에 들어가네.

집 없고 땅이 없는 집은 다치지 않고

거들먹 거리는 부자들만 강탈하네.

밥도 얻어먹고 기생도 부르면서,

당면에 병아리를 졸여먹세.

아편도 피우고

골패도 하네.

부잣집을 먼저 들이치고

그리곤 말을 빼앗네.

돈을 벌려면

붉은 깃발 부잣집 인질을 잡아야지.

멀리를 내다 보면

투항이 제일인줄 알지만,

군자금을 호주머니에 챙겨

사창가를 드나드네.

나야말로 강호의 영웅 되기

딱 맞는 사람일세.

천지가 하루아침에 변할 때

엎어졌다 일어나니 대장부 아닐손가..

이는 유명한 민간 가수 차창복車昌福, 차창유車昌瑜 두 사람이 수집한 마적 노래이다. 민간에 널리 전해진 노래로 마적들의 행태와 심정을 잘 보여주고 있다.

또 다른 예로 손수발孫樹發 선생이 채집한 "마적가요響馬歌謠"는 다음 과 같다.

(1) 핍박으로 양산樂山에 오르니, 싫어도 어쩔수 있나.

　　피붉은 옷을 입었으니, 시위 떠난 화살 돌이킬수 있나!

　　(기왕 마적이 되고 나니 어쩔수 없다)

(2) 마적이 되면 아무 것도 두렵지 않네, 쫓겨도 잡혀도 두렵지 않아.

　　옥살이도 죽음도 두렵지 않네, 머리 떨어져야 사발만한 혼적뿐.

(3) 무리가 잘 되려면 굴 주위 풀은 뜯지 말아야지.

　　주변 재물 탐내면 무리는 곧 망하게 된다네.

(4) 아버지를 모르는게 아니고, 어머니를 모르는게 아니고,

　　산에 올라 마적이 되고보니, 집을 보살필 수가 없다네.

(5) 꽃을 꺾지 않는 마적은 싸워도 부상이 없네.

　　꽃을 꺾는 마적은 싸우면 부상을 입네.(꽃을 꺾는다는 것은 강간을 한다는 의미)

(6) 고생도 위기도 감내하고, 마음도 간도 빼어 놓았네.

　　옥살이도 목숨도 두렵지 않네, 간 작으면 마적밥 먹지를 마오.

(7) 관동산에 이상한 것 있으니 산마다 마적일세.
　　마적없는 산이라면, 정말로 이상한 일이라네.

(8) 마적되니 근심없네, 인질잡기 집털기 자유롭구나.
　　고량진미 계집도박, 물처럼 돈도쓰고 즐거움일세.
　　총칼지닌 산속제왕, 백두산 넘어서서 몽주濛洲로 가자.

이 "마적" 노래는 장평張平 선생이 수집한 것인데, 제보자인 강진립姜振立 선생은 마적에게 납치 당했던 노인에게서 전해 들었다고 한다. 마적들이 흥얼거리는 소리를 듣고 기억하고 있다가 전해준 것이다. 청나라 말 민국 연간에 장백현長白縣에서는 벌목과 뗏목 운반이 활기를 띠었는데, 그 즈음에 현 경내에는 50여 마적 무리에 2, 3천 명이 득실거렸다고 한다. 마적이 현의 도처에서 횡행하였는데, 이 노래에서 말하는 "몽강濛江"은 바로 현재의 정우현靖宇縣이다. 자원이 풍족한 곳에는 다른 곳에서 벌이가 안 되던 마적들이 모여들어 약탈을 일삼게 되었다. 이는 동북 민중들이 겪어야 할 수난이었다.

(9) 7 9는 63, 가난뱅이 사내 눈 한 번 흘기면
　　마나님도 손을 잡고, 아가씨도 인사 하며
　　노마님은 차 내오고, 어른도 무릎을 굽히네.

이 노래는 마적의 행태를 묘사한 것이다. 마적이 군인의 집에 들이닥치면 마적에게 굽신 거리며 특별 대접을 하고 높이 받들어야 했다. 그

렇지 않을 경우 "나는 당신을 알아 보지만, 내 식구(총)가 사람을 알아보지 못한다"는 소리를 들어야 했기 때문이다.

09

마적들의 심리

숨기고 싶은 과거
자랑스런 과거

09 마적들의 심리

숨기고 싶은 과거

마적들의 시대는 과거형이다. 그들의 공간은 한 세기에 가까운 역사의 비바람속에 이미 파묻혀 버렸다. 따라서 옛날 마적 노릇을 했던 사람들은 누구든 과거 이야기 하기를 꺼린다.

동북의 유명한 여 마적이었던 금나비金蝴蝶는 70년대 초까지 살아 있었다. 그들은 자매였는데 성은 유劉씨이고 요령성 해성遼寧省 海城 사람이었다. 어느 날 자매가 읍에서 열린 묘회廟會에 가서 넋을 잃고 구경을 하다가 "꽃치기拍花" 하는 사람에게 잡혀갔다. '꽃치기' 란 당시사람을 속이는 일종의 사기술이었는데, 손에 몽환약蒙漢藥을 바른 다음 납치할 사람의 정수리를 한 번 쳐서 묻히면 그 사람은 귀신도 모르게 따라가게 되어 있었다. 이렇게 잡혀 가던 중 어느 여인숙客棧에서 "쌍하호雙河好" 라는 노우가老于家 무리에게 구출되어 자매가 함께 '풀밭에 떨어졌다.'

'풀밭에 떨어진 (마적이 된)' 후에 언니는 금나비로, 동생은 은나비銀蝴蝶로 불리면서 두 나비는 거의 30여 년 동안 북방초원을 날아 다녔다. 친자매 둘이 함께 마적이 된 경우는 보기 드문 일이었다. 당시 북방에서는 어른 아이 모르는 사람이 없었다. 쌍하호 무리가 마을에 들어오면 사람들은 지붕 위나 나무 위에 올라가 구경하곤 했다.

자매는 붉은 망토를 걸치고 허리에는 쌍권총을 차고 적황색 덮개를 씌운 말 잔등에 늠름하게 앉아 있었다. 이 모습을 보고 어른 아이들 모두 고함을 쳤다.

"달마 조상의 후예라 늠름하네—!"

"당당해! 늠름하고!"

그들은 말 잔등 위에 높이 앉아 두 손을 맞잡으며 고향 마을 사람들에게 존경을 표시했다. "고맙습니다! 고맙습니다!"

이 때는 그녀들에게 빛나는 시간이었다. 나중에 그녀의 무리는 어느 싸움에서 뿔뿔이 흩어졌다. 그 후 언니는 우于씨 성을 가진 사람에게 시집을 갔다가 다시 유劉씨 성을 가진 사람에게 개가를 했었다. 문화대혁명 기간에는 겨우 몸을 피해 반석 역마盤石 驛馬에 있는 어느 산골짜기로 숨어들어 댐을 지키던 장張씨 성을 가진 노인에게 다시 개가를 했다. 동생인 은나비는 더욱 운명이 기구했다. 처음에는 옛날 군관을 하던 사람에게 시집을 갔다가 그에게서 버림받은 뒤, 속아서 산 속에 있는 기생집에 들어갔다가 한을 품고 죽었다. 그때 나이 42살이었다.

이들처럼 마적 활동을 했던 사람, 특히 여성들은 옛날 경력에 대해 한 마디도 하려 하지 않는다. 마적들의 이런 과거 회피 심리를 이수현 소성자향梨樹縣 小城子鄕에 살고 있는 양楊씨 노인은 경험으로 들려준 적이 있다. 그는 오랫동안 사방천지를 돌아다니며 "등짐지기(목수 일)"를 한 사람이었는데, 눈썰미가 좋아서 여러 해 전에 만났던 사람이라도 한 번만 보면 곧 알아보았다.

70년대 어느 날, 그는 동산東山 황니하黃泥河에 가서 일을 하게 되었는데, 길을 가다가 한 사람을 보고는 둘이 다 깜짝 놀랐다. 양 노인은 그 사람을 뚫어지게 살폈다.

그 사람이 물었다. "당신 누구시오?"

"목수 일을 합니다."

"저를 아시나요?"

"금나비로군요."

"네, 그래요."

주위에 다른 사람이 없는 것을 보고, 할머니가 된 금나비는 얼른 양 노인을 한쪽으로 데리고 갔다. "어떻게 저를 알아 보셨지요?"

"옛날에 당신도 집털이를 했지요…"

"옛날 얘기는 하지 마세요."

"왜요? 당신 무리가 마을에 들어와서 우리 집 돼지를 끌어다 나눠 먹었었지."

"지금도 그걸 잊지 않고 있군요?"

"잊을 수가 있어야지요…"

금나비는 40여 년이 지난 지금까지 그때 일을 분명히 기억하고 있다는 사실에 놀라지 않을 수 없었다. 그 해 그녀 무리는 사마가四馬架에서 출발하여 나흘 밤낮을 걸어 "북래北來" 무리의 경계에 이르렀는데 도착하니, 북래 사람들은 벌써 자리를 뜨고 없었다. 별 수 없이 그녀의 졸개들은 백성들의 말과 돼지를 탈취했다. 그 때 양 노인네 집은 마을 서쪽에 살면서 30여 마리 돼지를 키우고 있었는데 금나비의 수하 졸개들이 빼앗아 간 것이었다. 그 때 거기서 집을 관리하고 있었던 양 노인은 기억이 새로웠다.

"그리고 당신들은 우리 큰어머니 댁 아이 경기驚氣를 일으켰지요."

금나비는 머리를 끄덕이며 사실이라고 했다. 마적들이 마을에 들어올 때는 항상 공포를 어지럽게 쏘면서 들어왔기 때문에 사람을 놀래는 일이 많았다. 금나비는 그 일을 잊지 않고 있었다.

"그 벙어리 계집아이 말이지요?"

"옛날에는 벙어리가 아니었다우."

"제발 그만하세요. 양아저씨!"

금호접金胡蝶 은호접銀胡蝶의 부모
1925~1940, 금나비 사평四쭈
은나비 이수梨樹일대에서 활동하였다

금나비 유씨는 부끄러워 어쩔 줄 몰라했다. 그녀는 그 때 일을 생생히 기억했다. 당시 그녀의 무리가 소관둔小寬屯에 들어가니, 사람뿐 아니라 닭도 날고 개도 짖으며 놀라서 온 마을이 난리가 났다. 그 중 한 아낙네는 낳은지 세 달도 채 안된 계집애를 안고 물항아리에 들어가 숨었다.

그런데 공교롭게도 마침 포두砲頭인 최 두령崔老大이 물을 마시려고 물항아리 뚜껑을 열었다가 그 속에 숨어 있는 사람을 발견하였다. 그는 홧김에 총을 들고 아이를 한번 놀래 주려고 했는데 실수로 그만 총이 불을 뿜었다. "꽝" 소리와 함께 물항아리가 깨지고 아낙네가 안고 있던 아이는 "와" 소리를 내며 울었는데 그 때부터 아이는 말을 듣지도 하지도 못하였다.

금나비는 다른 사람이 지난 일을 이야기하는 것을 꺼려했다. 해방

후에 그는 여러 번 이사를 했다. 사는 곳을 아는 사람이 있을까 두려웠기 때문이다. 사람을 만나기를 몹시 싫어했고 다른 사람이 그녀의 내력을 알까 걱정했다. 그래서 평야지대에서 산 속으로 이사를 왔는데, 양노인을 만나고 만 것이다.

마적 노릇을 했던 사람이나 가족들은 다른 사람들이 옛날 일을 알거나 이야기하는 것을 꺼려한다. 이것은 인지상정일 것이다. 사회적인 환경이 변했고, 그나마 그들을 이해해 주던 노인들은 저 세상 사람이 되었고, 보통 사람들은 마적이 가지고 있는 진정한 의미를 이해하지 못하고 있다. 이런 상황이니 사람들이 과거 마적활동을 했던 사람들에게 우호적인 태도를 보일 수는 없는 것이다. 이것이 그들이 두려워하는 원인의 하나이다. 게다가 그들은 자기 주변 사람들이 연루되어 화를 입을까 걱정하기도 한다. 또 자신들이 사회적으로 오해를 받을까 두려워하기도 한다. 그래서 세상을 등지고 조용히 살려고 하는 것이다.

자랑스런 과거

마적 활동을 하였던 사람들은 대체로 지난 이야기 하기를 꺼린다. 그러나 오히려 여자로 마적 활동을 했던 사람들이 과거 이야기를 기꺼이 했다. 이것은 아마 일종의 반발심 때문일 것이다. 여자 마적들이 과거 얘기를 즐거이 하는 이유는 무엇인가.

첫째, 세상 사람들이 호기심을 가지고 관심을 보여주기 때문이다. 사람들은 대개는 사회적 여건상 여자는 마적이 될 수 없다고 생각하기 때문에 여자가 마적을 했다면 신기함을 느끼게 마련이다. 그런데 마적이었던 것이 틀림없는 여자라면 사람들은 그녀의 경력을 더욱 기이하게 받아들이면서 오래 기억하게 된다.

둘째, 숫적으로 얼마 되지 않기 때문에 자신들도 일종의 자부심을 가지고 있었다. 여자 마적이 얼마 되지 않기 때문에 그들은 자신이 "출중"하다고 생각하면서, 세상의 평판과 인식에 걱정하고 두려워하는 마음이 완화된다.

셋째, 기구한 인생을 심리적으로 보상받는 자랑스런 경력으로 인식하고 있다. 마적이 된 여성은 대개 고통스럽고, 기이한 경력을 가지고 "어쩔 수 없이" 마적이 된 경우다. 따라서 이런 경력은 그녀들에게 자랑스런 역사가 되고, 자신을 과시하는 자료가 되는 것이다. 이 또한 그녀들이 자기 경력을 즐겨 이야기 하는 원인의 하나이다.

일반적으로 여자들의 입을 열게 하기란 쉬운 일이 아니다. 그러나 여성들은 일단 입을 열기만 하면 그칠줄 모르고 생동하는 이야기를 도도히 이어간다. 신비로운 전기적 색채까지 띠는 이야기 줄거리를 풀어놓는다. 우복于福의 마누라가 마적이 된 이야기가 이런 종류일 것이다. 우복은 농안 진시강農安 榛柴崗 지역에 살던 사람인데 마누라가 둘이었다. 큰 마누라는 성격이 온순하고, 둘째 마누라는 성격이 사납기로 이름이 났다. 이 일대의 마적들이 일찍이 그 집에 눈독을 들이고 있었는데 둘째 마누라가 영리한데다 사나워서 손을 대지 못하고 있었다.

그러던 어느 날 마적들은 우복의 둘째 마누라가 북쪽 콩밭에 동부콩을 따러 갔다는 말을 듣고, 길가는 사람인 척하고 그 집에 들어가서 말했다.

"우복씨 계세요?"

"바로 나요."

"당신 마누라가 아파서 밭에 쓰러 졌어요!"

"정말이요?"

"거길 지나가는데 소식을 전해 달라고 합디다!"

평시 둘째 마누라를 극진히 아끼던 우복이었다. 마음이 급했다. 납치 당하는 것 따위는 다 잊어 버리고 피던 담뱃대를 내동댕이 치고 그 사람을 따라 울안을 나왔다. 대문을 막 나섰을 때 마적들은 그의 입을 틀어막고 마대자루에 넣어 납치해 갔다.

그 때 큰마누라는 이웃집에 마실을 갔었는데 집에서 무슨 일이 일어났는지는 주의하지 않았다. 둘째 마누라가 밭에서 채소를 따가지고 돌아 오는데 울안에 들어서자 바로 이상한 느낌이 들었다. 웬 일인지 남편 신발 한 짝이 땅에 엎어져 있었다. 방안에 들어가 보니 남편은 그림자도 보이지 않았다.

그녀는 다급히 불렀다. "형님! 큰 형님!"

"여기 있어!"

큰마누라가 대답하며 다가왔다.

둘째 마누라가 물었다. "주인은요?"

"모르겠는데."

"형님, 언제 나갔셨었어요?"

"방금 나갔었지. 나갈 때까지만 해도 집에 계셨어!"

"헌데 이것 보세요…" 둘째 마누라는 땅에 떨어져 있는 신짝을 가리키며 말했다. "아무래도 일이 벌어진 것 같아요!"

큰마누라는 그 말을 듣자 울음부터 터뜨렸다. "하— 느 — 님 맙 — 소—사—!"

둘째 마누라가 화를 냈다. "울면 뭐해요! 어서 찾아야죠. 내 먼저 찾아 볼께요!"

마적 소백룡小白龍이 두목 도희산陶喜山을 제사하는 장면

그녀는 몸을 돌려 집으로 들어가 방바닥 밑에서 권총을 꺼내 들었다. 남편이 평소 호신용으로 가지고 있던 것인데 그녀도 조금 만져 보았던 터라 쓸 줄은 알았다. 그리고는 다시 뒤뜰 방앗간에 가서 쌀을 찧고 있는 말을 풀어 타고 먼지를 날리며 후강後崗으로 달려갔다.

큰마누라는 흙먼지가 나는 것을 보고서야 마음이 조금 안정되어 남편을 위해 맘속으로 기도하였다. 동서는 참으로 용감해요. 나중에라도 당신 좀더 사랑해주세요. 정말 감탄할 만한 여걸이예요.

담배 한 대를 피울 시간이 지나서야 둘째 마누라는 멀리 남편을 끌고 도망하는 무리를 볼 수 있었다. 그녀는 말을 채찍질 하여 총을 쏠 수 있는 거리를 두고 앞을 가로 막아 섰다. 마적들은 급급히 길을 재촉하다가 문득 멀리 그들을 가로막고 있는 사람을 보고는 걸음을 멈추고 물었다.

"누구냐?"

둘째 마누라: "난 나다."

마적들 : "팔목을 눌러."

둘째 마누라 : "불을 싸 잡아라!"

마적들은 그 말을 듣더니 급히 말했다. "쏘지 마시오." 마적들의 은어를 제대로 하려면 둘째 마누라는 "불을 꺼!" 라고 했어야 했다. 그러나 상대는 그녀가 마적 내막을 아는 사람임을 알고 자세히 보다가 그만 깜짝 놀랐다. 무서워하면 나타난다더니 바로 그 우복의 마누라가 나타났던 것이다. 마음이 당황되었다. 그 중 한 마적이 정신을 수습하여 동료를 안정시키려했다. "진정해, 당황하지 마. 내가 말을 걸어보지."

그 마적이 물었다. "왜 그러는 거요?"

"가리개를 벗겨!(우복의 입을 막은 천을 벗기라는 뜻)" "즉각 사람을 풀어놔!"

그러나 마적들은 일부러 움직이려하지 않았다.

그 때 우복은 마대 속에 들어 있었다. 마적들은 그녀가 어떤 행동을 할지 움직임을 지켜보고 있었다. 바로 이 때였다. "땅" 소리와 함께 그녀 손에 있던 총이 소리를 내자, 말을 걸던 사람이 "아이쿠" 하더니 오른쪽 귀에 구멍이 뚫렸다. 마적들은 다시 당황했다. 그러나 당황중에도 인질을 놓아 주려 하지는 않았다. 순간 다시 "땅" 하는 소리가 나더니 왼쪽 귀에 또 구멍이 났다. 우복의 마누라는 총구멍을 공중에 향해 들고 말도 없었다. 총구에서는 하연 연기가 피어 올랐다.

마적들은 한놈 한놈 모두 겁을 잔뜩 집어 먹었다. 안되겠다 싶던지 말했다. "우복이를 풀어줘라."

이때 우복이 집에서 사람들이 말을 타고 도착했다. 그들은 둘째 마누라가 남편을 부축하여 마치 산보하듯 걸어오는 것을 보았다. 고개를 넘어오다가 다가오는 사람들을 향해 우복은 욕을 퍼부었다. "밥통 놈들, 둘째 마누라 한 사람보다 못하구나!" 그들은 머리를 숙이고 아무 말 못했다.

그 후 세상이 어지러워지면서 우씨네 집 식구들도 뿔뿔이 흩어지게 되었다. 분가를 해 나올때 우복은 아무 것도 요구하지 않았다. 노친이 물었다. "무얼 바라는지 말을 해야 할께 아니냐?" 우복이 말했다. "전 둘째 마누라만 있으면 되요."

마적 일지화—枝花
만주국 시절 오상五常일대에서
활동하던 여마적 두령

아버지와 어머니는 그런 그를 탐탁치 않게 보았지만 그래도 우복은 그뿐이었다. 이 해 겨울 우복은 북황北荒에서 "천연호天緣好"의 두목이 되었는데 어디를 가던 늘 둘째 마누라를 데리고 다녔다.

어느 해인가 그들 무리는 "카라치卡拉氣라고 하는 몽고족 마을에 들어갔는데, 그 곳에 살고 있던 여자들이 오랫동안 남자 구경을 하지 못했던 차라 우복이를 깜쪽같이 약탈해 달아났다. 그 날 무리에서 우복의 마흔 살 생일을 축하하고 있었는데 한 밤중에 소변을 보러 나갔다가 뜻밖에 몽고 여인들에게 말에 묶여 납치되어 갔다.

세월이 흐르고, 몽고 여인들은 그를 데리고 외몽고外蒙古의 아바산阿巴山 지방으로 데리고 갔다. 그 곳은 인가도 없는 끝이 보이지 않는 초원이다. 그를 데리고 간 두 여인은 자매였는데 우복이를 보물단지처럼 아껴 주었다. 그러나 저녁에 잠을 잘 때를 제외하고는, 낮이면 그를 결박해 놓고 자매가 함께 소양을 방목하러 나갔다.

그렇게 눈 깜짝할 사이에 몇 년이 지났다. 두 자매에게 시달린 우복은 예전 모습을 잃어갔다. 게다가 두 자매 모두 우복의 아이를 낳아 벌써 아버지를 부를만큼 자랐다. 여인들과의 정도 나날이 깊어졌다. 어느 날 우복은 여자들에게 청했다. "묶어놓지 말아! 말똥도 줍고, 불도 피고, 밥도 할 수 있지 않아." 나중에야 자매는 그 망망한 초원에서 우복이 도망칠 수 없다고 생각하고 그 말을 들어 주었다…

그 4년 동안 우복의 마누라는 쉬지 않고 남편을 찾아 헤맸다. 남편이 죽지 않았다고 굳게 믿고 있었던 것이다. 그러다가 결국 몽고 초원에까지 이르게 되었다. 그녀가 남편을 찾는 방식도 독특했다. 흰 천으로 깃발을 만들어 위에는 독수리를, 아래에는 "우복" 두 글자를 수 놓았다. 여름이건 겨울이건 가리지 않고 등 뒤에 그 깃발을 꽂고 다녔다. 멀리서 바라보면 마치 한떨기 하얀 꽃처럼 푸른 초원 위에 나부꼈다. 겨울에는 망망한 설원 위에 춤추는 듯 보였다.

이 해 여름, 그녀는 마침내 자매가 살고 있는 목장에 이르렀다. 이 날 자매는 초원 멀리 나가고 우복은 결박에서 풀려 아이들과 몽고 빠오(천막집) 문 앞에서 놀고 있었다. 갑자기 그는 멀리서 나뿌끼며 다가오는 흰 구름을 보았다. 그런데 그것은 구름이 아니었다. 둘째 마누라가 탄 말이었다. 그녀의 등뒤에 휘날리는, "우복" 이라는 두 글자가 씌여있는 망토가 분명히 보였다. 우복은 둘째 마누라가 그를 구하러 왔음을 알고 웨쳤다.

"여보—!"

둘째 마누라는 남편을 알아보고 뛰어 왔다. 그도 그녀에게 뛰어갔다. 그런데 그의 등 뒤에서 두 아이가 두 팔을 벌리고 불렀다. "아빠—! 아빠—!"

둘째 마누라가 말했다. "웬 일이예요? 이 아이들은?"

우복: "당신이 오지 않았으면 더 많아졌을거요!"

지은이 (차오빠오밍曹保明과 마적 일지화의 딸)

"그럼 어떻게 하죠?"

"걱정 할 것 없어…"

우복은 아이들의 절망적인 울음소리를 뒤로 하고 둘째 마누라의 말에 올라탔다. 둘은 지평선을 바라보며 질풍같이 달려나갔다.

그런데 공교롭게 바로 이때 두 자매가 방목을 마치고 돌아 오고 있었다. 그들은 우복이 도망치는 것을 보고 끈질기게 뒤를 쫓아 왔다. 앞에 큰 강이 나타나 우복이와 둘째 마누라는 길이 막혀 버렸다. 몽고족 자매도 멈춰 섰다. 여덟 개의 눈이 서로 마주 쳐다 볼 뿐, 모두 무슨 말을 해야할지 몰랐다. 그래도 몽고족 자매가 먼저 입을 열었다. "일이 이렇게 되었고, 자식도 두었으니 언니께서 양보해 주시지요…"

우복의 둘째 마누라가 말했다. "사리가 분명해야지. 몰래 내 남편을 납치해 왔으니 말이 안돼."

"이번 한 번 뿐이예요."

"한 번이라도 안 돼."

"그럼 강제로라도 데리고 가야지요!"

"절대 안 돼…"

양쪽 누구도 지려 하지 않았다.

마침내 몽고족 언니가 말했다. "본인이 선택하게 하는 것이 어때요?"

둘째 마누라는 잠깐 생각하다가 좋다고 했다.

우복은 둘째 마누라의 몸 뒤로 물러 서며 큰소리로 말했다. "난 둘째 마누라와 집에 돌아갈 꺼다. 초원에는 안 가!"

두 몽고족 자매는 울었다. 절망적으로 울었다. 그리고는 마지막으로 우복이를 한번 쳐다 보고는 말머리를 돌려 초원 저 멀리로 사라져갔다.

둘째 마누라가 우복이를 구출한 이야기는 몇 년이 지난 후에는 그녀의 자랑스런 과거가 되었다. 그녀는 사람들에게 그 이야기를 기꺼이 하게 되었다. 거기에는 그녀의 용기와 지략이 표현되어 있었던 것이다. 나중에 그녀는 "추자리秋子梨"라는 호칭을 가지게 되었는데, 우복이는 그녀와 함께 무리의 두목이 되었다. 어느 곳에 가던 "당신 누구요?" 하고 묻는 사람이 있으면 그녀는 "난…" 하면서, 보자기에서 추자리(산에서 나는 야생 배)를 꺼내 공중에 던진 다음 그걸 쏘아 가루를 만들었다.

그러면 사람들은 깜짝 놀라 말했다. "아, 추자리 두목이시군요!" 그 후 북방에는 그녀에 대한 여러 전설이 전해지게 되었다.

여성이 마적이 되고, 더구나 탁월하게 업적을 이룬 경우는 드물다. 그렇기 때문에 어느 정도 그런 지위에 올라간 여인들은 그 사실을 속이려 하지 않고 남에게 즐겨 이야기를 한다. 이야기를 듣는 여인들도 여자 마적에게 동정심을 가지기 때문에 더욱 공감대가 형성된다.

10
마적 명칭의 배경

사격술
소굴 지명
세상 평판
재운 기원
구체적 사건
기념적인 표현
위세 과시
특징 표현
속도 자랑

10 마적 명칭의 배경

 마적들은 모두 호칭을 가지고 있는데 "별명"이라고 하기도 한다. 기록에 의하면 이런 호칭은 동한東漢 시대부터 보인다고 한다. 호칭은 이름 대신으로, 사람 이름을 은유적으로 표현한 것이다. 그런 호칭은 그 사람의 성격이나 행위의 특징을 잘 보여 준다. 후한서後漢書『주휴전朱携傳』에는 다양한 호칭이 보인다. "황건黃巾 이후에도 흑산黑山, 황룡黃龍, 백파白波, 좌교左校, 곽대현郭大賢, 우씨근于氏根, 청우각青牛角, 장백기張白騎, 유석劉石, 좌자左髭, 장팔丈八, 평한平汗, 대계大計, 사체상재司棣橡哉, 뇌공雷公, 부운浮雲, 비연飛燕, 백작白雀, 양풍楊風, 우독于毒, 축녹丑鹿, 이대목李大目, 백속白續, 휴고畦固, 고주삼도苦酒三徒 등이 각각 산골짜기에서 일어났다.…" 여기에 보이는 것처럼 수많은 고대 마적들도 그들 나름의 호칭을 가지고 있었음을 알 수가 있다.
 가령 말소리가 크거나 목소리가 높은 사람일 경우 "뇌공雷公"이라 불렀는데, "위풍당당하다"는 의미도 내포되어 있다. 백마를 타고 다니면 "장백마張白馬", 행동이 민첩하면 "비연飛燕"이라고 불렀다. "장팔丈八"이란 키가 큰 자를 이른 것이었다. "대계大計"는 모략과 지혜가 뛰어난 사람을 가리켰다. 눈이 큰 자는 "대목大目"이라 불렸다.

수염이 많아서 "우씨근于氏根"이라는 이름을 얻었다면 그 사람의 성씨는 우씨이다. 이런 호칭은 그 사람의 성씨와 성격, 외모를 같이 결합시킨 것이다. 이렇게 호칭은 그 나름의 근거나 이유를 가지고 있다. 특징을 포착해서 이름 지은 것을 그대로 호칭으로 삼아 부르기도 하였다. 한 마디로 호칭은 특징을 보여주는 또다른 이름이라고 할 수 있다.

마적들은 저마다 호칭을 가지고 있었다. 이름 외에 "별명", "별호" "작호綽號", "혼호渾號 라고 짓는 것을 모두 "호칭報號"이라 했다. 동북 마적의 호칭은 셀 수 없이 가지각색이었다. 그러나 종합 해 보면 결국 9가지 범주를 넘지 않는다. 즉 "사격술", "근거지", "민의民意", "재물", "어떤 사건", "기념紀念", "위세威武", "특징", "속도" 등의 특징을 가리킨다. 대개 활동양태와 관련 시킨 것들이다.

사격술

동북 마적들은 사격술에 주목하여 호칭을 부르는 경우가 제일 많았다. 가령 "쌍표雙鏢", "곤지뢰滾地雷", "쾌총 임삼快銃林三" 등이 그에 속한다. 집 털기, 인질 납치, 의거義擧, 보복 등 마적들의 활동이 모두 '화력 좋고 백발백중管硬, 管直'해야 하는 사격술이 필요한 것이었기 때문이다. 무리에 가담하는 졸개들도 무엇보다도 사격술이 뛰어 나야 했다.

그들은 항상 사격 훈련을 실시했다. 예를 들면 방안에 모여 앉아 창 밖에 쑥이나 화살대를 꽂아 놓고 겨루었는데, 두목은 보통 이런 사격을 잘하여 이름이 났다. 무리의 내외무 8소두목과 보좌 소두목四梁八株, 그리고 큰 두목은 대개 "쌍총"을 사용했다. 이들은 말을 타고 좌우 양쪽 목표물을 쏠 수 있고, 하늘의 새를 쏘아 떨어 뜨리고, 밤에는 향의 불꽃을 쏘기도 하였다. 코를 쏜다면서 눈을 맞히는 일은 결코 있을 수 없었다.

"쌍표"란 별명의 내력을 들어보자. 한 번은 그가 혼자 큰 차를 털게 되었다고 한다. 그는 장사꾼 행세로 그 차에 타고서 수수밭 근처에 가서 행동을 개시하기로 마음먹었다. 그런데 마차가 길을 가고 있는데, 멀리서 말을 탄 사람 두 놈이 나타나서 고함쳤다. "서라! 누가 주인이냐?"

강도였다. 강도가 강도를 만난 것이었다. "쌍표"는 속으로 화가 치밀었다.

"내가 주인이다!"

그 두 놈이 물었다. "총이 있느냐?"

"있다."

쌍표가 말하면서 품에서 총 한 자루를 꺼내 십여 보 밖으로 던졌다. "직접 가져 가." 두 놈은 그것을 보자 다투어 말에서 내리더니, 허리를 굽혀 총을 주으려 했다. 바로 그 때 쌍표는 목덜미 뒤에서 두 자루 총을 꺼내 양손으로 "탕 탕" 쏴 눕혔다. 그리고는 혼잣말로 말했다. "눈 먼 놈이군. 내가 뭘 하는 사람인지 몰랐구나!" 그리고는 차 주인에게 양 손을 맞잡고 인사를 했다. "주인 어른, 놀라셨우? 내가 오늘 당신 차를 빼앗으려고 했는데, 뜻밖에 이 두 놈이 대신 죽었군. 됐어! 당신들은 가시오!" 그는 두 시체를 수수밭에 끌어다 버리고, 한 필은 타고 나머지는 한 필은 끌고 가버렸다. 이로부터 이 일대에서는 그를 귀신 같은 쌍 총잡이라고 "쌍표"라고 부르게 되었다.

마적 대래호大來好 본명 왕지명王芝明
길림, 반석磐石, 이통伊通, 쌍양雙陽 일대에서 매우 유명하였다

소굴 지명 地盤

지명地名, 근거지地盤, 장소地點, 산 이름을 따서 호칭으로 사용하는 경우도 흔히 있는 일이다. 무리는 모두 자기의 영역을 가지고 그 지역을 활동 범위로 삼았다. 다른 무리들이 거기에 들어오는 것은, "근거지를 새로 여는 행위"로, 남의 터를 점령하는 것이므로 용납하지 않았다. 한 무리의 호칭이 근거지나 지명 이름을 따서 지은 것이라면, 그 곳이 그 두목의 텃밭임을 말해 주는 것이다.

가령 "상산호常山虎", "토강룡土崗龍", "음산陰山", "수변水邊", "점동강占東崗", "노삼성老三省", "삼단주三團主" 등이 그에 속한다. "노삼성"은 날 때부터 자신이 동북 3성의 주인이라는 생각을 가지고 있었다. 일본사람들이 동북을 침략하자 그는 공산당에도 국민당에도 의지하지 않고, 홀로 동북 삼성이 일본 손에 떨어지면 "노삼성" 자신도 존재할 수 없다고 생각하기에 이르렀다. 그리하여 일본인과 싸워야 하겠다고 마음을 먹고 몇몇 마적 무리와 연합하여 일본인들과 싸웠다.

세상 평판 民意

마적들은 제 아무리 흉악해도 백성에게 죄 짓는 것을 달가워 하지는 않았다. 그들도 부모를 모신 백성이라고 생각하였기 때문이다. 때로 관병이나 다른 부대에게 쫓기는 신세가 되면 그들도 친구나 마을 사람의 집에 들어가 숨을 필요가 있기도 하였다.

그런 이유가 아니라도 마적들도 나쁘다는 소리를 듣기를 무서워했다. 심정적으로나 활동상 좋지 않다고 생각하기 때문이다. 그래서 그들의 호칭도 세상의 평판을 염두에 두고 짓게 된다. 가령 "남래호南來好", "북래호北來好", "동래호東來好", "서래호西來好", "일강호一江好", "양강호兩江好", "삼강호三江好", "오강호五江好", "구강호九江好", "반랍호半拉好", "대가호大家好", "가량호哥倆好", "청산호靑山好", "녹림호綠林好" 등이 그런 것들이다.

재운 기원 財氣

마적들이 무리를 세우는 것은 모두 돈을 벌기 위해서다. 그래서 어떤 두목들은 "재물"이 강조되는 호칭을 정하기도 한다. 가령 "보주寶主", "금국金局", "은퇴銀堆", "금섬섬金閃閃", "개문보開門寶", "출문보出門寶", "보성寶盛" 등이 그에 속한다. 재물를 표현할 수 있는 형용사는 대체로 "금은재보金銀財寶" 외에 더 이상 우아한 호칭을 짓기는 어려운 일이다. 따라서 이와 같은 호칭이 흔한 것이다. 글을 좀 아는 무리의 두목은 "재물"를 가지고 호칭을 정하더라도 "연삼강連三江", "재신야財神爺", "비호단飛虎團(액면이 큰 돈을 가리킴)" 등으로 의미를 확장하여 호칭을 짓는 수가 많았다.

구체적 사건 一件事

돌발적으로 벌어진 어떤 사건이 무리 명칭이 된 경우도 적지 않다. "순풍이順風耳"가 그 경우이다. 1919년 농안 북황어農安 北黃魚 일대에 "순풍이"라고 부르는 마적 무리가 일어났다. 젊은 시절 그는 사격술이 뛰어나 어느 부호의 과수원을 지키게 되었다. 과수원은 매우 넓었지만, 밤중에 과일나무에 귀만 갖다 대도 누군가 과일 훔치러 왔다는 것을 알 수 있을 정도로 기막힌 재주가 있었다. 그런데 타지방에 갔다가 돌아온 주인 집 아들은 그의 이런 능력을 믿지 않았다. 이날 밤 주인 아들은 과수원에 과일을 훔치러 들어갔다.

깊은 밤이 되자 "순풍이"는 바람에 풀과 나뭇잎이 움직이는 소리를 듣고 바로 누군가 과일을 따는 것을 알았다. "됐어. 몇 개만 따가지고 가거라!" 그러나 주인집 아들은 그가 모르면서도 아는 척 한다고 생각하여 그대로 계속 과일을 땄다.

순풍이가 말했다. "그만하고 가지 않을래?"

그래도 아들은 계속 과일을 따면서 그의 능력을 시험해 보려고 하였다. "순풍이"는 화가 치밀어 올라 "소매속 칼袖箭"을 날려 주인의 아들을 쓰러 뜨렸다.

얼마 후 그는 산을 차지하고 마적 두목이 되었고, 사람들은 귀가 밝다고 "순풍이"라 부르게 되었다.

무송撫松에 있던 '얼굴 바꾸지 않는다'는 뜻을 지닌 "유불개면劉不開面"이라는 마적의 별명은 같이 무리를 일으켰던 친지를 처벌하면서, 누구도 용서하지 않고 규칙을 지킨다고 하여 얻게된 것이었다. 처음에 "타득호打得好"로 불렸던 "대래호大來好"는 길림吉林의 야포단野砲團에서 나올 때, 싸우면서 퇴각하면서 치열한 전투를 거치게 되었는데, 이 과정에 부전신傅殿臣이 인마를 파견하여 구출하고는 싸움을 잘한다고 지어준 이름이다.

기념적 표현 紀念

특정한 사건 때문에 이름이 붙여지는 것과 비슷한 경우로서, 어떤 무리의 명칭은 기념적인 성격을 가지고 있었다. 주로 무리가 기존의 소속을 바꾸면서 명칭을 바꾸는 경우가 많았다. 또 무리를 일으키기 전에 특별한 일이 있었을 경우 그것으로 명칭을 삼았다.

예를 들면 "천산갑穿山甲"은 무송撫松에서 무리를 지었는데 원래는 혼자 뛰던 마적이었다. 1937년 어느 여름 밤, 그는 숙소를 찾는 척하면서 "통나무집木房子"의 주인인 "산양자山場子 지주大財東"집에 들어가 혼자 '가마 깨기'를 해서 금화 은화를 한짐 지고 도망갔다. 사병私兵들이 발견하고 추격했으나 그는 제비처럼 날렵하게 산을 넘고 강을 건너 순식간에 멀리 도망쳐 버렸다. 그로부터 그는 자신을 "천산갑"이란 이름으로 부르기 시작했는데, 바로 그 때의 성공을 기념하기 위한 것이었다.

"포타일면包打一面"도 비슷한 경우이다. 원래 그는 한 마적무리의

포두砲頭(명사수)로 명칭이 없었
다. 후일, 어느 날 집털이에 나
갔는데, 관병에게 포위되었다.
그러자 그는 두목에게 말했다.
"형님, 형제들을 거느리고 퇴
각하십시오! 내 이쪽을 막을께
요!"

"막을 수 있겠나?"

"걱정하지 마십시오! 이쪽
은 제게 맡겨주십시오!包打一面"

두목은 무리를 데리고
먼저 퇴각하고 그는 혼자

일본인에게 살해된 김점쌍金占双(왼쪽)
오상五常 일대에서 활동하였다

굽은 나무 뒤에 숨어, 양 손에 총을 잡고 퇴각로를 막았다. 날이 밝도록
홀로 싸워서 관병은 한 명도 올라 오지 못하였다. 그 후 얼마 되지 않아
두목이 병사하게 되자, 무리에서는 그를 두목으로 천거했다. 그런데 명
칭을 어떻게 부를까? 어떤 사람이 의견을 냈다. "그때 당신 혼자서 뒤를
막고 싸워 밤새도록 관병 한 명 올라오지 못하지 않았습니까? 한쪽을 맡
았으니 '포타일면' 이라 부르지요!" 그도 그 말에 동의하여 이 기념적
인 명칭이 붙여지게 되었다. 이런 유형의 명칭은 아주 많았는데, 대개는
자신들의 무훈을 기념하기 위한 것이었다.

"소백룡小白龍"이라는 이름은 보다 기념적이되 보다 종합적이다.
본인 말에 의하면, 첫째 고향이 산서성山西省의 백석묘촌白石廟村이어서
"백"자를 땄고, 부친의 이름이 왕희륭王喜隆(조부의 이름은 王廷崇)이어서
"융隆"과 음이 같은 "용龍"자를 더하고, 젊고 늠름하고 현실적이라는

마적 노북풍老北風

뜻으로 "小"를 붙였다고 한다. 그리고 북쪽에 흑룡강黑龍江이 있으니 자신이 "백룡白龍"이 된다면, 남북에서 용이 꿈틀댈 것이라고 생각했다고 한다. 이 이름도 기념적인 명칭이라 할 수 있을 것이다.

위세 과시 威武

마적 노릇을 하는데 제일 중요한 것은 총을 잘쏘고, 대담해야 한다는 것이다. 즉 반드시 '사내' 다워야 한다는 것이다.

위세있는 기질을 표현해서 명칭을 부르면 다른 사람에게 강한 이미

지를 심어주게 된다. 이 또한 동북 마적
명칭의 큰 특징이다. 사나운 동물의 이름
을 딴 것으로는 "하산호下山虎", "비룡飛
龍", "산표자山豹子", "야마野馬", "대룡
大龍", "좌산조座山雕", "이룡二龍", "금룡
金龍", "쌍룡雙龍", "천조룡千條龍", "소백
룡小白龍", "흑룡黑龍" 등을 들 수 있다.

사격술이 뛰어난 것을 표현한 이
름으로는 "한쪽 막기包打一面", "명
중打得好", "쌍표雙鏢", "곤지뢰滾地
雷", "화신야火神爺", "신창마神槍馬" 등이 있다.

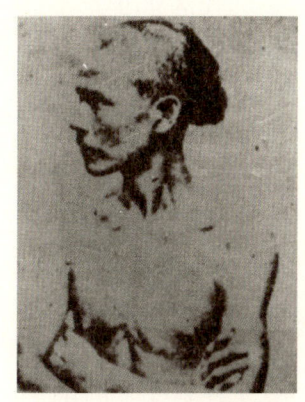

마적 백랑白狼
하얀이리 라는 뜻을 가진 그는 (1920~1945)
경박호 일대에서 활동한 두목이다

사나운 용맹을 따서 지은 것으로는 "노북풍老北風", "한쪽 막기",
"유대마봉劉大馬棒", "서대마봉徐大馬棒", "서노수徐老帥", "쌍승雙勝",
"만승萬勝", "송사령宋司令", "대위大威", "점승占勝", "상승常勝", "후노
수候老帥", "북패천北覇天", "남패천南覇天", "타룡馱龍", "타호馱虎" 등이
있다. 이런 유형 명칭이 동북 마적들 중에 제일 많았다.

특징 표현

주로 외모상의 특징을 표현하여 지은 이름을 말한다. 가령 "장팔
丈八"은 키가 한 길 여덟 자 짜리 창처럼 크다는 것이고, "흑탑黑塔"은
몸통이 굵고 피부색이 검은 것을 의미한다. "큰 눈이大目", "부채 귀
扇耳" 등도 마적들의 외모적 특징을 따서 지은 명칭이다. "소백룡小白龍"
역시 그 사람의 외모가 멋있고 기백이 있다는 것을 가리킨다.

짓기도 쉽지만 전파도 잘되고, 또 듣기도 좋고 부르기도 좋기 때문에 생긴 모습에 따라 명칭을 짓는 것도 마적들에게 보편적인 방법이었다.

속도 자랑

당시에는 교통이 매우 불편하여 마적들이 움직일 때는 거의 말에 의지해야 했다. 따라서 말을 가진 무리가 있으면, 말이나 마차 등 교통수단을 가지지 못한 무리에서는 자연히 그들을 부러워할 수밖에 없었다. 그래서 마적들은 행동의 신속함을 표현하여 이름을 짓기도 하였다. 가령 "강류자崗溜子", "일고풍一股風", "선풍대旋風隊", "초상비草上飛", "야마野馬", "비호飛虎", "쾌마임삼快馬林三" 등이 그에 속한다.

마적의 명칭과 그 유형에 대한 분석을 통하여 우리는, 일부 중국 고대 사대부들의 가르침을 따라 지은 이름을 제외하고는, 대체로 위세있고 거친 의미를 명칭화하고 있음을 알수 있었다. 동북은 산림이 울창하고 물산이 풍족하여 침략자들의 욕심을 불러 일으켰고, 또 실제 침략대상이 되기도 하였다. 역대의 제왕이나 고관대작들은 산간의 보물을 진상품으로 바치도록 백성들에게 강요하기도 하였다. 따라서 무리를 일으킨 마적들은 위세와 용맹으로 이런 침략과 요구에 대응하지 않으면 안되었다. 따라서 이들의 거칠고 위풍 당당한 명칭은 재미있을 뿐 아니라 사회학적으로도 중요한 의미가 있다고 생각된다.

11

마적의 은어

11 마적의 은어

언젠가 마적 무리가 마을에 들어 왔다. 그들은 어느 할머니가 사는 집에 가서 물었다.
"할머니, 깨끗한 여자 있어요?"
"없습니다. 조금 더러운 여자가 있다우…"
"어디 있어요?"
"친정에 갔는데!"
마적은 껄껄거리며 웃었다. "여자가 아니라 제 말씀은, 방 빗자루를 찾는 겁니다!"
또 한 번은 마적들이 어떤 집에 들어가 할머니 한 분이 방안에서 맷돌을 돌리는 것을 보고 물었다.
"마른 나뭇가지 있나요?"
할머니가 말했다. "없우, 모두 새로 베어 온 거라우."
마적이 웃으며 말했다. "나무가 아니라 제 말씀은 당면 말예요…"
마적들과 이야기를 나누다 보면 그들은 자연스럽게 재미있는 자기들만의 용어나 은어를 사용하고 있음을 알 수 있다. 이런 그들만의 비유적 표현들은 조사자가 주의하지 않으면 흘려 버리기 십상이다.

성씨가 무엇이냐고 물으면 그들은 흔히 이런 식으로 대답한다.

"성이 뭐냐구요?"

"손을 뺍니다." 라고 대답한다. 그러면 알아 챈다.

"아, 이주인이시군요啊 李掌櫃的"

이는 두 손雙手을 뽑아 함께 소매袖子 속에 넣는다는 의미를 취한 것이다.

"물 흐르는 대로 끌지요" 하고 대답하면, 질문한 사람은 눈치를 채고 대답한다.

"아, 劉 주인이시군요."

이것은 流動하는 물의 성격을 가지고, 즉 流를 가지고 劉씨를 표현한 것이다.

사방 방위를 가리킬때 그들은 흔히 "남쪽은 양지쪽陽, 북쪽은 터진 쪽裂, 동쪽은 넘어진 쪽倒, 서쪽은 끊어진 쪽南陽北裂, 東倒西切"이라고 표현한다. 그래서 무리가 출발할 때 어느 쪽으로 간다는 말을 그들은 이렇게 말한다. "양지쪽陽臉으로 간다(남쪽으로)". "터진쪽裂臉으로 간다(북쪽으로)". "넘어진 쪽倒臉으로 간다(동쪽으로)". "끊어진 쪽切臉으로 간다(서쪽으로)". 여기서 쪽臉은 "얼굴바탕臉面", 즉 넓은 장소를 가리키고 '양지陽' '찢어진裂' '넘어진倒' '끊어진切' 이 네 방향을 가리킨다. 민간에서의 방위 칭호와 은어가 결합되어 있는 양상이다.

"네 꼭지 궤짝을 찬다踢四点櫃子"라는 말은 성을 공격한다는 뜻이다. 당시에 "네 꼭지 궤짝"은 사평四平지방 동북쪽에 있는 곽가점郭家店을 가리키기도 했다. 이는 그들이 이 지역일대에서 활동을 하면서, 일상 용어를 가지고 특정 지명으로 사용하고 있다는 사실을 말해 준다. 이런 언

어느 외부사람은 알 수가 없고 내부사람들끼리만 아주 익숙하게 된다. 동시에 이런 예는 당시 곽가점이 얼마나 중요한 지리적 위치에 있었는가를 말해 주는 증거이기도 한다.

당시 마적 활동을 하는 두 사람이 만나면, 각자 두 손을 서로 맞잡고 왼쪽으로 젖히는 것을 인사로 삼았는데, 이 동작을 보면 상대는 그가 할 말이 있다는 것을 알게 된다. 대개 이렇게 말을 주고 받게 된다.

"풍족하고 무장이 잘 되셔서 모두들 복을 받고 태평太和하지요!"

그러면 상대방도 "예의를 받는다". 예의를 받는 자세도, 두 손을 맞잡고 왼쪽으로 젖히는 것이다. "태평하지요, 모두 태평해요太和太和, 都太和!"

여기서 태평太和이란 태평하고 화기있다는 의미이다. 평온 무사하고, 평안하게 잘 지낸다는 의미도 있다. 민간에서 자주 쓰이는 "태태화화太太和和"라는 말도 복이 많거나 복상福相이라는 것을 가리킨다. 일종의 인사말인 것이다. 이런 표현 형태도 민간에서 쓰이던 언어에 마적 무리 나름의 언어 습관이 덧붙어서 이루어진 것이라고 할수 있다.

오랜 시간이 경과하면서 마적들의 언어 표현은 태반이 은어나 그들 특유의 표현으로 대체될 정도였다. 이는 마적들의 언어 표현이 민간에서도 두루 통할 만큼 실용성과 일상성을 가지고 있었다는 사실을 증명하는 것이다.

마적들이 어느 한 곳에 머무를 경우, 그들은 "관리 방官房을 찾는다"고 표현하는데, 그 집 주인이 거주하는 방이 어느 곳인지 찾는 것을 가리킨다. 주인 방이 틀림없이 좋을 테니까 그들은 이 방을 찾는 것이다.

두 사람이 만났을 때, 서로 마적인 것은 알았지만 누가 두목인지를 모르면 흔히 이렇게 말한다.

"서북쪽에 안개가 구름처럼 끼어

절호絶戸 대를 끊은 사람이란 별명을 가진 "張 절호"가 도끼를 들고 산속 생활을 하는 모습

오늘 까마귀가 봉황의 무리에 내렸는데,

어느 분이 주인君이시고,

어느 분이 신하臣이신지요?"

그 때 만일 상대편에서 사람이 나와 "말을 잡아 당기고拉馬(악수를 하고)", "대臺 위로 도시요臺上拐着(방안으로 올라 앉으시오)" 하면 그 사람이 바로 무리의 큰 주인(두목)이다. 만일 모두가 그냥 일꾼(애들이라고도 한다), 즉 졸개라면 보통 이렇게 묻는다.

"대들보梁나 기둥柱에 있었습니까?四梁八柱(즉 내외 소두목이나 보좌 소두목을 지낸 적이 있습니까?)" 마적 무리에서 "사량팔주"는 크게 높은 직책은 아니었지만 일정한 직책을 가진 사람으로 수적으로 얼마 안 된다.

만일 졸개로서 소두목을 지낸 적이 없으면 이렇게 말한다. "사량팔주 소두목은 해본 적이 없구요, 큰 두목大頂을 청해서 부자를 털어본 적은 있습니다." 이 말의 뜻은 소두목은 해본 적이 없고 높은 마적들과 식사는 몇 번 했다는 말이다.

마적들이 사용하는 표현은 대개 한 문장을 단위로 하고 있다. 이것은, 그러한 언어 표현이 장기간 사용되면서 보편적으로 사람들에게 수용되었음을 말해 주는 것이다.

(1) 버섯이 어떤 길로 흘러 가는가? 가격이 얼마인가?

생각하는 대로 그대로 되네. 젖을 먹으려니 어머니가 오고,

친정 생각 하니 아이 외삼촌이 오네.

(2) 꿩이 머리를 틀어 박고서야 어떻게 천왕산天王山에 오를까?

땅에 널린 게 쌀이니, 밑천이야 준비되었네.

(3) 아모啊么를 만나 뵈었느냐?

그 분 지붕에는 기와가 없으니 그른 것을 그르다고 말하지 않고, 아닌 것
을 아니라고 하지 않는다.

(4) 선다哂嗒? 선다哂嗒?

영롱한 탑塔이 푸른 띠를 두른 사람들을 향하고, 모래에 의지하려 합니다.

(5) 요하么哈? 요하么哈?

점심 때에 이야기를 하니, 아무도 집이 없습니다.

이상의 말을 해석하면 다음과 같다.

(1) "누구냐? 어디로 가는가?"

"동업자를 찾아 왔다."

(2) "내 생각에 너는 진짜가 아닌 것 같은데!"

"난 진짜다. 경험도 있다."

(3) "어려서는 누굴 스승으로 모셨던가?"

"당상堂上에 가지 않으면 말할 수가 없다. 제자는 스승 말을 하지 않는다."

(4) "누가 자넬 여기로 인도했는가?"

"같은 길을 가는 사람이다."

(5) "전에는 혼자 했던가?"

"허대마봉산許大馬棒山에 있었다."

마적들이 검문할 때 사용했던 "은어隱語"를 보자. 곡언빈曲彦斌의 『중국민간비밀어中國民間秘密語』에 보이는 것이다.

"누구냐?"

"나는 나지."

"팔목 눌러!"

"불 꺼."

"어디에서 돌아 왔는가?"

"후란하카呼蘭哈卡에서 움막에 기둥 세 개를 꼽고, 부자를 씹고 싶어 왔는데 장량대掌粮臺가 누구냐?"

"풀이 말랐나? 하늘이 말랐나? 풀이 말랐으면 물을 충분히 주고 하늘이 말랐으면 바다를 잇지. 뿌리가 가지런하고 풀이 말랐으니 대臺를 끼고 돌아라!"

이 말을 해석하면 다음과 같다.

"그대는 누구인가?"

"한 집 식구이다."

"총을 조심해 잡아라!"

"걱정 마라. 잘못 쏘지 않는다."

"어디서 오느냐?"

"호란呼蘭에서 왔는데, 오다가 삼일 묵었다. 여기서 밥이라도 얻어먹으려 하는데 두목이 누구냐?"

"목이 마르고 배가 고픈가? 목이 마르면 물을 마시고 배가 고프면 밥을 주지. 목마르지도 않고 배고프지도 않으면 엽초를 줄 터이니 방구들에 올라와 피우거라."

이상은 필자가 장춘시長春市 교외에 있는 대둔大屯 경로원敬老院에서 채집한 것이다. 구술자 요금산么金山은 어려서부터 예인藝人 노릇을 했다.

가죽을 보고, 빛을 지탱해라!
꼬마야, 줄 좀 눌러라.
물에 섞인 바닷모래가 있나 없나?
먼저 바다에 떠다니는 용을 잡아 와라.
서쪽에서는 누구와 시끄러운가?
풀섶 잘 살펴라, 조심해야지 맞으면 호도 피흘린다.

이 말을 해석하면 다음과 같다.

지키는 개 살펴서, 등불 켜라.
꼬마야, 내 말馬을 좀 거둬라.
집에 소금이 있느냐?
먼저 국수와 만두를 끓여라.
서쪽에서 총소리가 나는데 누구와 싸우는 거냐?
머리조심해라. 남에게 맞아 피흘리지 않도록.

이상은 필자가 공주령시公主嶺市 범가둔진範家屯鎭의 경로원에서 수집한 것인데, 오伍씨 등 4~5명의 노인들이 구술한 것이다.

"형님 넘어지셨지요?"
"마찬가지야."
"이 번에 불같았겠지"
"말도 마라. 물이야."
"붉은 집이었우? 아니면 물집이었우?"
"큰길 도는 데서 빈털터리를 만나 만나 잎을 털릴 뻔 했어!"
"그래요"
"채찍 세례를 받고 돌아와 올해 죄年料 받았어."

이상은 필자가 장춘시長春市 남관대차점南關大車店의 우于씨 노인에게서 들은 것인데, 이런 내용이다. 상대에게 고생하셨다고 인사를 하니 상대는 별일 없었다고 답한다. 이번에 나가서 아주 좋았느냐고 물었다. 그가 답했다. "좋기는? 안좋았어, 오르막 길을 오르다가 도리도 모르는 놈을 만나 옷까지 빼앗길 뻔 하고, 채찍으로 한바탕 맞고 와서 앓기까지 했어."

서북쪽 하늘에 꽃 한 송이 걸렸네.
천하 녹림객은 한 집안이라.
녹림의 형제들이여 잎을 뚫지 말라.
실의에 빠진 녹림객, 의리는 있어야지.
여러분 부탁하노니
대의를 보존하시기를.

이상은 장춘시 교외 대둔大屯의 경로원에서 요금산么金山 노인이 구술한 것이다. 내용은 이렇다. 조상을 따라가 보면 우리 모두 달마達摩 할아버지 후손이다. 형제여, 오늘 내 옷을 벗기지 말라. 강호의 의기를 버리는 것이다. 여러분께 부탁하노니, 내 그대들께 예를 올리겠노라.

이런 비유적 표현을, 길을 가다가 강도를 만났을 때 유창하게 하게 되면 약탈을 피할 수도 있었다고 한다.

점장이 두 사람이 만나면 이런 대화를 나눈다.

"선생 고생하시오"

" 다 그렇지요."

"어디서 오는 길입니까?"

"×××에서 옵니다."

"이 번에 같이 공부하는 사람이 있습니까?"

"있지요."

"공부도 같이하고 재산도 함께 합니까?"

"재산은 따로요."

"이 번에 크게 한바탕 하셨지요?"

"아주 물이예요. 올해 죄年料까지 받았어요."

이는 몇 군데 대차점大車店과 경로원에서 들은 것인데, 내용은 두 점쟁이가 벌이가 어떠냐고 묻는 것이다. 이 번에 같이 공부하는 사람이 있느냐는 것은 동반자가 있느냐는 말이다. 같이 공부하는 사람이 있다고 대답하면 동료가 있다는 말이 되고, 그렇지 않으면 혼자라는 말이 된다. 같이 공부하는 사람이 있고 재물을 함께 한다고 하면, 두 사람이 번 돈을 함께 관리한다는 말이다. 푸른 바다였느냐는 말은, 이번에 벌이가 잘 되었느냐는 물음이고, '아주 물이고 올해 죄까지 받았다'는 말은 "말도 마시오. 운

수가 막혀서 병까지 앓았오"라는 의미이다.

일반인들은 알아듣지 못하므로 수수께끼를 하는 것과 마찬가지이지만, 그들끼리는 의사가 아주 잘 통했다.

"선생 고생하시오?"

"다 마찬가지지요."

"그댄 몇 장丈이나 되시요?"

"스물 여덟 밤에 약성기藥聖旗를 꽂았어요."

"아! 오자서伍子胥시군요. 어디서 키를 잡고 오세요?"

"하루에 한탕하면 얼마나 벌지요? 사요私窯에 의지하는 거죠?"

"관요官窯던 사요私窯던 작전圈連子이 있어야지요."

"작살은 가지고 다니세요?"

"가졌지요."

"지고 다니는 땀汗은 별인가요, 침인가요?"

"침을 한대 찌르지요."

이상은 필자가 서란舒蘭 경로원에서 수집한 것이다. 내용은 두 민간 약장수가 만나 이야기를 나눈 것이다. "당신 몇 길이냐"고 묻는 것은 상대의 나이가 몇 살이냐는 것이다. 스물 여덟 밤에 약성기를 꽂았다는 것은 57세임을 말하며, 상대가 오자서伍子胥이시군요 한 것도 57세와 비슷한 발음이기 때문이다. 어디서 키를 잡고 왔느냐는 것은 전날 밤에 어디서 자고 왔느냐는 말이다. "관요냐 사요냐?" 하는 것은 '무리를 이루어 벌이를 하느냐 아니면 혼자 하느냐'는 질문이다. 한바탕 해서蘭頭 얼마나 버느냐는 것은 하루에 얼마를 버느냐는 말이다. 작살을 가졌냐는 것은 주사나 침을 가지고 다니느냐는 것이다. '지고 다니는 땀이 별이냐 침이냐' 는 말은 그 능력이 진짜냐 아니면 흉내내는 것이냐는 뜻이다. '침을 한대 찌른다'는 말은 그것이 진짜 능력이라는 것을 말한다. 만일 별이 바닥에 떨어졌다고 하면 그것이 가짜라는 말이다. 이렇게 일상용어를 차용하여 특수 집단의 용어로 전이시켜 서로 대화를 한다. 대개는 발음과 의미가 비슷한 전고典故를 끌어다 이용하므로 함축적이어서 바로 의미를 파악하기가 매우 어렵다.

마적 노북풍老北风의 모습 원희화袁喜和 제작

"친구, 어제 좀 집었던가?"

"쉬, 언성 낮추게. 그… 게… 물이 적었다네."

"팔았나?"

"날이 어두우면 잘 팔리겠지. 내 장대 부러뜨리지 말게!"

"허, 우리 한 주전자 하세."

"좋지. 내일 물이 있으니, 토끼라도 잡지."

"아니야. 닭 한 마리 정도면 되네."

이상은 민간의 비밀 언어 연구가인 곡언빈曲彦斌이 유한태劉漢太의 『중국의 구걸 집단中國的乞丐群落』에서 인용한 것이다. 두 도둑이 서로 만나서 상대방에게 물건을 잡았느냐고 물으니, 상대방은 많지 않지만 수확이 조금 있다고 말한다. 팔았느냐고 묻자, '아직은 팔지 못했는데 날이 어두워지면 기회를 보아서 다시 팔려고 하는데, 조심스럽다, 성사되면 한 턱 내겠다'고 대답하는 것이다. 이에 상대방은 '운수가 터져 큰 벌이가 되기 바란다'고 하니, 다시 '큰 벌이가 아니고 작은 벌이라도 좋다'고 말한다.

    합자合字! 바람이 긴박하다.
    말보다 앞서 잡아 끌어.
    옆을 찢어서 열어.
    그만 미끌어져.
    퍼런 것 내놓아.
    그 놈 바가지를 떼.

이 말은 두 사람이 서로 외치는 것인데, 앞 세 구절의 뜻은 다음과 같다.

    친구! 여기는 위험해.
    어서 담벼락 넘어라.
    죽자고 뛰어!
    다른 사람이 외쳤다.
    어디로 도망가려고?
    칼을 꺼내.
    그 놈 머리를 깨!(그 놈 머리를 베라는 뜻으로도 해석됨)

이상은 북경北京 민속학자 주정우朱靖宇가 제공한 것이다. 이런 은어들은 동북의 여러 집단 중, 특히 마적 무리들이 많이 사용했다.

12

마적의 복장

12 마적들의 복장

 동북의 마적들은 어떤 옷을 입었을까? 그 추운 겨울은 어떻게 견디었을까.
 결론부터 말하면, 마적도 일반 백성들과 마찬가지였다. 대개 농민이 입는 옷을 입었다. 때로는 부자집에서 빼앗아온 이상한 옷, 서양식 옷도 입고 모자를 쓰기도 하였는데, 이런 경우는 드물었다. 두목이나 내외 소두목, 보좌 소두목四梁八柱들은 특이한 복장을 하기도 하였지만 졸개들은 그럴 수가 없었다.
 수수께끼 하나 낼테니 맞춰봐라.
 "말해 봐!"
 "한 총각이 멋있게 잘 생겼는데 귀가 참 크다네. 밧줄을 풀면 가지 않고 밧줄을 묶으면 뛰어간다."
 "뭔지 모르겠어!"
 "신발이야. 흙차개 말이야!"
 "아! 신발?"
 "마적들이 신었던 우라㔿鞡라는 신발말야…"

동북 마적의 옷차림은 독특한 면이 있었다. 겨울에 기온이 영하 40도 이하로 떨어지면 그들은 따뜻하고 가벼운 옷을 입어야 했다. 청나라 말 민국 초기에는 모두 변발을 했는데, 행동을 민첩하게 하기 위해서 마적들은 그 변발을 목에 칭칭 감았다. 그리고 머리에는 여덟 쪽을 붙여 만든 모자를 썼고, 귀에는 "귀싸개耳包"라는 귀덮개를 썼다. 흔히 검은 색 비단에 꽃그림을 수놓아서, 속에는 솜이나 모피를 덧달았다. 동물의 모피를 잘라서 귀를 가리기도 하였는데, 가볍고 부드러워서 좋았다. 나중에 변발을 잘라 버리자 마적들의 모자도 변화하여 봄, 가을에는 중절모를, 여름에는 풀줄기로 엮은 밀짚모자 같은 것을 썼다.

백두산 지역에서 흔히 "女冬狗子"라고 부르는 여마적이 호표무늬 옷을 입은 모습
저명한 만주족 연구자 富育光 그림

겨울이 되면 두목과 소두목들은 터어키식 수달피 모자를 쓰고, 졸개들은 털실로 짠 수박모자[1]를 모자를 썼다. 털이 긴 모피 모자를 쓰기도 했다. 모자의 털은 매우 길었다. 토끼 가죽, 고양이 가죽, 개가죽, 여우가죽, 늑대가죽, 승냥이 가죽 등을 이용했는데 털이 길게 드리워 뒷덜미를 덮도록 했다. 찬바람과 눈꽃이 목에 들어가지 않도록 하기 위해서였다.

마적들은 모자에 신경을 많이 썼다. 모자 뒷 부분이 긴 것은 뒷덜미

1_ 수박모자(瓜皮帽): 중국고유의 모자로 6개의 검은 천을 꿰매서 만들었다. 마치 수박을 위아래 반쪽으로 갈라 놓은 모양이기에 이렇게 불렀다.

를 덮기 위한 것이었다. 그들은 흔히 권총을 이 긴 뒷덜미에 숨겨 두었다. 행군을 하거나 전투를 할 때는 솜모자가 귀를 막고 있으므로, 모자의 귀덮개를 걷어 올려 머리 뒤에 걸었다. 뒷덜미에 바람이 들어 가지 않고 권총이 보이지 않도록 하기 위한 것이었다. 여름에는 파나마 모자나 밀집모자, 수박 모자를 썼다.

상의로는 섶을 겹치지 않은 검은 솜저고리나 겹저고리를 입었는데, 대개 단추는 매지 않고 허리띠를 맸다. 겉에는 외투 솜두루마기를 입고 총은 솜저고리 허리띠에 찼다. 걷거나 말을 탈 때에는 흔히 솜저고리 한쪽 섶을 치켜올려 허리띠에 끼고 다녔다. 대체로 두목이나 8소두목의 옷차림이 이러했다.

형제들과 '아이'들은 대체로 짧은 솜저고리 외투를 입고 겉에 조끼를 입었는데 조끼 겉면은 면으로 되어 있다. 안감으로는 대체로 토끼가죽, 고양이 가죽, 여우 가죽, 늑대 가죽, 호랑이 가죽, 사슴 가죽, 노루가죽 등을 사용했다. 외투 대신 가죽옷을 입기도 하였다. "호정오護腚襖"라고도 불린 이 옷은 엉덩이를 덮을 정도로 길었는데 허리 쪽에는 띠를 맸다.

마적들의 허리띠는 검정과 파랑색 천을 가장 많이 사용했다. 이 허리띠는 용도가 다양했다. 총이나 칼을 차는 외에 금붙이를 숨기기도 했으며, 간혹 줄로 사용하기도 했다. 마적 노릇을 하는 사람에게 줄과 허리띠 두 가지는 상당히 쓰임새가 컸다. 그들의 허리띠는 20자 6치나 되었다. 마적들은, 손님으로 남의 집 2층에 올라가는 경우에는 항상 창문 가까이에 앉는 것이 습관이었는데, 긴박한 상황이 발생하면 이 허리띠의 한쪽을 방안 의자에 매어 창문으로 도망칠 수가 있었다. 이 허리띠는 또 나무·건물·담벼락에 오를 때, 우물이나 굴집에 내려갈 때 사용할 수 있었다.

마적들은 팔목 덮개와 토시를 많이 사용했다. 팔목 덮개는 흔히 동물 모피로 된 토시 형태였는데 손이 얼지 않게 하기 위한 것이었다. 이것은 만주족들이 사용하던 말가죽 토시가 변한 것인데 실용적이고 간편하였다.

바지는 대개 가랑이가 좁은 것을 입었다. 발목에는 댓님을

협서陝西지역 토비(마적)
백랑白狼(오른쪽)이 진주秦川를 지나며 남긴 모습

매고, 그 속에 흔히 "퇴자자腿刺子"라고 하는 뾰족한 단도를 숨겼다. 그 위에 덧바지 하나를 더 입는 사람도 있었다. 덧바지套褲는 동북 사람들이 발명한 바지의 일종인데, 산에 들어가서 벌목하고 사냥하는 사람들, 금·삼·석탄·보석·구슬 등을 캐는 사람, 고기잡이를 하는 사람들에게 매우 적합한 옷이다. 이런 바지는 바지 허리가 없어서 걸음 걷기에 편하고, 앉았다가 일어설 때에도 바지춤을 올려서 허리에 다시 맬 필요가 없어서 많이 걸어다니는 사람들에게 적당했다. 가랑이가 넓어서 칼이나 총을 숨길 수도 있었다. 말을 탄 마적들은 바람을 막으려고 이 바지를 입기도 하였다.

20세기 초와 2, 30년대 동북 마적들은 "우라靰鞡"라는 신발을 많이 신었다. 채금꾼, 뗏목꾼, 벌목꾼들도 이런 신발을 신었다. 우라는 좋은 소가죽으로 만드는데, 속설에 우라를 만드는 소가죽은 살아있는 소로부터 바로 벗겨낸 것이라 한다. 이런 가죽은 깔끔하고 두께도 균일하며

적당히 매끄러워서 꽤 값이 나갔다.

'우라'는 바닥이 통으로 연결되어 있어서 신발목이 없다. 그래서 새 우라는 소가죽으로 만든 작은 배처럼 생겨서 왼짝, 오른짝 구별이 없다. '우라'는 맨발에 신는데, 먼저 우라초靰鞡草로 발을 싸 매고 신을 신어야 했다. 우라초로 발을 쌀 때에는 반드시 고르게 싸야 하고, 또 너무 꽉 죄거나 느슨해도 안되고, 빈틈이 생겨도 안 된다. 경험이 있는 사람이면 우라초 세 줌이면 발을 다 싼다. 발 가운데, 발끝, 발꿈치와 발목을 한 줌씩 가지고 싸는데, 다 싼 다음에 우라를 신고 댓님을 매게 된다. 댓님은 넓고 두터운 남색 천으로 바지 가랑이와 함께 몇 바퀴 동여매고, 마지막에 끈으로 매듭을 지으면 된다.『옛 길림 민간 풍속昔日吉林民間習俗, 潘起 著』에는 다음과 같은 기록이 있다. "우라를 신으면 얼음 눈길을 걷거나 큰 마차에 앉거나 탈 때, 방한용으로 신는 긴 가죽 장화나 솜가죽 장화보다도 훨씬 따뜻하다. 무엇보다 우라를 신으면 동상을 입지 않는다. 하루 종일 신고 나서 밤에 벗을 때 발을 쌌던 우라초를 털어버리면 땀과 풀이 한데 엉키지 않게 된다. 우라를 '당당마鐺鐺馬'나 '우피방牛皮絣'이라 부르기도 하였다. 여름이 되면 마적들은 헝겊 신발이나 고무신을 신었다. 가벼웠기 때문이다. 그러나 고무신은 매우 드물었다. 그들은 흔히 헝겊신 겉에 고무신을 씌워 신었다. 그렇게 하면 빗물이 스며 들지 않았다."

마적들이 신었던 신발로 "담요 뭉치氈疙瘩"라고 하는 것이 있었다. 양털로 만든 것으로 신발목이 긴 것과 짧은 것이 있었는데, 따뜻해서 발이 얼지 않았다. 덧신으로 신기도 하고, 속에 버선을 신고 그 위에 이것을 신기도 했다. 이런 신발은 가볍고 부드러우면서도 따뜻했다. 또 땀이 잘 스며들어 습기가 차지 않았다. "물우라水靰鞡"라는 신발도 있었는데, 엄지발가락과 다른 네 발가락이 같이 붙어 있는 형태로서, 바닥은 고무로, 발목은 돛천으로 되어 있었다. 대부분 일본제였다.

　그밖에 마적들의 옷차림 중에 특이한 것으로 "엉덩막이護屁子"라는 것이 있었다. 엉덩막이는 마적들이 엉덩이 쪽에 붙이고 다닌 가죽인데, 걷다가도 언제든 앉기 편하도록 하기 위한 것이었다. 산에서든 들판에서든 아무 데나 앉아도 냉기와 습기를 막아 주어 매우 편리하였다. 벌목꾼들과 사냥꾼들도 "엉덩막이"를 사용하였다. 사방 한자 정도의 가죽으로 되어 있는데 흔히 여우가죽, 개가죽, 호랑이가죽, 토끼가죽, 고양이가죽, 해달가죽, 쥐가죽이나 면으로 된 천을 사용해 만들었다.

　2, 30년대 동북 마적들이 입었던 옷은 농민들과 별 차이가 없었다. 위에 소개한 것은 그 규모가 수십 명에서 수백 명에 이르는 중대형 규모의 마적들이 착용했던 것이다.

13
마적 실화

조선족 여마적 "꽃나비"
북래
천룡
쌍표와 노이가

13 마적 실화

조선족 여마적 "꽃나비"

왕월王月이라는 사람이 있었다. 조상들이 물려준 몇 십 경垧[1] 의 토지를 가진 대갓집의 주인이었다. 그래서 송화강松花江 일대에서는 이름이 널리 알려져 있었다.

그는 돈은 많았지만 언제 한 번 버젓이 옷을 차려입은 것을 볼 수가 없었다고 한다. 그가 새옷 입은 모습이 어떠했는지 모를 정도로 그의 옷은 늘 남루하였다. 허리에는 새끼를 질끈 동이고 겨울이나 여름이나 가리지 않고 거름 지게를 지고 다녔다.

팔월 한가윗날에 그는 소금에 절인 오리알 하나를 삶아서 끼니마다 이쑤시개로 찍어 반찬을 해서 밥을 먹었다. 그 오리알을 다음 해 정월 대보름날까지 먹어서야 겨우 노른자위가 보였다. 왕월이가 이렇게 먹고 입는데 지독한 짠돌이였으므로 괴로운 건 식구들이었다. 식구들이

1_ 토지의 면적 단위. 지방마다 다른데 동북에서는 15묘가 1경이었다고 한다. 1묘는 6.667 아르.

만두라도 빚어먹는 것은 아주 돈이 드는 큰일이었다. 왕월은 거름을 주워 모으려고 장에 다녔는데, 식구들은 그 틈을 타서 몰래 만두를 빚어먹으면서 사람을 보내 마을 어귀에서 망을 보게 했다. 한번은 만두를 다 먹기도 전에 왕월이 돌아왔다. 들켰다가는 큰 난리를 당할 것이었다. 그래서 식구들은 뒤주에서 콩이나 수수, 옥수수 따위를 한 바가지 퍼내어 땅에 쏟아 놓았다. 그리고 식구들은 남은 만두를 별일 없이 다 먹을 수가 있었다. 왕월이 쏟아진 양곡을 보고 곧바로 엎드려 줍느라고 정신이 없었던 것이다. 식구들이 만두를 다 먹도록 그는 곡식을 줍고 있었다.

송화강에는 물고기가 많이 났지만 식구들이 절인 물고기를 먹고 싶어 해도 그는 사지 못하게 했다. 그래서 왕월이 장마당에 간 틈에 그의 아들이 절인 물고기 한 두릅을 사서 길을 멀리 돌아 아버지가 앞길에 던져 놓았다. 아버지는 그것을 보자 기뻐했다.

"절인 물고기 한 두릅이 공짜로 생겼군."

그는 그것을 들고 집안으로 들어와 식구들을 불렀다.

"오늘 저녁은 물고기 요리를 먹는다!"

식구들이 말했다. "그래요, 물고기를 먹죠."

요리가 다 되어, 식구들이 게걸스레 물고기 요리를 먹는 것을 보고 왕월은 왠지 도무지 마음이 흡족하지 않았다.

며칠이 지났다. 그가 장에 가니 그의 아들은 다시 절인 물고기 한 두릅을 사서 아버지가 돌아오는 길에 던져놓았다. 그리고는 수수밭에 숨어서 아버지가 주어가기를 기다렸다. 왕월은 물고기를 보더니 서슴없이 집어 둘러메고는 가던 길을 갔다. 한참 가더니 그는 걸음을 멈추었다. 그러더니 그는 물고기를 사납게 땅바닥에 팽개치고는 발로 힘껏 차며 말했다.

"또 주워? 전번에 네놈을 주어가지고 갔다가 얼마나 많은 밥을 없앴는데! 또 속을 줄 알아?"

그리고는 거름 지게를 둘러메고 의기양양하여 집으로 돌아갔다. 옛날 관동의 토착 부자들은 바로 이랬다.

왕월은 1928년에 죽었다. 그 동안 가족들은 조상이 물려준 땅을 다 팔아먹었다. 최후에는 송화강변 캉다라 산康大腊山 밑에 겨우 5묘畝 정도 남아서 거기에 왕월의 묘지를 썼다. 그런데 바로 이 다섯 묘의 땅에서 관동의 기이한 전기가 생겨났다.

왕월의 손자 이름은 왕금종王金鐘이었는데, 그의 대까지 남아있던 5묘의 땅이 그에게 조상들을 생각하게 해 준 유일한 재산이었다. 그의 아내 임계란林桂蘭은 캉다라에서 25리 떨어진 태평천太平川의 꽃달구지 목수인 조선족 임갑태林甲泰의 큰 딸이었다. 아내는 젊고 아름다웠고, 못하는 일이 없었다. 그런데 반년이 지나 불행이 찾아왔다. 장인 임목수가 산골로 목재를 실으러 갔다가 마적들이 쏜 화살에 맞아 그 좋은 재주를 두고 죽었던 것이다. 영감이 죽자 부인도 너무 상심하여 뒤이어 세상을 하직하였다. 그래 집에는 겨우 14살밖에 안 된 딸만 남게 되었다. 의지가지 없는 임미자林美子는 언니 임계란의 집에 맡겨질 수밖에 없었다.

형부인 왕금종王金鐘은 성실한 농민이었다. 조상에게서 물려받은 5묘 땅을 지으면서 한가할 때에는 사람들을 따라 산에 올라 인삼과 약초를 캐고, 사금도 일고 사냥도 하여 살림이 풍족하다고 할 수는 없어도 밥술이나 먹을 수 있었다. 아내가 부지런하고 처제 또한 손이 야물어서 식구들은 그런 대로 즐겁게 살아갔다. 주변에는 친하게 지내는 벗들도 적지 않았다.

그 5묘 땅이 비옥하여 여유가 생겼다. 왕금종은 임계란과 함께 자그마한 종이공장을 차려 해마다 봄·가을에는 사람을 써서 관동 민간에서 흔히 사용하는 창호지를 생산했다. 이 물건을 농한기나 겨울이 오면 선장船場(吉林)이나 연길강煙吉崗(즉 延吉)에 나가 팔곤 했다.

그런데, 캉다라산 아래에는 최씨 성을 가진 조선족 지주가 살고 있었다. 주인은 최만광崔萬光이라고 하였는데, 집이 백만장자였지만 다른 사람이 잘 사는 것을 보면 눈에 불이 나는 사람이었다. 그에게는 최명귀崔名貴라고 하는 아들이 있었는데, 날마다 하는 일 없이 도박판에나 다녔다. 힘없는 사람을 괴롭히고, 남의 조상 무덤 파헤치고, 과붓집에 빚 독촉이나 하고 돌아다녔다. 그래서 마을 사람들은 그를 남의 목숨을 재촉한다는 뜻으로 "최명귀崔命鬼"라 불렀다. 그가 하려는 일이 남의 목숨이나 축내는 짓을 하려고 들었기 때문이다.

그 해 봄 왕씨네 종이공장이 문을 열었다. 관동 민가에서 종이 만드는 과정은 매우 재미있었다. 펄프를 건져내서 큰 솥에 옮겨놓고 찐다. 찌면서 노래를 부르면서 눌러 물을 짜낸다. 그렇게 노래를 부르고 떠들고 웃는 소리를 듣고서 일이 없는 사람들이 모여 와서 구경을 했다. 그래서 왕씨네 울 안팎에는 늘 사람들로 붐비었다. 조금만 기다리면 왕금종과 임계란이 동네 사람들을 따듯하게 대접해 주었다. 너무 바빠 겨를이 없으면 누이동생인 미자를 시켰다.

임미자는 그 해 열다섯 살이었는데, 제비처럼 울 안팎을 뛰어다녔다. 펄프 물을 짜는 일꾼들에게 물을 따라주며 "오빠, 좀더 세게요. 힘 좀 내세요! 늦장 부리시면 차도 안 드려요!" 하다가는 구경 온 동네 사람들에게 쪼르르 달려가서 인사를 했다. "아저씨! 아줌마! 담배 태우세요…"

얼굴에 홍조를 띠며 뛰어다니는 그의 등뒤에는 치렁치렁 땋아 내린

꽃나비 옛고향 요대로하腰帶路河

머리가 좌우로 보기 좋게 흔들거렸다. 그렇게 시간이 가면서 임미자는 귀여운 처녀로 사람들의 입에 오르내렸다. 총각들이나 홀아비들은 왕씨네 종이 만드는 걸 구경한답시고 와서는 사실 이 아름다운 소녀에게 더 눈길을 빼앗기곤 했다.

어느 날 최만광의 아들이 밖에 나가 투전을 하고 돌아오다가 왕씨네 집을 지나며 종이 펄프를 찌는 것을 보게 되었다. 그러다가 저도 모르게 걸음을 멈추었다. 일이 날려고 그랬던지 마침 마을 사람들에게 물을 따라주던 미자가 이 녀석의 눈에 띄었다.

그가 말했다. "이봐 처녀! 물 한 그릇 다오!"

미자가 말했다. "오빠, 조심해서 받으세요, 뜨거워요…"

그 말씨가 마치 송화강 연안에서 흔히 볼 수 있는 종달새의 노랫소리 같았다. 뒤를 돌아보며 웃을 때 양 볼에 패인 보조개는 더욱 이 최명귀의 애간장을 녹였다. 손에 받아들었던 찻물은 마시지도 못한 채 그대로 옷소매를 따라 바지가랭이로 흘러내렸다. 그 날 집에 돌아와 그는 그만 상사병에 걸리고 말았다.

최만광은 아들이 병들어 눕자 부모로서 마음이 아프지 않을 수 없었다. 캐물어서 아들이 임계란의 동생에게 홀려 병이들었다는 사실을 알게 되었다. 아들이 "짝" 사랑을 하게 된 것은 이상할 것도 없는 일이었다. 그럼에도 최만광은 도리어 가슴에 앙심을 품게 되었다. 그의 집안으로 본다면야 임계란의 동생을 며느리로 들인다면 오히려 왕씨집안에 복이 굴러든 셈이었다. 그러나 노인은 아들의 성품을 너무나 잘 알고 있었다. 게다가 몇 년 전에 최만광은 왕금종의 산소를 쓴 5묘 땅이 탐나서 여러모로 사람을 보내 사들이려고 했었다. 비옥하기도 하였지만 자기 땅과 붙어 있어서 그 근처의 좋은 땅을 모두 자기 것으로 만들고 싶었다. 주위가 모두 자기 땅인데 유독 왕금종의 그 5묘만 자기 땅이 아니었던 것이다. 그래서 사려고 했던 것인데 왕씨집에서는 그 땅을 팔려고 하지 않았다. 그로부터 두 집에서는 내왕도 하지 않았다.

이제 아들이 왕금종의 처제를 탐내고 있으니 체면 불구하고 한 번 가봐야 할 것 같았다. 팔월 한가윗날 최만광은 선물 꾸러미를 들고 왕씨집으로 찾아와 단도직입적으로 말했다. "우리 두 집이 사돈을 맺으면 어떻겠오?"

임계란은 최씨네 집안의 의중을 벌써 알아차리고 있었다. "어르신, 저희같이 한미한 집이 올려다 볼수 없지요."

"헌데 아들 놈이 미자에게 반해버렸으니, 이것도 그애의 복이 아니겠오......"

임계란이 말했다. "그런 복은 누릴 수 없네요."

왕금종도 말했다. "미자한테 물어봐도 승낙하지 않을 걸요. 어르신, 억지로 딴 참외는 달지가 않답니다. 다른 대갓집 처자를 보시지요!"

이렇게 왕씨집에서는 녹녹하지도, 강경하지도 않게 혼삿말을 거절했다. 최만광은 화가 잔뜩 나 집으로 돌아왔다. 그런데 아들이 물러서지 않았다. 남의 목숨을 재촉하는 이 "追命鬼"는 죽어도 미자를 찾았다. 최만광은 너무도 답답하여 "용한 신수꾼" 노릇을 하던, 마누라 조씨의 오빠인 봉사 점쟁이, 최명귀의 외삼촌을 불러 의논하였다.

이 봉사는 원래 연길延吉에서 점집을 열어놓고, 누이동생의 세도와 재력을 배경으로 해서 먹을 걱정, 입을 걱정이 없이 살고 있었다. 그러니 매부가 청을 하는데 안들어 줄 리가 없었다. 외삼촌은 조카가 온돌바닥에 병들어 누어있는 것을 보고 웬 일이냐고 물으니 상사병 때문이라고 했다.

"어느 집 처년가요?"

"왕씨네 종이공장이오."

"누구요?"

"임계란의 누이동생...."

"아, 그 애."

"그런데 그 집에서 우리하고 사돈 맺으려고 하지 않아!"

봉사 외삼촌은 눈꺼풀을 위로 치켜 뜨더니 말했다. "산 사람을 답답하게 숨통이 막혀 죽게 할 수는 없지! 이렇게 해 봅시다!" 그는 최만광의 귀에 속닥이며 자기 꾀를 들려주었다.

임계란에게는 이모가 하나 있었다. 캉다라에서 5리 떨어진 모나이루하麼帶露河屯에 살고 있었는데, 남편이 죽고 아이도 없이 젊은 나이에 남의 집 빨래를 해주며 하루하루 어렵게 지내고 있었다. 과붓집 문 앞에 말썽 많다는 옛말처럼, 온 몸이 다 입이 되어도 차마 말할수 없는 일이 있었다.

그 해 가을, 팔월 한가위가 지난 후 캉다라 일대에서는 마을끼리 돈을 모아 선장船場에 가서 극단을 불러다가 모다이루하에 무대를 만들어 놓고 공연을 했다. 풍년 기쁨도 나눌 겸 연말도 되어가니 한바탕 즐겁게 놀기 위해서였다. 저녁 식사를 마친 사람들은 집집마다 어른 아이 할 것 없이 무대가 설치된 마당에 모여들었다.

유씨는 설거지를 하고 나서야 아직 닭 모이를 주지 않았다는 생각이 들었다. 그녀가 닭 모이까지 주고 나니 온 마을은 조용했다. 경쾌한 징과 꽹과리소리가 들려올 뿐이었다. 그녀는 허리에 둘렀던 앞치마를 풀다가 소변이 마려웠다. 변소는 집 뒤에 있었는데, 주위는 수수대로 둘러져 있었다. 그녀는 급히 변소로 갔다. 그러나 변소 안이 너무 어두운데다 소변인지라 그녀는 변소 밖에 있는 말뚝 옆에 쭈그리고 앉았다.

그녀가 볼일을 보고 일어서서 아직 바지도 채 올리지 않았을 때 누군가 뒤에서 그녀의 허리를 끌어안았다.

"누구세요…"

그녀는 너무도 놀라 제 목소리 마저 나오지 않았다.

"소리 지르지 마세요, 저예요. 누님, 날마다 누님 생각에 미치겠어요!"

그는 마을에서 푸줏간을 하는 호胡씨 성을 가진 곰보였다. 노총각이기는 했지만 평시에는 길에서 만나도 감히 결례되는 일을 하지 못했었다. 그런데 오늘은 무슨 바람이 불었던지 남의 과붓집 변소에 몰래 숨어 있었던 것이다.

유씨가 말했다. "호사胡四, 너 간덩이가 부었니! 남의 눈이 무섭지도 않아!"

"헤헤!" 곰보가 웃는데 입에서 술냄새가 코를 찔렀다. 그는 안았던 손을 풀기는 커녕 오히려 한 손으로 유씨의 두 손을 꽉 틀어쥐고 다른 한 손으로 유씨의 아랫배를 만져 내려가는 것이었다. "누님, 소리쳐봤자 소용없어요. 모두 구경을 갔거든요!"

유씨는 안되겠다 싶어 몸을 빼려고 발버둥을 쳤지만 호가는 놓아주지 않았다. 들리는 것은 "북" 소리뿐, 유씨의 속옷이 쭉 찢어졌다. 곰보 호가는 유씨를 땅바닥에 쓰러 뜨려 욕심을 채우려 했다. 둘이서 부둥켜안고 뒹굴고 있을 때 흙길로 두 사람이 걸어왔다. 최명귀와 그의 봉사 외삼촌도 극 구경을 온 것이었다. 봉사는 눈은 멀었지만 극소리 듣기를 즐겼다. 유씨 집 뒷길을 지나다가 그 일을 목격하게 된 것이었다.

"게 누구요?"

앞 못보는 봉사가 먼저 소리를 듣고 물었다.

유씨는 사람이 온 것을 알고 고함쳤다. "사람 살려요!"

최명귀는 봉사의 손을 놓고는 번개같이 뛰어들어 곰보와 한바탕 싸웠다. 손 한번 떨지 않고 온갖 짐승을 잡던 곰보이건만 웬일 인지 조금 싸우다가 도망쳐 버렸다. 봉사는 훌쩍이는 유씨를 부축하며 말했다. "별일 없으시지요? 나쁜 놈들 천지이니 여자들이 조심하셔야 합니다. 오늘 이 청년 아니었더라면 큰일날 뻔 했습니다그려…"

유씨는 찢긴 옷을 추스려 입으며 말했다. "살려준 은공을 잊지 않겠습니다" 상대는 유씨가 입을 열자 다급히 밀했다. "유씨이셨군요. 저 최명귀입니다!"

"네! 명귀군요! 제 외조카네 마을 최명귀이시지요?"

"그렇습니다. 이 분은 제 외삼촌이세요!"

"어서 들어가시죠!" 유씨는 구경 갈 생각도 잊은 채 살려준 은인을 집으로 모셔 들여 따끈한 차로 접대했다. 유씨는 차를 따르면서 눈물을 흘렸다. 과부가 살아가기 얼마나 힘든지 하소연이 나왔다. 그 말이 나오자 최명귀의 외삼촌이 말을 받았다. "과부 혼자 살기가 힘든 거지요. 그래도 우리 세 사람만 이 일을 알게 된게 다행입니다. 아주머니만 말을 하지 않으면 우리도 소문을 내지 않을 거고, 그러면 누구도 모를 거요… 그 놈이 또 얼씬거리면 명귀에게 혼내주게 하리다!"

유씨는 이 일이 모두 이들이 꾸민 함정이었음을 알 리가 없었다. 곰보에게 돈을 주어 유씨를 희롱하고는 최명귀를 시켜 구해내게 한 것이다. 이야말로 유비가 아이를 메친 격으로 인심을 사기 위한 사기극이었던 것이다.

그후부터 유씨는 최명귀를 은인으로 대했다. 어느 날, 최명귀는 머다이로сь帶露河에 가서 노름을 하고 돌아오는 길에 유씨 댁에 들렸다. 유씨는 은인을 보자 "외삼촌께서 자주 오시나?" 물었다.

"사나흘에 한 번 오시지요. 제 혼사 때문에 오시는 거죠!"

유씨는 그 말을 듣자 "자네 같으면 어느 처녀가 들어갈지 호강이 터진 거지. 봐둔 사람 있으면 얘기해. 내가 중매를 서지."

최명귀는 일부러 한숨만 내쉬며 입을 다물었다.

유씨가 다그쳐 물었다. "에이, 이 누이한테 못할 말이 있어?"

그제야 최명귀는 입을 열었다. "누님, 솔직히 요 몇 년만에 딱 한 사람한테 반했어요!"

"누군데?"

"미자요."

"미자라면 우리 친정조카 아냐?"

"그렇지요."

"일찍 이야기 하지. 동생한테 시집가면 복주머니에 들어가는 건데."

"헌데, 왕금종과 임계란이 당체 허락을 하지 않아요."

"이런…"

그제야 유씨는 최명귀의 사람됨됨이를 생각하고 적이 주저 되었다. 유씨가 말이 없자 최명귀는 봉사 외삼촌이 꾸며준 말을 꺼냈다. "억지로 할수야 없는 일이지요. 그래도 중요할 때는 누님께서 도와주셔야 합니다. 전에 저희 집에서 말을 건넸는데 그 집에서 반대했답니다. 미자 본인은 어떤 생각인지 모르겠어요. 미자를 이리 불러 본인과 얘기해 봤으면 좋을텐데."

은인의 말인데다가 그 말에도 일리는 있는 것 같아서 유씨는 별 생각도 없이 대답해 버렸다. "그거야 어려울 것 없지. 개더러 여기 와서 며칠 있게 할테니 그때 얘기해 봐. 그런 일이야 내가 해 줘야지."

"그럼 누님이 수고 좀 해 주셔야겠어요."

최명귀는 교활하게 웃었다.

추석이 지나니 북방의 날씨는 점점 쌀쌀해졌지만, 햇볕은 그래도 따뜻한 기운이 있었다. 추수를 끝낸 들에서는 소떼가 밭고랑을 타고 다니며 땅에 떨어진 낱알을 주워먹고 있었다. 하늘에는 기러기들이 끼룩끼룩 울며 남쪽으로 날아갔다. 이날 미자는 일 좀 도와달라는 이모의 편지를 받았다.

언니인 임계란이 말했다. "가봐라. 이모라곤 한 분뿐인데 살기가 여간하시겠니! 며칠 가 있으면서 속옷이래도 빨아 드리고…"

미자는 길을 떠났다. 햇빛에 빛나는 송화강을 따라 걸었다. 들은 아득히 펼쳐져 있었다. 파랗게 물든 하늘은 보기만 해도 취할 것 같았다. 마음이 얼마나 후련한지 몰랐다. 올해 열다섯 살 든 미자는 손을 대면 톡 터질 듯 풍만했다. 그녀에게도 어느 사이에 마음에 둔 사람이 있었다. 언니네 종이공장에서 고용하고 있는 소량자小亮子라고 하는 젊은이였다.

소량자는 어려서 양친을 잃고 누님 밑에서 자란 청년이었다. 누나가 시집을 가자 그는 사방을 떠돌며 벌이를 했다. 총명하고 손재주가 좋아서 왕씨네 종이공장에 온지 2년만에 펄프 건지기, 종이 말리기, 펄프 갈기, 압축하기, 종이 끊기 등 모든 일들을 능숙하게 하여 나이는 어리지만 "어른 품삯"을 받고 있었다. 미자는 웬 일인지 소량자에게 물을 떠다 줄 때마다 저도 모르게 손이 떨렸다. 한 번은 그만 뜨거운 물을 자기 손에 쏟았는데, 옆에 사람이 없자 소량자가 미자의 손을 잡고 입으로 불어주었다.

"누가 보겠어요!" 미자가 손을 빼가며 말했다.

소량자가 말했다. "물에 데면 침을 발라야 해. 그리고 남자가 뎄을 때는 여자의 침이 좋고, 여자가 뎄을 때는 남자의 침이 좋대…"

"나빠요, 나빠! 진짜!"

미자는 자그마한 주먹으로 북 두드리듯 소량자의 등을 때리며 깔깔 웃었다. 그게 얼마나 달콤한지 몰랐다.

미자가 이모네 집에 왔을 즈음, 최명귀는 머이다로하의 노름꾼 친구의 집에서 큰 판을 벌이고 있었다. 미자는 보자기를 내려놓자마자 곧 일거리를 잡았다. 솜옷을 여러 벌 뜯어 빨았다. 이모는 맛있는 음식을 하고 배갈까지 한 주전자 데워 놓았다. 저녁이 되자 온돌에 상을 차리고 마주 앉았다. 유씨가 말했다. "힘들었지? 수고했으니 좀 먹으려무나." "헌데 이모, 전 술 마실 줄 모르는걸요" 미자는 강하게 사양했지만, 이모의 성의를 마다할 수가 없어 조금 마셨다. 그런데 한 모금을 마시니 또 한 모금을 따라주어 미자는 잠시후 그만 질펀히 취해버렸다. 유씨는 미자를 안방에 부축해 들여가서 이미 펴 놓은 자리에 눕혔다.

이때 최명귀는 도박판에서 나와 유씨집으로 건너왔다. 유씨는 조금은 경박한 사람이었지만 임계란은 이모가 최명귀와 짜고 미자를 함정에 끌어들였으리라고는 꿈에도 생각지 못했다. 최명귀가 집에 들어서자 유씨는 방문을 잠그고 미자의 옷을 벗겼다. 옥같이 희고 눈부신 피부, 술 때문에 복사꽃 같이 붉어진 볼, 꼭 감은 눈, 반쯤 벌려진 앵두빛 입술, 나직한 숨소리, 잠든 듯 깨어있는 듯한 그 모습을 본 최명귀는 그만 군침을 흘렸다…

유씨가 당부했다. "명귀, 살살 해!"

"걱정말고 나가보세요."

그리고 나서 최명귀는 늑대같이 덮쳐들어 자그마한 미자의 몸을 뭉갰다. 처녀는 술기운에 인사불성이 되어서 무거운 압력을 느끼면서도 반항할 힘이 없었다. 최명귀는 마음 놓고 수욕을 채웠다. 이튿날 날이 밝자 미자는 술이 깼다. 눈을 떠보니 알몸이었고 간간이 통증이 느껴졌다. 옆에는 최명귀가 돼지같이 늘어져 자고 있었다. 코 고는 소리에 가슴이 뛰었다.

미자는 자신이 정조를 잃었음을 알아차렸다. 방 한 쪽에 놓여있는 흰 손수건에는 빨간 핏자국이 얼룩져 있었다. 부끄럽기도 하고 화가 나기도 해서, 손을 치켜들어 돼지처럼 자고 있는 명귀의 볼을 철썩철썩 때렸다. 깜짝 놀란 최명귀는 벌썩 일어나며 벌겋게 부어오른 볼을 만졌다. 무슨 일인지를 알아차린 그는 음험하게 웃으며 말했다.

"잘 했어! 더 때려줘!"

미자는 통곡하며 방바닥에 쓰러졌다. 그 사이에 최명귀는 자리를 떠 버렸다.

"양자 오빠! 미안해요…"

미자는 울며 감발(발감개)을 풀어 들보에 목을 매달려 했다. 이때 최명귀가 뛰어 달아나는 것을 본 유씨는 일이 생겼음을 알고 다급히 방으로 들어갔다. 미자가 자살하려는 것을 안 그녀는 두 말 없이 미자를 안아 내렸다. 유씨는 비록 여자였지만 마음이 독했다. 일이 이렇게 되어가자 그녀는 눈살이 찌프려졌지만, 꾀를 내어 미자를 끌어안고 감싸며 달랬다.

"미자야, 이러면 어떻하니? 네가 잘못되면 언니는 어떻게 살겠어? 너희들 어려서 부모를 잃고 둘이 서로 의지하며 살아왔는데. 이렇게 된 바에야 운명을 따르는 수밖에. 이 일은 누구도 모르지 않니. 여자가 언젠가는 겪어야 할 일인데 빨리 겪었다고 생각해라. 살면서 큰 고비를 만났는데, 이 고비를 넘으면 좋은 일 있을거다. 다 내 잘못이다, 널 지켜주지 못한 건. 날 때려라. 날 욕하고, 날 죽여다오…"

유씨는 미자 앞에 "털썩" 무릎을 꿇었다. 미자는 필경 아이였고 유씨는 어른이었다. 게다가 언니 생각을 하고 이틀을 울었지만, 생각해보니 다 쒀놓은 죽이었다. 될 대로 되라지. 벙어리 냉가슴 앓기지… 꾹 참고 덮어둘 수 밖에 없었다.

미자는 이모네 집에서 며칠 묶고는 다시 캉다라툰에 있는 언니네 집으로 돌아갔다. 전같이 천진난만한 그녀의 모습은 다시 볼 수가 없었다.

제13장 | 마적 실화 233

말수도 적어졌다. 언니와 형부는 일이 고되어서 피곤한가 하고는 더 괘념치 않았다. 어느 날 소량자는 선장船場에 장 보러 갔다가 미자에게 줄 머리기름 한 병을 사 가지고 왔다. 저녁에 그는 몰래 미자의 방 창밑으로 다가갔다.

"미자야, 내가 뭘 사왔게?"

방안에서는 고요히 대답이 없었다.

소량자가 말했다. "좀 나올래? 우리 저 방산두房山頭에 가자. 그 버드나무 밑에서 기다릴께!"

그러나 그 말에 대답하기라도 하듯 등잔불이 꺼졌다. 웬 일이지? 소량자는 도무지 무슨 일이 일어났는지 짐작할 수가 없었다. 그래서 그는 머릿기름을 창턱에 놓고 방안에 대고 나직이 말했다.

"여기 놓고 간다. 잊지 말고 들여가. 다른 사람들이 알면 쑥떡거릴테니까."

말을 마치고는 집 옆에 있는 나무 뒤로 숨었다. 이윽해서야 방문이 열렸고, 미자는 소량자가 사다준 머릿기름을 들고 들어갔다. 소량자는 그녀가 즐거워할 생각을 하면서 몸을 숨겨 집안 동정을 엿들었다. 그런데 방안에서 울음소리가 나지막하게 들려왔다.

얼마 후 최만광은 왕금종에게 자기 집에 한 번 다녀가라고 서찰을 전해왔다. 왕금종은 무슨 일인지를 알 수 없었으나 한 마을이라 일단 가보았다.

최만광은 상대를 보자 말했다. "앉으시오."

왕금종이 말했다. "무슨 일이세요?"

"별 일은 아니오."

"별 일이 없으면서 절 불러 어쩌시려구요?"

"좀 일이 있긴 한데…"

"무슨 일인데요?"

최만광이 말했다. "자네네 그 땅 5묘 내게 팔게. 그러면 내 땅이 쭉 이어질터인데."

왕금종은 그 말을 듣자 맞받았다. "그 일 뿐이신가요?"

"그렇네."

"조상대대로 이어져 제게 내려온 땅이라 안되겠는데요!"

최만광은 냉소했다. "이보게, 생각 좀 해보라구. 안 된대도 할수 없어!"

왕금종도 희죽 웃었다. "그런 말은 처음 듣습니다. 제 땅 가지고 제가 마음대로 못하다니요?"

"전에 그런 말을 했더면 통했을지도 모르지만 이젠 안되네…"

"왜 안 된다는 거죠?"

최만광은 묘한 표정을 지으며 말했다. "정 알고 싶은가?"

"물론이지요."

"그럼 자네 처제를 우리 며느리로 보내게…"

"그건 안됩니다. 우리 같이 한미한 집에서 어떻게 위를 쳐다보겠습니까!"

"정말인가?"

"정말이지요."

최만광은 담배를 부쳐 물고는 비밀이다 싶은 표정으로 머다이로하 마을에서 일어난 일들에 대해 이야기하였다. 그리고 한 마디 더 보탰다. "이젠 그애가 내 며느리로 들어온다고 해도 내가 싫으이. 그앤 우리 아들녀석하고 벌써 관계를 가졌다니까. 피 묻은 흰 손수건이 내 손에 있거든. 말이 나가면 왕가들은 세상에 할말이 없을 걸…"

"흥, 그 따위 수작 그만두시오!"

"못 믿겠다? 그럼 증거를 보려나?"

최만광은 또 냉소를 지으며 담뱃대의 재를 털어냈다. "물건 가져다 보여주지."

그는 방으로 들어가더니 장롱을 뒤지며 뭔가를 찾았다. 왕금종은 머리를 한 대 얻어맞은 것같아 그대로 최가 집을 나왔다. 집에 돌아와서 왕금종은 임계란을 불렀다. 그는 홧김에 최만광이 불렀던 일을 쭉 이야기했다. 그리고 한 마디 더 보탰다. "이 놈이 우리 땅이 탐나서 그러는 것 같애. 미자 얘긴 만들어낸 걸거야."

임계란이 말했다. "더러운 놈! 땅 절대 팔지 마세요!"

그리고 나서 부부는 곧 잠이 들었다.

그러나 언니의 마음에는 문득 의혹이 일었다. 요 며칠 사이에 동생이 뭔가 고민하고 있는 것 같았다. 말수도 적어지고 사람들 앞에 잘 나서지도 않았다. 영 딴사람이 된 것 같았다. 혹시…

임계란은 더 이상 생각하고 싶지도 않았다. 그녀는 옷을 찾아 걸치며 남편에게 말했다. "먼저 주무세요. 미자 신발본을 떠야겠어요."

동생 미자는 사랑채 작은 방에 잠들어 있었다. 언니는 옆에 앉아 동생을 지켜보았다. 동생은 마치 언니의 속마음을 알아 아는 듯 얼굴을 돌렸다.

"애야, 뭐 걱정거리라도 있니?"

"아니."

"아니야. 무슨 일이길래 언니에게도 말을 못하는 거니…"

"없다면 없는 거지."

"우린 어려서 부모를 여의고 서로 의지하며 살아왔는데 무슨 말을 언니에게도 못 하겠단 말이냐? 말해 봐. 그 최명귀란 녀석하고 무슨 일이…"

"언니, 그만두어…"

커다란 눈물방울이 미자의 볼을 타고 줄줄 흘러내렸다. 그녀는 언니의 품에 쓰러졌다.

임계란은 동생을 밀어 젖히며 뺨을 때렸다.. "너! 너! 언제 그랬어?"

이쯤되니 미자는 정신이 번쩍 났다. 다 큰 처녀에게 이런 일이 생겼으니 아무리 친언니라고 해도 말하기가 어려웠다. 그녀는 언니를 밀어내며 말했다. "들어가요. 별일 없어." 임계란은 화가 치밀어 벌떡 일어나 나가버렸다.

모든 것이 분명해졌다. 언니는 무슨 일이 일어났는지 알았다. 언니가 아니 형부도 알 수밖에 없었다. 그리고 앞으로 조카들도 알게 될 것이었다(임계란에게는 벌써 두 아이가 있었다). 그리고 나중에는 소량자와 종이 공장의 일꾼들도 다 알게 될 것이었다. 미자는 무서웠다. 죽고 싶었다. 그러나 죽어도 이대로 죽을 수는 없었다.

이날 점심 모두 식사를 마치고 쉬고 있을 때, 미자는 칼 한 자루를 잡아들고 집을 나섰다. 그녀는 최씨집 문 앞에 있는 작은 흙집 뒤에 숨어 기다렸다. 최명귀는 노름을 하고 친구 집에서 자다가 돌아오고 있었다. 그는 반쯤 눈을 감은채 동북 민요 오경조五更調를 흥얼거리며 돌아오고 있었다.

"정든 님 보내려고 대문 서쪽 나서니

문 앞을 나서다가 배 장수를 만났네.

님에게 사주려다 문득 생각 해보니

낭군님은 찬 걸 드시지를 못하네…"

미자는 이가 갈렸다. 악당 같은 최명귀가 작은 흙집을 막 돌아 설 때 미자는 칼을 꺼내 푹 찔렀다. 그러나 여자의 힘으로 겨우 상처만 조금 입혔을 뿐이었다. 최명귀가 사람 살리라고 고함을 지르자 하인들이 떼지어 뛰어나왔다. 칼을 든 사람이 도령님을 찌르려 하는 것을 보고는 삽시간에 에워쌌다. 최명귀는 무슨 일인지 알아채자 머슴의 손에서 칼을 빼앗아가지고 잡혀 있는 미자의 배를 찔렀다. 미자는 신음소리를 내며 피를 흘리고 쓰러졌다.

최명귀가 미자를 칼로 찔러 죽였다. 살인이 났다. 송사를 하자.

그러나 최씨집은 돈도 많고 세력도 강해서 어느 사이에 영길현永吉縣에 사람을 보내 뇌물을 썼다. 임계란은 최가가 살인했다고 고발했지만 최씨 집에서는 그게 아니고 "방위"를 했을 뿐이라고 우겨댔다. 왕씨 집에서 최가를 다시 강간죄로 고소했으나 미자는 벌써 죽어서 아무런 증거도 없었다. 증거물이 있다고 해도 최씨 집에서는 미자가 먼저 꼬인 것이라고 했을 것이었다. 왕씨 집에서는 여러 번 고소장을 올렸으나 현 관청에서는 모른 척 했다.

이른 겨울 임계란은 억울하게 죽은 동생을 땅에 묻었다. 종이공장의 일꾼들은 눈물을 삼키며 미자에게 버드나무 관을 짜주었다. 관은 매우 정성들여 정교하게 마련되었다. 종이공장 인부들은 저마다 손재주가 뛰어난 사람들이었던 것이다. 관 속에는 종이를 두껍게 깔고 겉에는 붉은 칠에 기름까지 먹이고, 거기에 조화를 덮으니 꽤 아름다웠다. 모두들 눈물이 글썽하여 시신을 안치했다.

"동생아!—" 임계란은 정신을 잃고 관 위에 쓰러졌다. 모두들 흐느껴 울었다. 그녀의 무덤은 캉다라산 자락에 자리 잡았다. 뒤로 큰산에 기대고 앞으로는 평야가 펼쳐졌고, 멀리 도도한 송화강이 바라보였다.

무덤이 만들어진 후부터 소량자는 늘 무덤을 찾아왔다. 그는 사나흘에 한 번씩 와서는 무덤 앞에 앉아 향을 피우고 종이를 사르면서 중얼거렸다. "미자야, 네가 정말 갔단 말야? 아무 일 없이 잘 지내더니. 말해 봐라, 정말 가버린 거야? 정말 세상에 없는 거야? 미자야, 믿을 수 없어, 니가 간 것 같지가 않아."

소량자도 이때부터 딴사람이 되었다.

어느 날 최명귀의 봉사 외삼촌이 캉다라에 찾아왔다. 문안에 들어서면서 그가 말했다. "소뿔은 단김에 빼야 한다, 단김에 빼야지!"

최만광이 말했다. "뭘 단김에 빼란 말야?"

"참말로, 이런 틈에 그 집 땅을 차지하라는 거지요!"

"어떻게?"

장님 외삼촌은 다시 이러이렇게 하라고 꾀를 내 주었다.

이날 최만광은 소백정 하나를 불러왔다. "이 소 자네에게 팔겠네. 은전 여덟 잎이야."

"어르신, 그렇게 싸요?"

"내가 싼 게 아니구."

"그렇지요. 말이 그만 이상해졌네요…" 소백정은 깜짝 놀라며 식은땀을 흘렸다.

"괜찮아. 그런데 일좀 해줘야겠어."

"말씀하세요, 어르신."

"자네 밤이 되면 이 소를 찔러서 왕금종이네 종이공장 쪽으로 쫓아. 핏자국이 왕씨네 종이공장까지 죽 나게 하고 거기서 죽이라구. 그럼 내가 소 한 마리를 더 주지."

"그럽지요, 어르신."

소백정은 돈에 눈이 어두워서 소를 찔러 가지고 최씨집에서 나와서 다시 왕씨네 종이공장 옆에서 죽였다. 날이 밝았다. 최씨집에서는 소를 잃었다고 난리가 났다.

왕씨네 종이공장에서는 여느 때와 마찬가지로 일을 시작했다. 그런데 펄프를 찧는 연자매를 돌리는 소에게 멍에를 막 씌웠는데, 현縣의 포졸捕快 몇 명이 뛰어들어 막무가내로 왕금종의 목에 오랏줄을 씌우는 것이었다.

"이거 왜 이러는 거예요?" 왕금종이 화가 났다.

"소 훔쳤지 않아!" 포졸이 말했다.

"무슨 증거가 있어요?"

"핏자국."

"핏자국이요? 어디요?…"

"흥, 죽어도 알아야겠단 말이지." 포졸은 그를 울 밖으로 끌고 나왔다. 나와 보니 실제로 핏자국이 담장 밑까지 이어져 있었다. 집 뒤에 가 보니 소 한 마리가 죽어 넘어져 있었다. 이 일을 어떻게 하면 좋단 말인가? 입이 열 개라도 변명할 수가 없었다. 포졸은 당장 그를 끌어다가 감옥에 집어넣었다.

어느 날 누군가 문을 탕탕 두드려서 나가보니 최만광이 찾아온 것이었다. 그때 남편은 벌써 반년 이상을 옥중에 갇혀 있었다. 임계란은 주인 없는 집 주인 노릇을 해야했다. 두 살·네 살짜리 아이를 키우면서,

종이공장까지 돌봐야 했으므로 정신없이 일에 빠졌으나 점점 빚더미에 올라앉아 있었다. 최만광은 집안에 들어서자 단도직입적으로 말했다.

"다른 일이 아니라 그 땅을 나에게 좀 팔라고…"

"팔지 않으면요?"

"그럼 또 어떤 일이 일어날지 모르지."

"판다면요?"

"이 집 모든 재앙을 면할 수 있겠지."

"아, 그렇군요."

"그럼 팔겠다는 건가?" 최만광은 기분이 좋았다.

"당신, 썩 물러가요!"

임계란은 입을 악물고 몽둥이을 집어들어 최만광을 내쫓았다. 울 밖으로 나온 최만광은 냉소를 띠며 뒤를 돌아 보았다. "이제 두고 봐라, 어떻게 되는지."

갈수록 살림은 어려워지고 아이들도 어려서, 임계란은 감옥에 있는 남편을 면회갈 때마다 집에 있는 물건을 팔아 돈을 마련하곤 했다. 결국 땅을 팔 생각까지 하게 되었다. 그렇지만 최만광에게는 팔 수가 없었다. 성 안에 사는 사람이 목숨과도 같은 땅을 판다는 소문을 듣고 높은 값에 그 땅을 샀다. 그런데 그 자가 최만광과 한 통속일 줄이야 어찌 임계란이 생각했으랴. 그는 그 땅을 사 가지고 바로 최만광에게 팔아먹은 것이었다. 최만광이 땅문서를 들고 와서 왕씨집안 선산을 옮기라고 호통을 쳐서야 임계란은 그 곡절을 알게 되었다. 그러나 후회해도 소용없는 일이었다.

그로부터 일년 후, 어느 봄날 왕금종이 출옥했다. 그는 이불짐을 지고 마을 길을 걸어 들어오며 자기가 없는 동안 집사람이 땅을 가꾼 것을 살펴보았다. 그러나 그 땅으로 들어가 보니 돌비석에 최만광이라고 바뀌어져 있었다. 마음에 짚이는게 있었다.

집에 들어서니 아내와 아이들은 반거지가 되어 있었다. 입은 옷은 다 해지고 바싹 말라서 피골이 상접했다. 이 몇 년간 집안에 줄줄이 일이 터져서 재판을 하고, 옥바라지를 하느라고 온 집안이 거덜났음을 알았다.

아내 임계란은 그의 가슴에 의지하여 울었다. 몇 년 동안 아내가 겪은 고생을 생각하면 원망 한 마디 할수 없었다. 그러나 가슴 속에 가득 찬 울화를 풀 길이 없어 그만 몸져눕고 말았다. 그러다가 그 해 가을, 왕금종은 세상을 떴다. 그렇게 단란하고 행복하던 가정이 깨져 망한 것이었다.

이날 임계란은 종이공장 일꾼들에게 말했다. "집안 닭을 잡아 끓입시다…" 그리고는 장롱에서 마지막 남은 은전을 꺼내어 한 사람에게 두 닢씩 나누어 주었다. "이건 몇 년간 고생한데 대한 적은 정성이니 받으세요." 일꾼들은 서로를 쳐다볼 뿐 누구도 받으려 하지 않았다. 여섯명 일꾼들은 주인집에서 몇 년 당한 불행을 직접 보아왔기 때문에 얼마나 억울한지를 알고 있었다. 세상에 이런 일이 어떻게 있을수 있단 말인가. 게다가 이 일련의 사건을 누구 꾸민 것인 줄을 다 알면서도 속수무책이었다. 그들은 임계란이 오늘 어딘가 평시와는 다르다는 것을 알고 "십장 우씨"에게 눈짓을 했다.

십장 우씨는 우홍인于洪仁이라 했는데, 제지 업종에서는 알아주는 기술자로, 담대하면서도 후덕하고 자상해서 일이 생기면 모두들 그를 우두머리로 받들어 모셨다. 이날 그는 여러사람의 마음을 이해하고 임계란의 팔을 잡으며 말했다.

"얼마 안되는 건데, 그냥 가지고 계세요."

임계란은 고집스럽게 우홍인에게 말했다. "이번 식사를 마지막으로 우리 모두 헤어집시다. 모두들 제 갈 길을 가야지요."

우홍인이 말했다. "누님, 우린 이 돈 필요 없습니다."

"적어서 그래요?"

"아니, 그게 아녜요. 이 집일을 우리가 직접 보아왔는데… 원수를 갚으시려는 것 아닌가요?"

"혼자된 여자가 애 둘을 데리고 뭔 수가 있어요!"

모두들 벌써 알아챘다. 우홍인이 말했다. "하신다면 저희들이 돕지요."

임계란의 눈길이 빛났다. 그녀가 말했다. "도와주겠다면, 좋지요!"

즉석에서 바로 방법을 상의했다. 먼저 두 아이를 화전樺甸에서 수공업을 하는 우홍인의 숙모 댁에 맡겨 부탁하기로 하였다. 그리고 나서 모두 어떻게 할지 각자의 일을 분담했다. 이날 왕씨네 종이공장은 조업을 중단했다.

임계란은 창고문을 잠그고 숫돌을 찾아 종이를 자르는 칼을 삭삭 갈기 시작했다. 남편이 생전에 관성자寬城子에 있는 관동關東 유명한 정발鄭發의 대장간에서 사온 것이었다. 여러 해를 썼지만 잘 갈기만하면 바로 날이 예리하게 섰다.

소량자, 우홍인 등 일꾼들도 각기 마굿간과 외양간에서 밤에 할 일을 준비하였다. 그들도 이 일을 하면 어떤 결과가 올지 명확히 생각해 본 것은 아니었다. 완전히 최씨 집안에 대한 원한과 여주인에 대한 동정심에서 일을 시작한 것이었다. 정말 사람을 살아갈수 없게 만드는 더러운 이 세상에 대한 분노였다.

밤은 서서히 다가왔다.
임계란은 집안에 마련된 남편의 영정 앞에 촛불을 켜고 향을 피웠다. 그리고는 털썩 꿇어 엎드렸다. 굵은 눈물 방울이 줄줄 흘러내렸다.
"여보, 당신과 동생의 원수를 갚을 때가 되었어요. 오늘 밤 결관이 날 겁니다. 성공하면 당신에게 충실했던 일꾼들 모두 멀리 떠날 거예요. 만일 잘못되면 곧 당신을 찾아갈 거예요. 절 기다리세요!"
재배를 하고 그녀는 촛불을 끄고 방으로 들어갔다. 밤이 점점 깊어졌다. 캉다라 마을에는 고요가 깃들었다. 하늘에서는 잔 별들이 반짝반짝 빛나고 있었다. 멀리 큰 강이 고요히 흘러가고 있었다. 일행 7명은 손에 칼을 들고 봄밤의 이슬을 밟으며 조용히 최씨집으로 스며들었다.
그 해 왕금종도 죽고 그 땅도 손에 넣은 데다, 아들의 욕심마저 채워주고 나서, 최만광은 홀로 생계를 이어가는 임계란 따위는 염두에 두지도 않았다. 그는 첩을 하나 들여 캉다라 마을에 방 하나를 더 마련해 놓고 꿀 같은 신혼생활을 하고 있었다. 도박에 미친 아들 최명귀는 도박으로 세월을 보내며 집에 들어오지 않아 집에는 큰마누라 구씨邱氏 혼자 하인 몇 명을 데리고 살고 있었다.
이런 상황에 따라 임계란과 일꾼들은 각자 일을 분담했다. 그녀는 일꾼 하나를 데리고 최만광을 맡고, 우홍인과 소량자는 도박판에 가서 최명귀를 끌어내 처치하고, 나머지 네 사람은 최씨집 장작더미에 불을 지르고, 강가 나루에서 만나 살길을 찾아가기로 약속했다. 임계란과 일꾼이 최만광이 머물고 있는 집에 찾아갔을 때 그는 첩과 달콤하게 잠에 빠져 있었다. 봄날이라 날씨가 춥지 않아서 문도 걸지 않았다. 집에 들어가자 임계란이 방문 앞에 서서 최만광을 부르며 말했다. "일어나, 일어나. 집에 보내줄 터이니…"

최만광은 눈을 뜨며 말했다. "누가 성가시게 굴어, 이 오밤중에!"

임계란이 말했다. "나다."

하얀 달빛 아래 최만광은 찾아온 사람이 들고 있는 칼을 보았다. 그가 사정이 불리함을 느끼고 창문으로 뛰어 도망치려는 것을 임계란이 칼을 들어 찔렀다. 최만광은 죽은 돼지처럼 방바닥에 쓰러졌다. 첩은 사시나무 떨듯하다가 임계란과 함께 온 일꾼에게 단단히 결박 당했다.

한편, 소량자와 우홍인은 최명귀의 노름친구 집에 가 창문에 대고 불렀다. "도련님, 외삼촌이 오셨어요. 급한 일이 있으니 어서 오시라고 해요!" 외삼촌의 말을 잘 듣는 최명귀는 노름패를 밀치며 창밖에 대고 소리쳤다. "어디 계셔?" 두 사람은 제잡담하고 양쪽에서 칼을 휘둘러 이 흉악한 놈을 끝장내 버렸다.

이때 최가네 집 쪽에서 불길이 훨훨 치솟았다. 그쪽으로 갔던 일꾼 넷은 최가네 집에 있던 총 5자루를 메고 왔다. 마을에는 닭울음소리 개 짖는 소리가 소란스러웠다. 일곱 사람은 그 혼란을 틈타 나루에 모여 송화강을 건넜다. 날이 점점 밝기 시작했다.

동틀 무렵 그들은 강 서쪽에 있는 사방대四方臺에 이르렀다. 사방대는 말 그대로 주위에 같은 모양의 산이 네 개 솟아있고, 그 가운데에 둘레 수백리 되는 분지가 펼쳐져 있었다. 숲이 울창하고 인적이 드물었다. 모두들 피곤하여 풀밭 위에 드러누웠다. 얼마 되지 않아 문득 "획 획" 하는 소리와 함께 나비 무리가 바람처럼 날아와 순식간에 해를 가리웠다. 그러더니 잠시 후 그리 멀지 않은 곳에 내려앉는 것이었다. 우홍인은 옛날 책에서 이것이 길조라고 말한 것을 기억하고 졸음이 달아났다. 큰일을 해낸 후의 자신감과 보람으로 마음이 기꺼웠다. 그가 말했다.

"여보게, 이제 우린 산속 도적이 되었네. 그러자면 아무리 '마적',

'산적'이라 해도 두목이 있고 호칭도 있어야 하는데…"

모두들 동감했다. "맞습니다. 맞지요!"

우홍인이 말을 이었다. "내 생각으로는 누님을 두목으로 했으면 하네."

모두들 말했다. "좋습니다! 맞아요!"

임계란은 한동안 생각에 잠겼다가 말했다. "여러분들의 은공은 평생 잊지 않을께요. 일은 저 때문에 벌어진 것이니 모두 잘살게 해드려야 할 터인데, 저같은 여인네가 무슨 힘이 있겠어요."

우홍인이 말했다. "자고로 여인중에도 영웅이 나왔지요. 누님, 사양하지 마세요!"

다른 사람들도 말했다. "그 말이 맞습니다."

임계란이 말했다. "좋아요. 여러분이 저를 믿어주시니 제가 앞장서지요!"

모두들 그게 좋다고 했다. 우홍인이 말했다.

"무슨 일이든 이름이 있는 겁니다. 이름이 없으면 말이 서지 않거든요. 누님이 우리 우두머리가 되셨으니 이름을 붙여드려야 겠는데, 뭐라고 하면 좋을까?"

이때 바람이 불어오며 한 떼의 꽃나비가 머리 위로 날아갔다. 우홍인이 무릎을 치며 말했다. "이거야! 우리 누님 별호를 '꽃나비花蝴蝶'라고 부르자! 우린 누님 휘하 병사가 되고…"

"그렇게 합시다!" 모두들 하늘이 기회를 주셔서 좋은 터를 잡았다고 생각하였다. 임계란은 잠깐 생각하더니 머리를 끄덕이며 말했다. "여러분이 좋다면 그렇게 부르도록 하지요. 앞으로는 본 이름을 숨기고 각자 별명을 지어 부릅시다. 그런데 한 가지 우리는 남을 쳐 먹고 살더라도

꽃나비의 은둔지

무고한 백성을 해치지 맙시다. 그러면 우리 이 '꽃나비' 라는 이름이 세상이 떨칠 겁니다.."

그 자리에서 우홍인은 풀을 뜯어서 향 대신 땅에 꽂았다. 그리고는 제법 정색을 하며 말했다. "꽃나비 주인어른, 상좌에 앉으셔서, 저희 형제들 인사를 받으시지요."

"꼭 이렇게 해야만 할까요?"

"이건 하늘의 뜻입니다."

임계란은 사양할 수가 없음을 알고 상좌에 앉았다.

바로 이때 멀리서 "꽝―" 하는 총소리가 들려왔다. 꽃나비 임계란이 말했다. "이게 웬일이야!"

모두들 잽싸게 납작 엎드렸다. 그리 멀지 않은 수풀 속에서 스치는 소리가 나더니 무언가 급히 움직이는 것이 보였다. 잠시 후 노인이 피를 흘리며 서너사람을 거느리고 그들 옆 풀섶에서 나와 지나갔다. 뒤에서는 고함치는 소리가 들려왔다. "도망치지 못하게 해! 빨리 쫓아가!"

목소리가 난지 얼마 안 되어 한 무리가 쫓아왔다. 임계란은 상황이 안좋은 것을 보고 소리쳤다. "우리 얼른 흩어 집시다!" 그리고는 사람들을 데리고 그 부상당한 노인이 간 방향으로 뛰었다. 나중에 안 일이지만 이곳 사방대 지역에는 자위대自衛隊가 자리를 잡고 있었는데, 대장은 유만괴劉萬魁이고 별명을 "劉 발발이快腿"라고 했다. 수하에 7백여 명을 두고 8개 중대로 나누어서 수시로 산에 들어 마적을 소탕하곤 했다. 얼마 전에 "유쾌퇴"는 사방대에 "쾌활 노인快活爺"이라는 두목이 이끄는 마적 50여 명이 30여 자루 총을 가지고 있다는 소리를 들었다. 그래서 백여 명 자위대를 거느리고 "쾌활 노인"의 소굴을 포위하고 들이닥쳐 추격하던 중이었다. 그는 물론 "꽃나비"라고 하는 마적단이 그들의 포위권에 들어있다는 것은 몰랐다.

한참을 뛰다가 그녀는 졸개들과 흩어지고 말았다. 사방에서 총소리만 요란하게 들릴뿐이었다. 나무 뒤에 웅크리고 앉아있는데, 등 뒤에서 한 놈이 말했다. "여기 또 하나 주웠군!" 마적들은 잡는다는 것을 "줍는다"고 했다. 말을 마치고는 곧 그녀를 껴안았다. 빠져나가려고 바둥거리자 또 둘이 나타나 그녀를 묶어버렸다. 눈을 검은 천으로 가리고, 입을 더러운 천으로 틀어 막아 끌고 갔다. 얼마나 지났는지, 말에 태우기도 하고 걸리기도 하면서 사방대의 자위단 지휘부로 데리고 갔다.

결박이 풀려 임계란은 둘러 보았다. 나무로 만든 귀틀집 안인데, 돼지우리 처럼 마른 풀을 깔아놓았다. 다른 형제들은 어떻게 되었는지 알 길이 없었다. 눈물이 절로 나왔다. "어서 날 죽여다오!" 밥도 먹지 않고 물도 마시지 않고 내내 울기만 했다.

경호병이 희한하다고 생각했던지 유쾌퇴에게 보고했다.

"제밀할 년. 왜 밥은 안 먹는대?" 유쾌퇴가 욕설을 퍼부었다.

"모르겠는데요, 한 마디 말만 하네요."

"뭐라고 그래?"

"죽여달라고요."

"죽여? 그렇게 쉽게 죽여줄까? 가자, 어디 좀 보자!"

경호병이 유쾌퇴를 안내하여 가둔 곳으로 왔다. 유쾌퇴는 그녀가 젊은 여인인 것을 보고 놀랐다. 그때 임계란은 비록 두 아이의 어머니였으나 아직 22세 어린 나이였다. 게다가 조선족 임씨집안 딸들은 거의 다 출중하게 성성한 편이었다. 며칠 먼길을 걷느라 피로가 배어있었지만 미모는 그대로였다. 게다가 사방대 자위단의 남자들은 여자 뒷모습도 본지가 오랬다.

그러나 유쾌퇴는 그녀의 속내를 알지 못했다.

그래서 물었다. "왜 시끄럽게 이 야단이냐? 밥도 안 먹고?"

경호병이 말했다. "할 말이 있으면 해. 우리 자위단 유사령관이시다…"

임계란이 말했다. "한 가지 청이 있오."

"말해 봐라!"

"날 어서 죽여 주시오!"

"언제?"

"지금."

"좋아! 총 가져와!"

유쾌퇴가 손을 내드니 경호병이 허리춤에서 번쩍이는 권총을 꺼내 안전장치까지 풀어서 건네주었다. 유쾌퇴는 그 총을 받아 그녀의 이마를 겨누었다. 임계란은 눈 한 번 깜박이지 않고 검은 총구를 들여다 보며 기다렸다. 그러다가 상대가 방아쇠를 당기지 않자 조롱조로 말했다. "왜? 당기지 못하겠나?"

이때 경호병 하나가 들어와 유쾌퇴 귀에 대고 낮은 목소리로 말했다. "쾌활노인 놈들은 이 여자 일당을 모른다고 합니다. 다른 놈 말로는 이 년이 캉다라 왕씨네 종이공장 주인이라고 합니다. 원수를 죽이고 새로 무리를 이뤄 '꽃나비' 라고 했답니다…"

임계란은 상대가 말이 없자 또 물었다. "왜 아직도 쏘지 못하나?"

"왜 죽고 싶은지 좀 알고 싶은데."

"흥, 내가 산에 오른 건 원수를 갚기 위해서였는데, 이젠 원수도 갚았으니 죽어도 한이 없다."

유만괴는 그 말을 듣고는 마음이 움직였다. 제법 굳센 여잔데, 여걸이라 할만해. 남겨두면 쓸만하겠어.

"보아하니 아직도 할 말이 남은거 같은데, 본 사령관이 자세히 조사해 보고 죽여도 늦지는 않겠다. 끌고 가."

그 날밤에 유만괴는 식당 요리사에게 요리 몇 가지를 시켜 자기 방에 가져다 놓고 임계란을 끌어왔다. 경호병이 나간 후 유쾌퇴는 멍히 서있는 임계란에게 말했다. "꽃나비 두목, 왜 서 있기만 하는가? 자네나 나나 배가 고픈데 식사부터 하지."

유쾌퇴는 임계란이 대꾸가 없는 것을 보고는 제가 먼저 전병을 가져다가 파와 콩나물 볶음을 싸서 맛있게 먹었다. 임계란도 물론 배가 고팠다. 생각해 보았다. 죽더라도 배부른 귀신이나 되야지. 그는 서서히 다가와 구들턱에 걸터앉아 전병을 집어다가 먹기 시작했다. 꽃나비도 유만괴도 서로 다투듯이 게걸스레 음식을 먹었다. 어느 정도 배가 부르자 유만괴가 말했다. "신발 좀 빌려줘. 나가서 소변 좀 봐야겠어…"

그녀는 신발을 유만괴에게 건네주었다. 유만괴가 신발을 신으려고 할 때 꽃나비는 번개처럼 그의 아랫배를 머리로 받아 쓰러뜨리고 총을 빼앗아 죽이고 도망치려 했다. 그녀가 어찌나 힘을 썼던지 유만괴는 그만 구들 바닥에 벌렁 나가 넘어졌다. 꽃나비는 바로 이 틈을 타서 총으로 손을 뻗었다.

그러나 총을 뽑으려던 그녀의 손은 유만괴에게 잡혀 버렸다. 몸을 빼서 도망치려고 했으나 유만괴의 다리에 잡혀서 움직일 수가 없었다. "하하하!" 유만괴가 웃으며 말했다. "그만하면 괜찮아! 하지만 네가 그럴 줄 알았어. 그래도 솜씨는 칭찬할 만하네. 대단해!"

꽃나비는 도망칠 수가 없게 되자 물었다. "어쩔 셈이냐?"

유만괴는 방바닥에 누워 일어서려고 하지 않았다.

"꽃나비 두목, 대단해. 여기 이 사령관에게 담뱃불부터 한대 부쳐주시지…"

그는 담배와 성냥을 꺼냈다. 꽃나비는 그를 흘끔 흘겨보았다. 담뱃불을 부쳐주는 수밖에 다른 도리가 없었다. 그러나 유만괴는 그녀를 그냥두지는 않았다. 그는 누운채 담배를 피우며 말했다. "꽃나비 두목양반, 요구가 있는데 말해도 될까?"

"할 말이 있으면 어서 해!"

"그래, 시원시원하군!"

"널 내 마누라로 삼을려고 하는데…"

"헛소리하시는군, 꿈꾸지 말아. 이 몸을 바로 구덩이에 던지더라도 너같은 마적 말은 들을 수 없어!"

"아니, 그렇게 말하면 않되지. 그래, 난 마적이야. 달리고 싸울 때 발이 빠르다고 유쾌퇴라고 부르지. 너도 마적이야. 꽃나비라고 한다지. 이쁘게 생겨서 그렇게 부르겠지, 풀밭의 꽃나비처럼. 우리 둘은 그래도 같은 점이 있어."

"같은 점이 뭐가 있어!"

"그게 아니지. 너나 나나 모두 공산당과 백성은 치지 않는다는 거야. 네게 집안의 원수가 있었다면 나도 피맺힌 한이 있었어."

"당신같은 사람에게도 한이 있다구?"

"그래. 난 다섯 살에 부모를 여의고 삼촌을 따라 동북에 왔는데, 때마침 일로전쟁이 일어나서 삼촌은 러시아 사람들에게 잡혀가 철로 공사 인부로 일했지. 난 건요乾佬라고 하는 이가 데려다가 거지들이 사는 집에서 컸고. 나중에 삼촌은 러시아 사람들의 총에 맞아 돌아가시고. 그래서 난 그 텁석부리 몇 놈을 죽이고 사람들과 동산에 올라왔어."

유만괴는 말하는 동안 자기도 모르게 꽃나비의 손을 풀어 주었다. 그리고는 창문쪽으로 가서 담배를 뻑뻑 빨았다. "생각해 보았지. 요즘 세상 좋은 사람은 찾기 어렵고, 총대 들고 산에 올라 마적 노릇을 하는 것만이 살 길이라고 생각했지. 그런데 사실 말이지 누가 이런 우리 마음을 이해해 줄까? 어디 가서 이런 말을 해 보겠나?"

그 말을 듣고는 꽃나비도 놀라지 않을 수 없었다. 수염이 더부룩한 이 늙은 마적 마음에도 저런 괴로움이 있다니. 그녀는 이 방에 끌려온 다음 줄곧 그를 살펴보고 있었는데 마적이었지만 농사꾼의 습관이 그대로 남아 있었다. 밥을 먹을 때 수수쌀 한 알이 떨어져도 엉겅퀴같은 손가락으로 집어서 입에 넣는 것이었다. 그 장면이 그대로 마음에 남아 있었다. 그도 사람인 건 분명해. 게다가 이제 마음속 말까지 듣고 꽃나비는 저도 모르게 마음 속으로 생각했다. 이 사람이 정말 좋은 사람일까? 원수를 갚고 재난을 피하여 나선 것도 바로 몸 하나 건사할 자리를 찾기 위한 게 아니었는가? 이 사람이 만일 사내 대장부라면 이 꽃나비도 의탁할 데가 생긴 것이 아닌가?

이때 유만괴의 담뱃불이 또 꺼졌다. 관동 재벌이 만든 엽초였는데 누기가 차서 불이 자주 꺼졌다. 그는 이리저리 성냥을 찾다가 말했다.
"미안, 담뱃불 한 번 더 부쳐주지."

꽃나비는 성냥을 찾아 등뒤에 감추며 말했다. "유두목, 방금 말한 게 모두 사실이요?"

유만괴는 꿈틀 놀라더니 머리를 끄덕였다. "그래, 모두 마음속 말이야. 지난 몇 년간 사방 떠돌며 동분서주하다 보니 속 말 나눌 상대를 만난 적이 없거든. 오늘 자넬 만나 웬 일인지 이런저런 말을 하였네……"

착―! 꽃나비는 성냥을 그었다. 그리고 유만괴의 담뱃대에 불을 댕겨주었다.

며칠 후 사방대 유쾌퇴의 무리에서는 방을 써 내걸었다. "길림민중자위군吉林民衆自衛軍" 야영지에는 깃발을 여기저기 꽂고, 풀밭에는 사람들이 무리지어 앉았다. 그들은 8명씩 혹은 10여명씩 둘러 앉았는데, 앞에는 잘 익은 항아리 술, 기름떡, 고기, 절인 오리알 등이 차려져 있었다. 다른 한편에는 천막이 쳐지고 긴 걸상에는 대소 두목들이 나란히 앉았다. 그들 한가운데에 유만괴와 꽃나비가 단정히 앉아 있었다.

이곳 저곳에서 이따금 총소리가 울렸다. 총소리가 나고 나서는 반드시 한 무리 인마가 나타났고, 대개는 고함을 지르곤 했다.

노이가老二哥요―!

평남양平南洋이요—!

동북풍東北風요—!

점중화占中華요—!

이것은 바로 이른바 "전편典鞭"이라고 하는 동북 마적 사이의 일종 규칙이었다. 마적들 중에 큰 일이 생기면 큰 무리 두목이 다른 무리 두목들을 불러 함께 의논하는 자리를 가지는 것을 "전편"이라고 했다. 오늘은 유만괴가 그 관할 내에 있는 무리들을 불러 큰 거사를 의논하고자 모인 것이었다. 여러 무리 두목들이 거의 다 모여 자리를 잡고 앉은 다음 유만괴가 일어섰다. 그는 하얀 장갑을 벗고 목소리를 가다듬더니 말을 꺼냈다.

"여러 두목들과 형제들! 먼저 좋은 소식을 하나 알려드리지요. 제게 안사람이 생겼습니다. 여러분의 형수인 셈이지요…"

그는 곁에 앉은 그녀를 슬쩍 밀었다. 그녀가 일어나 얼굴을 붉히며 두 손을 맞잡고 인사를 했다. 유만괴가 말했다. "우리에게 들어오면 별명이 없을 수 없는데, 이 사람은 꽃나비라고, 본인이 지은 거랍니다!"

"좋은 이름인데!"

"멋있어."

"그분 참 기운차 보이는 걸!"

모두들 한마디씩 떠들어댔다.

누군가가 말했다. "형님 대단한데요. 언제 형수를 맞아들였어요? 정말 부럽습니다!"

유만괴가 웃으며 말했다. "너희 형수는 제 발로 걸어 들어왔다네. 그런데 한 가지, 이 사람이 여염집 여자라는 사실을 명심해 두라구. 이 사람도 우리와 마찬가지로 고생 많이 하다가 원수를 갚기 위해 산에 올랐다네. 이상한 눈길로 봐선 안 되네."

"물론이죠!"

"누구든 주제넘는 행동을 했다간 알아서들 해!"

"그야 물론이죠!"

모두들 예에 대답하며 하하 큰 소리로 웃었다. 유만괴도 마음이 흡족했다. "이게 오늘 첫 번째 일이네. 나와 이 사람 결혼식 축하잔치라 생각하고 마음껏 먹고 마시자구. 두 번째 일은, 다들 벌써 들었겠지만 일본 사람들이 우리 동북 삼성을 점령했는데, 팔로군은 병력이 약해서 때에따라 일본군 대부대를 피해가지 않을 수 없다누만. 우리도 중국 사람이니 양심을 가지고 왜놈들이 우리 동북 삼성에 터를 못잡게 해야지!"

"형님! 형님 생각을 말씀해 주시구랴"

"오늘 형제들을 모이게 한 것도 바로 해륜海倫을 어떻게 치면 좋을까 의논하기 위해서요. 그렇지. 정보원料水이 보낸 소식에 의하면 해륜에 일본군 부대가 주둔해 있는데, 대장은 다노 소장田野少將이라고 하네. 우리 양아버지인 쌍성진 수사雙城鎭守使 조지흠趙芷鑫께서 사람을 보내 안팎에서 호응해 주시겠다고 하였고, 섣달 초열흘날에 해륜을 치려네. 겨울이 돼 가는데 형제들에게 솜옷이라도 장만해 입혀야 할게 아닌가! 총도 좀 좋은 걸로 바꾸고 말이야…"

"음!"

"좋습니다. 좋아요!"

두목들 중 다수가 찬성했으나 걱정하는 이도 없지 않았다. "일본군은 기병대가 있는데 우린 행동이 굼뜨니 들이쳤다가 퇴각이라도 하게 되면 느려서 큰일인데요!"

"그러니까 반드시 실수가 없도록 하자는 거지." 유만괴는 신혼의 즐거움을 안고, 한편으로 전투 명령을 내리면서 꽃나비에게 말했다. "부인, 왜 그렇게 서 있어요. 어서 형제들과 여러 두령들에게 술을 따라야지!"

이 날밤 사방대의 마적들은 밤새껏 즐겼고 삼일을 이어 놀았다. 그리고 꽃나비 임계란은 평생 두 번째 결혼생활을 경험하고 있었다. 첫번째 남편인 왕금종에 비하면 유만괴는 그야말로 인물이라고 할만 했다.

엄동설한에 무리는 사방대를 떠나 해륜을 향해 길을 떠났다. 하루 종일 눈보라가 쳐서 하늘과 땅의 경계를 분간하지 못할 정도였다. 사방이 뽀얀 눈보라에 휩싸였고 추위가 살을 에는 듯했다. 두껍게 쌓인 눈길 위로 눈썰매가 달리고 있었다. 마적들은 한 무리씩 썰매 위에 앉아 총을 끌어안고 엉겨 앉았다. 눈보라는 잠깐 사이에 그들의 목과 저고리 소매에 들어차서 얼마를 가다가는 "정차 정차! 눈들 털엇!" 하고 누군가 고함을 지르곤 했다.

그러면 그들은 목덜미며 저고리 소매의 눈을 파내곤 했다. 수염이 긴 사람들은 수염에 고드름이 맺혀 입도 벌리지 못할 지경이었다. 이런 사람들은 손에 나뭇가지를 들고 있다가 수시로 고드름을 쳐내야 했다. 영하 40여 도의 강추위라 물방울이 금방 얼음이 되었다. 오줌을 누면 바로 얼음기둥이 되어 사람에게 붙어서 작은 나뭇가지로 오줌 기둥을 깨뜨려야 했다. 이런 모습이 관동 지방의 추위였다.

유만괴와 꽃나비는 덮개가 있는 썰매를 타고 있었다. 이런 썰매는 양쪽에 나무 기둥을 세우고 개가죽을 덮고 작은 쪽문을 내었는데 그 문을 "바람눈風眼"이라 불렀다. 안에는 자그마한 난로도 피울 수 있었다. 유만괴는 형제들이 걱정되어 얼마간 달리다가는 밖으로 나와서 형제들을 살피곤 했다. 꽃나비는 그런 모습이 더욱 존경스러웠다.

날이 어두워져서 무리는 해륜에서 20여 리 떨어진 유수대자楡樹臺子의 큰 마차 여인숙에서 하룻밤을 묵기로 했다. 식사를 마치고 밖에 천막을 짓고 자리를 마련했다. 여인숙의 주인인 유쾌퇴의 끄나불이 들어와 말했다. "두목, 정보원이 편지를 보내왔는데 해륜의 일본인들이 병력을 증가했다는군요!"

"뭐야? 그럴리가!"

유만괴는 담배 통을 내려놓고 일어나 앉았다. "믿을 만한 소식인가?"

"믿을 만 합니다. 제 처 외삼촌의 고모가 해륜에서 방금 소식을 전해 왔는데요."

꽃나비가 말했다. "여보, 무리 안에는 의심스러운 흔적이 없어요?…"

"자네 말은 누가 정보를 누설했다는 거요?"

"그렇지 않고서야 일본군이 왜 갑자기 병력을 증가했겠어요?"

"그럴 수는 없어!"

유만괴는 여인숙의 주인에게 말했다. "끄나불과 계속 연락해 보게. 밤새워 소식을 전해 달라고 해!"

여인숙의 주인이 나가자 꽃나비가 말했다. "상황이 아주 급하네요. 소식이 사실이라면 우린 즉시 철수 해야 해요. 무리해선 안돼요!"

"여보, 무서운가? 만일 일본놈들이 별 생각없이 군대를 증파한 것이라면 두려울 것 없지 않소? 게다가 이렇게 큰 무리를 이끌고 여기까지 오기도 쉬운 일이 아니고."

꽃나비는 그 말에도 일리가 있다고 생각했다. "그럼 먼저 쉬세요. 저는 밖에 나가 형제들 천막을 돌아보고 올께요."

눈보라는 여전히 포효하듯 불어댔다. 임계란이 어느 천막에 이르렀을 때 두런거리는 말소리가 들렸다. "해륜의 일본인들이 군대를 증파했다며? 귀신이 곡할 노릇이야! 두령이 일본인과 내통한 거 아닐까? 우리를 자기 벼슬자리 하는 선물로 바치려는 건 아닐까 말이야!"

"그러게 말이야! 그렇지 않고서야 왜 계란으로 바위를 치려 하겠어!"

그 목소리는 지난 가을에 무리에 들어온 "평남양平南洋"의 것이었다. 임계란이 다른 천막에 다가가니 또 두런거리는 말소리가 들렸다. "전방에서 온 소식이 틀린 모양이야. 일본군은 대대가 아니라 사단이라네!" 이건 겨울 들어 갓 무리에 들어온 "소금산小金山"의 목소리였다.

임계란은 더 이상 들을 수가 없었다. 그녀는 그 길로 방에 되돌아 와서 유만괴가 덮은 외투를 벗겨내며 말했다. "여보, 오늘 솔직히 말좀 해주세요. 난 당신이 사내다워서 따라나선 건데, 당신이 혹 일본사람에게 붙은 건 아닌지…"

유쾌퇴는 깜짝 놀라며 일어나 앉았다. "여보, 당신 미쳤어? 내가 그런 사람으로 보여?"

"그런데 밖에서 모두들 당신이 일본놈과 내통했다고 그래요!"

"뭐야? 정말 그런 말을 해?"

꽃나비도 화가 치밀었다. "당신! 거짓말 하지 말아요! 실토하지 않으면 내 한 방 갈겨버릴테야!"

유쾌퇴는 또 한 번 꿈틀 놀랐다. "여보 여보! 당신이 날 못믿는 거야?"

"난 믿지만, 총은 당신을 안믿어요!"

팡—! 이때 갑자기 밖에서 총소리가 들려왔다.

"큰일났다! 일본놈들이 밀려온다—!" 누군가 밖에서 고함을 쳤다.

총소리와 발자국 소리가 어지럽게 들려왔다. 유쾌퇴가 말했다. "여보! 이거 무슨 일이 터진것 같아!" 그는 말을 마치기 무섭게 총을 꺼내들고 밖으로 뛰어 나갔다.

"서! 어딜 도망가려구—!"

당황중에 임계란은 총을 빼서 유쾌퇴의 등을 눌러댔다.

"여보, 어쩌려구 이래?"

"당신 의심스러워요."

"당신! 당신…" 이때 문이 쾅 열리며 평남양과 소금산이 들어왔다. 그 광경을 본 소금산이 총을 들어 한 방에 유만괴를 쓰러뜨렸다. "형수님, 잘하셨어요! 이런 자가 무슨 두령이예요? 일본 놈과 내통해 우릴 팔아 먹었는데."

임계란은 놀랐다. 소금산이 원망스러웠다. 죽여서는 안되는데. 이때 평남양이, 피를 흘리며 쓰러져 있는 유만괴를 발로 툭툭 차더니 멍한히 서 있는 임계란을 잡아 당겼다. "형수님, 빨리 갑시다. 늦으면 빠져 나가지 못해요!"

세 사람이 나오니 밖에는 총소리가 콩볶듯했다.

맞은편 쪽에서 "노북풍老北風"과 "노이가老二哥" 두 두목이 다가왔다. 그들은 소금산을 보자 물었다. "형님은요?"

"몬 놈의 형님이야? 변절 한 걸. 벌써 해치웠어! 너희들도 나쁜 놈들이야. 일본놈들과 짜고 우릴 죽이려고 한거지." 말을 마치자 마자 상대편을 쏘았다.

노북풍과 노이가는 급히 몸을 숨기며 이 쪽을 향해 사격을 해왔다. 소금산과 평남양은 임계란을 끌고 내뛰었다. 총소리가 더 요란해지더니, 온 유수대자가 혼란에 빠지고 말았다. 소금산, 평남양, 꽃나비 셋은 누가 일본놈이고 누가 아군인지도 분간할 수가 없어 서둘러 말을 끌어 타고 서북쪽으로 도망쳤다.

그들은 눈구덩이에서 하룻밤을 새고 이튿날 오전까지 숨어 있었다. 다음날 오후가 되자 그들은 유수대자에 돌아가 보았다. 형제들의 시체가 도처에 널브러져 있고 여인숙도 타 없어지고 방안에 있던 유쾌퇴의 시체도 보이지 않았다.

평남양과 소금산이 말했다. "갑시다. 다 흩어졌나 본데 우리도 집 없는 새처럼 떠돌아야 겠군요."

소금산이 말했다. "어디로 가면 좋지?"

평남양이 말했다. "하르빈으로 갑시다. 우리 고모네 집이 거기 있어! 거기 가서 잠시 피신해 있지." 그리하여 그들 둘은 임계란을 데리고 쌍성雙城으로 가서 기차를 타고, 섣달 스무날 하르빈에 도착했다.

"요즘같이 혼란한 시절에 두 사내가 계집 하나를 데리고 다니면 너무 눈에 띈다. 여기 머물러 있거라…" 평남양의 고모네 집은 길 안쪽 골목에 있었다. 고모는 이렇게 말하면서 꽃나비를 흘금흘금 곁눈질했다.

평남양이 말했다. "고모님, 이 분은 저희 큰 두령의 부인이십니다. 별명이 꽃나비라고 하는데, 재능과 미모를 다 갖추셨죠! 앞으로 잘 보살펴 주세요…" 그리고는 다시 임계란에게 말했다. "제 고모님 주씨周氏예요!"

주씨는 아래 위로 자세히 꽃나비를 훑어보더니 혼잣말로 중얼거렸다. "사람은 괜찮은데, 뚱뚱하지도 않고 여위지도 않고, 그런데 값이…"

평남양이 급히 말을 받았다. "나중에 말씀하죠! 나중에!"

주씨가 말했다. "그럼 그렇게 하지. 어서 식사나 하고 쉬어."

술과 요리가 나올 때쯤 꽃나비는 이상한 생각이 들어서 물었다. "평남양 두령, 방금 고모가 뭔 가격을 말하는 거예요?"

평남양과 소금산은 서로 쳐다보더니 평남양이 바로 대답했다. "아, 투숙비죠. 여기가 여관이란 건 보아서 아시잖아요? 우리 세 사람이 오니까, 큰 장사를 하는 집도 아니고 하니 최저 숙박비를 생각하는 거지요. 그분도 돈이 드니까…"

"그렇습니다. 맞아요!" 소금산이 말했다.

꽃나비는 그래도 미심쩍은 것이 남아서 말없이 밥그릇을 들었다. 그날밤 꽃나비는 혼자 안방에서 자는데, 평남양과 소금산은 술에 취했다. 소금산은 죽은 돼지처럼 코를 골고, 평남양은 입 속으로 뭔가 콧노래를 흥얼거렸다. 그러나 그녀는 잠을 이룰 수 없었다. 고향을 떠나온 후 겪은 이런저런 일을 돌이켜보니 마음이 쓸쓸해졌다.

이 때 평남양이 문득 그녀가 자는 방문 앞에 와서 두드렸다. "형수님, 문 좀 열어 주세요. 담뱃대를 두고 나왔네요. 담배를 한대 피고 싶어서…"

유수대자를 떠난 이래 꽃나비가 줄곧 보따리를 들고 왔었다. 깊은 밤이라 그에게 문을 열어주기가 내키지 않았다. 그러나 평남양은 발을 동동 구르며 소리쳤다. "빨리요, 참지 못하겠어요!"

"기다리세요. 건네 줄께요…"

그녀는 보따리에서 담뱃대와 담배 주머니를 꺼내가지고 마루에 내려 문을 빠끔 열어 건네 주려 했다. 그런데 뜻밖에 평남양이 갑자기 밀고 들어오더니, 몸을 돌려 죽어라 문을 닫았다. 꽃나비가 말했다. "평남양, 뭐하는 짓이예요?"

"뭘해? 정말 몰라서 묻는 거야?…"

말을 하며 그는 겉옷을 벗어 던지는데, 속옷도 입지 않고 있었다. 그리고는 히죽거리며 다가왔다.

꽃나비가 말했다. "평남양, 이 아래위도 모르는 놈! 내가 네 형수라는 것도 잊었어?"

"형수? 하하하…"

그는 미친 듯 웃으며 꽃나비를 잡고 놓지 않았다. "유쾌퇴가 왜 죽었는지 알아? 우리가 일본놈 다노田野에게 정보를 보냈어. 우리가 해륜에 도착하기 전에 벌써 일본군이 포위하고 있었던거지. 고맙네. 네가 유쾌퇴란 놈을 죽이는데 도와 주었지… 하하하!"

꽃나비는 깜짝 놀라 평남양을 힘껏 밀었다. 그러나 평남양은 술기운에 그녀를 꽉 잡고 놓지 않았다. 그녀를 방바닥에 쓰러뜨렸다. 꽃나비는 잠시 참았다가 다시 물었다. "평남양, 그 말 모두 사실이냐?" 그의 말이 모두 술에 취한 허튼소리이기를 바랐다.

평남양이 말했다. "안 믿어지나? 이번에 우리 둘이 하르빈에 온 것도 일본 관동군 사령부에 상 받으러 온 거란 말이야…"

꽃나비는 그 말을 듣자 온몸의 피가 "윙" 솟구쳐 올랐다. 그녀는 평남양이 경계를 늦춘 틈을 타 그의 사타구니를 발로 들이찼다. 놈은 "아" 소리와 함께 방바닥에서 데굴데굴 굴렀다. 그녀가 총을 꺼내려는 순간, 소리를 듣고 소금산이 총을 들고 들어왔다. "갈보 같은 년, 니가 뭔 대단한 호걸인줄 알아! 유쾌퇴를 쏴 죽이면서도 네년은 살려 준 것만해도 고맙게 여겨야지. 네년도 일본놈에게 넘기려고 데리고 온거야."

꽃나비는 죽기 살기로 총을 잡으며 반항했으나 평남양이 꼼짝달싹 못하도록 죽어라 허벅지를 눌러대고 소금산도 덮쳐 들었다.

두 짐승같은 놈들이 웃으며 말했다. "이 갈보년, 오늘 밤 두 분 어른을 잘 모셔라…" 두 놈은 말하면서 속옷까지 벗겼다. 꽃나비는 더 이상 저항할 수 없었다. 엄마 부르고, 아버지 불렀으나 결국 평남양과 소금산 두 놈에게 처절하게 유린당하고 말았다. 그리고 나서 그들은 그녀를 묶어놓는 것이었다. 이런 소란에 윗층에서 자던 주씨가 놀라 깼다.

그녀가 달려오며 소리쳤다. "그만둬! 이 애 내 사람이야."

평남양이 말했다. "죽여버립시다. 나중에라도 말이 새면 우리 모두 좋지 않아요!"

소금산이 말했다. "그런데, 벌써 이 애를 뚜쟁이 주영周穎이에게 팔았어. 돈을 받아놓고 물건을 못쓰게 만들면 어떻게 하란 말야. 계집이 어디 가서 소문을 내겠어!"

그들 둘은 집안으로 들어가 물건과 총을 가지고 나오며 주씨에게 말했다. "고모, 갑니다. 대화여관에 가서 일본인한테 상을 받기로 되어 있어요. 나중에 지나게 되면 신세를 지지요. 이 갈보년은 고모님께 맡깁니다…"

"짐승 같은 놈, 배반자!"

꽃나비는 방바닥에 누운 채 움직이지도 못하고 욕을 했다. 그녀는 눈을 뻔히 뜨고, 야수 같은 놈들이 흡족해서 나가는 것을 지켜보고 있어야만 했다. 가슴이 쓰리고 억울해서 혼자 중얼거렸다. "여보, 눈이 있어도 금석을 가리지 못하고, 제가 당신을 해쳤어요…"

꽃나비는 마음이 찢어지는 듯 아팠다. 쓰디 쓴 눈물이 샘줄기처럼 볼을 타고 흘러 입안에 들어왔다. 그녀는 눈물을 뱃속으로 삼키며 남은 인생에 약이 되길 바랐다. 주씨가 여전히 서있는 것을 본 꽃나비가 말했다.

"고모님, 서서 뭐해요? 어서 좀 끌러 주시잖고…"

"풀어 줘? 아직 내가 뭐 하는 사람인줄 몰라?"

주씨는 권련을 한 개비 꺼내 입으로 가져가며, 한 손은 품에 넣은 채 발가 벗겨 묶여있는 꽃나비를 흘겨보았다.

"사실 난 평남양의 고모가 아니야. '취희당翠喜堂'이란 기생집의 주인이지. 그 놈들이 널 여기 팔았어. 네 앞에서 말해서 들었겠지만, 아주 비싼 값이야. 기생집이 뭘 하는 곳인 줄은 너도 알지? 물건은 네년에 달려있으니까 니가 잘 팔아줘야해. 여기서 정숙한 열녀인체 해야 좋은 일 없어!"

꽃나비가 머리를 쳐들며 말했다. "어머님, 그럼 난 어쩌란 말예요?"

주씨가 말했다. "방법이야 있지. 내 말만 잘 들으면 한 십 년 하다가 좋은 주인을 만나 시집가면 팔자 좋아지지 않겠어? 오늘 밤에 손님 받아야 해."

"뭐요? 오늘 밤에요?"

"얘들아!" 분부 소리가 끝나기 바쁘게 기생집 기둥 둘이 뛰어왔다. 주씨가 말했다. "이년 8호실에 메고 가…" 두 사내는 말 없이 꽃나비를 끼고 갔다. 꽃나비는 눈물을 삼키고 절망적으로 눈을 감았다.

8호실에는 오입장이 한 놈이 기다리다가 피부가 하얀 여자를 끌고 오는 것을 보고 기뻐서 뛰다시피 했다. "계집이 괜찮군! 좋아, 자네들은 자리를 피해주지…" 주씨와 사내들이 나가서 문밖에 지키고 섰다. 꽃나비가 말을 듣지 않으면 들어와서 혼내 줄 심사였던 것이다. 오입장이는 장사꾼인 듯한 사람이었는데, 의자에 앉아 차를 마시며 꽃나비의 모습을 감상하고 있었다.

이쯤 되었으니 어쩔 수 없다고 꽃나비는 생각했다. "여기요, 앉아 뭘 하세요? 밧줄 좀 풀어주시지!"

"밧줄 풀어? 왜?"

꽃나비가 말했다. "도망치지 않을테니 어서 풀어주세요…"

"아니, 싫어. 도망치던 말던 그건 내가 상관할 바 아니지만 난 이대로가 좋아…"

"참 이상한 바람둥이군!"

"하하! 욕 잘하네…" 그는 웃으며 옷을 벗고 덮쳐들었다.

이날 밤에 꽃나비는 아주 심하게 유린 당했다. 계속 밧줄에 묶여서 하룻밤 사이에 7~8명의 오입장이를 맞아야 했다. 아침에 잠에서 깨니 옆에는 돼지 같은 사내가 코를 골며 자고 있었다. 입과 코에서 더러운 냄새가 풍기고 있었다. 꽃나비는 더러운 자리를 바라보며 말없이 입술을 깨물었다. 눈물이 주르르 흘러내렸다. 이게 어디 사람 사는 것인가? 그녀는 어떻게든 이 곳을 뛰쳐 나가야겠다고 생각했다. 그리고는 늘 기회를 기다렸다.

어느 날 저녁 무렵 주씨가 불렀다. "나와 손님 맞아라." 꽃나비와 다른 기생들이 나가보니 손님 4~5명이 이리 저리 살피더니 각자 상대를 골랐다. 상인 모습의 사내가 꽃나비의 손을 잡아 끌었다. 그런데 이 때 주씨가 꽃나비를 가까이 불러 귓속말로 일렀다. "이건 가짜 금인데, 잊지 말고, 저놈을 취하게 만들어 진짜와 바꿔 채." 그건 기생집에서 부리던 농간이었는데 기생 어미들이 돈 많은 고객을 보면 기생을 시켜 돈이나 물건을 훔치게 했던 것이다. 꽃나비는 물론 그러마고 대답은 했지만 그러고 싶지 않았다. 오히려 몰래 그 손님에게 그런 사실을 알려주었다. 그 사람은 고맙다고 하면서 밤 중에 빠져 나갔다. 그러나 이 일을 몰래 지켜보고 있던 기생 어머는 다음 날 그녀를 불러다 매질을 해 댔다.

그녀는 너무 참기 어려워 몇 번이고 자살을 시도했으나 모두 실패했다. 주씨도 그녀 다루기가 힘들다고 느꼈던지 몰래 "흑이가黑二丫"라고 하는 장사꾼에게 그녀를 팔아 넘겼다. "흑이가"는 그녀에게 수면제를 먹여 마차에 태워서는 길림 선장船場, 화전樺甸 등지를 전전하다가 선장에 자리를 잡았다. 꽃나비는 화전에 떨어져 지내다가 다시 몰래 선장의 문묘호동文廟胡同에 있는 "희옥당喜玉堂"이라는 청루靑樓로 팔려갔다.

그녀는 조롱 속에 갇힌 외기러기 처럼 날개가 있어도 날아갈 수가 없었다. 지난 날을 돌이켜 보니 그야말로 파란만장한 인생이었다. 남은 삶이 어떻게 될 지는 아직 예측할 수도 없었다. 바로 이때 기생 어미가 불렀다. "손님 받아라—!"

희옥당의 "딸"들이 모두 나와서 고객이 골라주기를 기다렸다. 오늘 온 사람은 선장의 양곡 도매상 큰 주인 맹소경孟少卿이었다. 그는 워낙 아내가 있었는데, 남편이 외지에 일 보러 나간 사이에 이인전二人轉[2]을 창하는 배우와 도망가 버렸다. 그 후 그는 장사에만 열중하면서 48살이 되었으나 아직도 재취를 않고 있었다. 요즘 장사가 잘 되어서 기분이 좋은 김에 화류계에 놀러 왔던 것이다.

기생 어미는 그 "의식부모衣食父母(화류계 손님에 대한 호칭)"가 나타나자 얼굴에 웃음을 잔뜩 띠고 맞아 들였다. 맹소경은 기생집 출입이 처음이었지만 이런 곳의 법도는 알고 있던지라 은전 다섯 닢을 기생 어미에게 건네주었다. 기생 어미는, 눈이 꿰맨 듯 감기도록 기분이 좋아 살살 거렸다. "고맙습니다! 고맙습니다. 나리, 어떤 애가 좋을까요? 맘대로 골라보시지요."

당시 이런 기생집에서 하룻 밤에 은전 두 닢이면 충분했는데 다섯 닢

2_ 두사람이 춤을 추며 노래를 주고 받는 민간 예술로 흑룡강, 요령, 길림일대에서 유행하였다. 여기에서 발전되어 창조된 극도 이인전이라고 통칭한다

을 기생 어미에게 주었으니 좋아하지 않을 수가 없었다. 기생 본인에게는 따로 돈을 치룰 것이었다. 호의를 보이느라고 기생 어미는 맹소경의 손을 잡아끌며 말했다. "나리, 나리께서 저희 집이 맘에 드신다면 정말 잘 해 드려야지요. 요즘 새 애가 하나 왔는데 '꽃나비'라고 합니다. 보시면 맘에 꼭 드실겁니다. …" 이렇게 말하며 임계란의 방문 앞에 이르렀다.

맹소경이 머리를 들어 보았을 때 임계란은 머리를 다소곳 숙이고 서 있었다. 얼굴에 우수가 역력했고 눈물자욱이 보이는 듯하기도 했다. 아련한 그 모습이 귀여워 보여서 저도 모르게 말했다. "애가 마음에 드는군!"

기생 어미는 고객이 마음에 들어하자 문을 열어 두 사람을 방안으로 들여 놓고는 흐뭇한 마음으로 은전을 세며 가버렸다. 임계란은 맹소경을 안내하여 방안에 들어가 앉았다. 두 사람은 서로를 쳐다보며 따뜻한 술을 몇 잔 마셨다. 맹소경은 저도 모르게 욕정이 솟아 방문을 닫고 그녀를 안아 침대에 눕혔다. 그리고 그녀의 옷을 벗겨 주었다. 꽃나비는 맹소경의 그 폭풍같은 사랑의 몸짓에 겁이 더럭 났다. 그와 동시에, 기왕 하룻밤 유린당할 바에야 거절하지 않기로 마음 먹었다. 그녀는 마음을 크게 먹고 옷을 훌훌 벗었다. 실오라기 하나 걸치지 않은 그녀는 방 바닥에 드러 누우며 그가 하는 대로 몸을 맡겼다. 꽃나비의 이런 행동이 마음 좋은 양곡 장사꾼의 마음을 움직였던지 나직이 꽃나비에게 묻는 것이었다.

"몇 살이냐?"

"스물 셋이요."

"스물 셋밖에 안 됐어?"

"예…"

　자기가 올해 48살이니 두 배는 더 나이를 먹었다는 생각이 들었다. 맹소경은 어려서부터 장사를 하다가 조실부모하고 누이동생이 하나 있었는데 18살에 병으로 죽었었다. 살아있다면 아마도 이 애와 동갑일 것이라 생각했다. 생각이 거기까지 미치니 욕정이 슬그머니 사라지는 것이었다.

　"속옷 입어라!"

　그 말에 꽃나비는 꿈틀했다. 함께 침대에 누운 사내가 육욕을 거절하는 일이 다 있다니. 그래서 물어보았다. "왜요? 제 몸이 깨끗하지 않을까봐 그러세요? 여기 온지 얼마 되지 않아서 몇 명 상대하지 않았어요…"

　맹소경은 그 말에 고개를 저었다. "아니, 그런 뜻은 아니야. 오늘 밤 우리 함께 자도 몸은 섞지 말자. 겁내지 마라!"

　꽃나비가 말했다. "그럼, 돈 내고 왜 여길 오셨어요?"

　"돈이 뭐냐. 사람에게 돈이란 티끌 같은 거야. 얘야. 내가 이러는게 이상하겠지. 세상엔 이상한 일도 있는 법이지. 너같은 애가 어떻게 이런 곳에 흘러 들어왔니? 아무래도 곡절이 있겠지!"

　꽃나비는 그의 말을 듣고는 천천히 옷을 입었다. "고맙습니다. 저도 같은 생각이예요. 헌데 전 아직 나리의 함자로 모르고 있네요." 그리고는 그의 품에 쓰러지며 눈물을 흘렸다.

　세상에서 가장 더러운 곳이었지만 금싸라기 같은 마음도 있었다. 맹소경은 자기와 오빠 동생이 되자고 하였다. 또 그런 일을 기생 어미에게 알리지 말라고, 매일 꽃나비의 방을 독차지 하겠다고 하였다. 꽃나비로서는 그렇게 고마울 데가 없었다. 두 사람은 밤새 이야기를 나누며 서로 위로하고, 각자의 신세를 하소연하였다. 하룻밤 정이 부부의 정보다도 더 깊어졌다. 맹소경은 어떤 방법으로던 꽃나비를 빼내주겠다고 약속했다.

다음날 아침 맹소경은 세수를 마치고 기생 어미를 찾아갔다. "오늘부터 꽃나비를 내가 독점하려는데 한 달에 얼마면 되겠수?"

기생 어미는 이 즐거운 소식에 기분이 한껏 좋아졌다. 이 기분파가 권세있는 큰 부자가 틀림없다고 생각하였다. 옛말에 이르기를 청루에서 밥을 먹으려면 돈이 있어야 대접받는다고 하였다. "나리, 꽃나비는 한 달에 200냥 아래로는 안됩니다."

"그래, 그럼 200냥으로 하지."

맹소경은 더 흥정할 생각도 하지 않았다.

그러나 맹소경이 꽃나비를 독점하고 그를 빼낼 돈을 준비하는 사이에 다시 그녀에게 가슴 아픈 일이 생겼다. 기생 어미가 두 사람이 서로 좋아하는 눈치를 채고, 언젠가는 반드시 빼내가리라 생각하고 음모를 꾸민 것이었다. 기생이란 손님에게 지나치게 냉담해도 안 되지만 또 너무 빠져도 안 된다. 너무 냉담하면 손님을 잃게 되고 너무 빠지면 도망치거나 돈주고 빼내갈 수 있는 것이었다. 그래서 기생 어미는 늘 기생들을 보고 손님에게 지나치게 냉담하지도, 또 너무 빠지지도 말라고 훈계를 해 왔었다. 맹소경은 희옥당에 들어와 머물기 시작하면서부터 거의 매일 꽃나비의 방을 혼자 차지했다. 그러다 보니 어느 사이에 지출한 돈이 셀수 없었다. 마침내 맹소경은 기생 어미를 보고 꽃나비를 사겠다고 했다.

"은 만냥입니다. 내일 가져오시죠."

맹소경은 장사에는 수완이 있었지만 기생집에 대해서는 아직 경험이 적었다. 그가 아침에 탁자에서 은표銀票(즉 수표)를 써가지고 은행에서 은전으로 바꿔 가지고 나오는 데, 뒤에서 누군가 "여! 마형 모자 참 좋군요!" 하면서 맹소경의 모자를 벗겨 옆건물 지붕으로 던졌다.

맹소경이 머리를 돌리며 말했다. "뉘신지요!"

그 사람도 꿈틀 놀라더니 말했다. "아! 사람 잘못 봤군요!"

사실 이 자는 쓰리꾼이었다. 기생 어미가 보낸 하수인으로 일부러 그랬던 것이다. 그러나 맹소경이 이런 수법을 알리 없었다.

그자는 "아이구. 죄송합니다. 제가 모자를 내리시도록 도와드리지요." 했다.

그자의 성의 때문에 맹씨는 어느 사이에 화가 풀렸다. 그래서 그자가 자기 두 다리를 잡고 지붕까지 들어 올리도록 내맡겼다. 그가 지붕에 올라 모자를 막 잡으려 할 때 그자는 맹씨의 신발을 벗어 들고는 이렇게 말하는 것이었다. "잘 있어, 바보야!" 그리고는 옆에서 기다리고 있던 마차에 올라 타버렸다. 맹소경은 그제야 깜짝 놀랐다. 꽃나비를 빼내려고 마련했던 은표가 날개도 없이 날아가 버린 것이다. 그는 맨발로 지붕에서 뛰어내려서 고함을 질렀다. "저놈 잡아라! 저놈 잡아!" 그러나 마차는 벌써 꼬리를 감춘 뒤였다.

돈을 잃고 나서 그는 기생 어미에게 꽃나비를 만나게 해달라고 애걸했다. 기생 어미도 그 요구는 들어주었다. "오빠와 누이"는 서로 부둥켜 안고 울었다. 맹소경은 꽃나비에게 돈을 잃어 버렸다는 불행한 소식을 전하면서 다시 돈을 준비하겠다고 다짐하고 그 곳을 떠나갔다. 그 후 희옥당에서는 맹소경의 모습을 다시 볼 수 없었다. 꽃나비 보기가 부끄러워 강에 몸을 던져 자살했던 것이다. 기생 어미는 그 소식을 알면서도 꽃나비에게는 끝내 알려주지 않았다.

기생집에 들어간지도 어언 2년이 지난 어느 날, 낮 잠에서 깨어 식사를 하고 몸단장을 하고 있는데 갑자기 복도에서 외치는 소리가 들려왔다. "낮손님 받아라!"

낮손님이란 낮에 와서 잠은 자지 않고 일만 보고 가는 고객이다. 소리가 나더니 바로 어미가 꽃나비의 방문을 열고 한 사람을 안내해 들였다. 손님은 머리를 수그리고 서 있다가 기생어미가 나가자 머리를 번쩍 쳐들며 인사를 했다.

"두령님!"

"홍인씨, 당신이 어떻게?"

그는 다름아닌 우홍인이었다.

"뜻밖이지요…" 우홍인이 말했다.

"사방대에서 포위를 뚫고 나오다 헤어진 후 저는 쌍룡雙龍이네 무리에 가 있었어요. 쌍룡이네 밀정 하나가 일본놈들 속에 있으면서 정보를 내보냈는데, 평남양과 소금산이 변절하여 비밀을 누설한 사실을 알게 되었지요. 그들이 유쾌퇴 무리를 무너뜨리고 당신도 속여 잡아갔던 거지요. 온갖 방법으로 찾다가 겨우 여기 희옥당에 계시다는 것을 알았습니다!"

"그럼 유만괴는 아직 살아계신 거예요?"

"그 분은 평남양과 소금산의 총에 맞아 부상을 입었었는데, 다행히 노이가네가 와서 구조해 가지고 일본놈들 포위를 빠져 나갔지요. 참, 그 분은 다친 데가 막 나아서, 봉천에서 몸조리를 하고 계십니다. 아직은 산에 돌아왔는지 모르겠네요. 그 분은 쌍룡이와 친한 사이니까."

"홍인이…" 꽃나비는 이렇게 부르며 우홍인의 품에 안겨 울었다. 하고 싶은 말이 천만마디 헤아릴 수 없었다. 우홍인은 얼른 그녀를 밀어내며 말했다. "조심하세요. 기생 어미가 알면 모든 일이 어그러집니다."

꽃나비는 울음을 그쳤다. 우홍인이 말했다.

"모레 오전에 선장의 우씨네 전장錢庄[3] 주인이 모셔갈 겁니다. 우린 모든 준비를 하고 있다가 덕승문德勝門에서 만나 빠져나갈 거예요…"

이 때 사람이 차를 내 왔다. 우홍인은 꽃나비를 껴 안는 체 했다. "낮손님"은 시간 제한이 있으므로 눈치를 채지 못하게 하기 위하여, 우홍인은 몇 마디 더 당부를 하고 서둘러 나가버렸다.

꽃나비 고향의 옥수수 저장고

이 날 밤 꽃나비는 종 잡을 수 없는 온갖 생각에 잠혀 있었다. 우홍인은 고향 캉다라에 있을 때 집에서 일하던 일꾼이었다. 양가의 아녀자로 어지러운 세상에 밀려 살인까지 하고, 오늘에는 사창가에 흘러 들어온 모습을 보였으니 이 일을 어쩌면 좋단 말인가? 우홍인이 자기를 이해해 주고 세상 사람들도 이해해 주기를 바랄 뿐이었다.

약속한 날 아침 기생 어미는 과연 그녀 방으로 찾아왔다. "얘, 오늘

3_ 옛날 환전을 본업으로 하면서 은행일을 겸했던 개인 금융 점포.

은 출장 좀 나가야겠다."

"어디에요?" 그녀가 모른 척하고 물었다.

"담가호동譚家胡同에 있는 우씨네 전장이다. 출장 갈 때 규칙은 잘 알고 있지?"

외출해서 접대한다는 것은 돈 있는 오입장이들이 기생을 불러다가 하룻밤을 지내는 것인데, 기생집으로 봐서는 적잖이 위험을 감수하는 일이었다. 기생이 도중에 도망을 갈 염려가 있기 때문이었다. 출장 규칙이란, 손님이 아주 많은 돈을 기생어미에게 먼저 지불하고 만일 기생이 도망치면 다시 더 돈을 요구하는 것이다. 그러니 기생이 도망치면 고객에게는 큰 손해가 나는 셈이었다. 한편 기생집 쪽에서도 매우 조심해서, 가는 길에 힘있는 감시꾼을 딸려 보내 만일의 사태에 대비하였다. 기생어미의 말은 기녀가 이런 사정을 알아야 한다는 것이었다.

기생 어미가 말했다. "네가 만일 딴 생각을 가지고 우리 규칙을 어겼다가는…" 그녀는 도자기 차주전자를 땅에 던져 깨며 말을 이었다. "네 가죽을 벗겨내고야 말 거야!" 이런 것을 "겁주기"라고 하였다.

점심식사를 마친 후 날씨는 청명했다. 꽃나비는 두 감시꾼을 좌우에 거느리고 인력거에 올라 담가호동으로 달려 갔다. 우씨네 전장은 북산北山 맞은 편에서 그리 멀지 않았다. 인력거가 큰길로 들어서서 강변 길을 달리는데 멀리 덕승문 나루터 입구가 보였다. 감시꾼 한 놈이 길에 새 구두 한짝이 떨어져 있는 것을 보고도 신경을 쓰지 않았는데, 조금 더 가다가 또 한 짝이 보이자 이건 짝이 맞는 한 켤레라고 생각하며 갑자기 인력거를 멈춰 세웠다. "차 세워!"

인력거꾼이 차를 멈춰 세우고 땀을 닦았다.

그 놈이 다른 감시꾼에게 말했다. "동생 좀 기다려. 내 저기 가서 구두를 주워와야 겠어."

다른 자가 말했다. "빨리 갔다와요!"

"바로 올께!"

그러나 한 쪽 구두가 있는 곳까지는 족히 500미터가 더 되었고, 그 사이에는 길이 꺾여 있었다. 그 자가 보이지 않게 되자 인력거꾼은 남아 있는 감시꾼 눈텅이에 주먹을 날렸다. 그리고는 정신을 잃을 때까지 어지럽게 두들겨 댔다. 꽃나비가 자세히 보니 인력거꾼은 다름아닌 우홍인이었다. 우홍인은 두 말없이 꽃나비를 잡아끌고 강가로 뛰어갔다. 강가에는 쪽배 하나가 떠 있었다. 두 사람이 배에 올라타자 배는 곧 강 반대편으로 저어 잠깐 사이에 반대편 뭍에 올랐다. 구두를 주으러 갔던 감시꾼이 돌아오니, 남아 있던 자는 아직도 정신을 차리지 못하고 있었다. 다시 인력거꾼과 꽃나비를 찾아보았으나 종적을 감춘 뒤였다.

우홍인과 꽃나비는 삼일 밤낮을 쉬지 않고 말을 달려 관동산關東山에 접어들었다. 이날 저물 녘이 되니 멀리 자그마한 자그마한 집들이 보이기 시작했다. 어두운 길목에서 갑자기 두 사람이 뛰어나오며 "철컥" 소리와 함께 총을 겨누며 물었다.

"누구야?"

우홍인이 대답했다. "나일세."

상대: "손목을 눌러!"

우홍인: "불 꺼!"

상대: "아, 한 집 식구로군."

우홍인: "인사를 올려야겠네. 큰 주인을 뵈어야 겠어."

상대: "덩쿨 던져?(성이 뭐냐)"

우홍인: "물 거스른 덩굴.(물고기가 물을 거슬러 오른다)"

"아, 우 선생이로군, 가시죠!"

그리고는 두 사람이 다가와서 우홍인과 꽃나비의 눈을 가리고 총을 받아들고 마을로 데리고 갔다.

담배 한 대 피울 시간이 채 되지 않아 어느 집 울안에 들어서자 방안으로 안내되었다. 우홍인과 꽃나비는 천천히 눈을 뜨면서 넓은 방안에 가득 앉은 사람들을 볼 수 있었다. 앞쪽에는 검은 피부의 사내가 손에 담뱃대를 들고 뻐끔뻐끔 담배를 피우고 있었다. 우홍인은 두 손을 맞잡고 어깨 위로 올려 예를 갖추며 말했다.

"서북쪽 하늘 한조각 구름이 떴는데 까마귀가 봉황의 무리에 내려 앉았습니다. 방안 가득 모두 영웅호걸이시니, 모르겠습니다. 뉘가 주인이신지?"

맞은 편에 앉아있던 그 검은 얼굴 사내가 담뱃대로 "탕탕" 구들 모서리를 두드리더니 말했다. "날세 무슨 일인가?"

우홍인은 막힘 없이 말했다. "저희 두 사람이 바깥에 나왔지만 말은 높은데 올라갈 디딤쇠는 짧아서 밥이나 얻어먹으려고 찾아왔습니다."

한 사내가 말했다. "이 분은 우리 두령 '검은 별' 이시니, 할 말이 있으면 말씀드리시오!"

우홍인이 말했다. "제가 듣기로 두령께서 거느린 이 곳이 사람들도 든든하고 말도 살쪄 번창하다고 해서 의지하려고 찾아왔습니다. '검은 별' 두령께서 밥이라도 내려 주십시오!"

이때 검은 별은 또다시 담뱃대로 구들 모서리를 두드리며 말했다.

"이 밥 먹기가 그리 쉽지는 않을텐데!"

"꼭 먹어야겠습니다!"

"꼭 먹겠다?"

"그렇습니다."

"목이 멜텐데?"

"괜찮습니다."

"사래들릴 텐데?"

"괜찮습니다."

"좋아!" 검은 별이 말했다. "주전자를 이고 있을 수 있겠느냐?"

"물론이죠."

검은 별이 말했다. "저 여자 말이야…"

꽃나비가 우홍인을 쳐다보고 말했다. "그만한 담도 없이 어찌 산에 들어왔겠습니까!"

검은 별이 머리를 끄덕이다가 갑자기 말했다. "관지管枝는 어떤가?" (사격술을 가리킨다)

꽃나비가 말했다. "코를 가리키는데 눈을 쏘지는 않을 겁니다…" 산에 올라온 후 유쾌퇴의 지도로 그의 사격술은 상당한 수준에 올라 있었다. 모두들 좋다고 하며 총을 쏘아 보게 하자고 두령에게 권했다.

곧 누군가 주전자 두 개를 가져다가 우홍인과 꽃나비의 머리 위에 올려 놓았다. 검은 별이 총을 쏘자 두 사람 머리 위에 있던 주전자가 모두 박살이 났다. 그리고는 사람을 시켜 두 사람의 가랑이 사이를 만져보게 했다. 오줌을 싸지 않았으면 "사귈 만하다"는 판정이 내리는 것이었다. 이 관문을 넘은 후, 검은 별은 수탉 한 마리를 가져오라고 해서 담장 쪽에 있는 궤짝 위에 올려 놓았다. 그리고는 우홍인과 꽃나비더러 총을 쏘아보라 했다. 두 사람은 검은 별의 총을 받아 들고 각각 한 발씩 쏘았는데 모두 수탉의 벼슬을 뚫었을 뿐 닭의 머리나 털 하나 상하지 않았다.

여러 마적들은 모두 잘한다고 소리를 질러댔다. 검은 별도 머리를 끄덕이며 기뻐하며 말했다. "두 분이 이만한 재주를 가지고 왜 이제야 산에 들어 오셨오?"

우홍인이 말했다. "사실은 두령님, 저는 쌍룡이네 무리의 둘째 두령이고, 이 분은 유쾌퇴의 부인입니다. 우리 두 사람이 옛날 동향이었는데, 이번에 이 분이 위기를 당해서 제가 구하러 갔다가 두령의 경내에 들어온 겁니다."

"어! 쌍룡이네?" 검은 별은 깜짝 놀라며 말했다. "얼마 전에 쌍룡이네 무리가 보안군에 당했다고 하던데…" 그리고 나서 또 말했다. "유쾌퇴는 내 친구요. 며칠 후에 나한테 '전편典鞭'을 하러 오라고 약속하였는데, 형수께서 큰 주인한테 말 잘해 주십시오."

꽃나비가 머리를 끄덕이었다. "그러죠. 저도 유만괴를 보고 싶은데요. 정말 할 말이 많습니다."

"어서 술상 들여라! 요리도 가져오고" 이쯤 되자 검은 별은 곧 술자리를 마련했다. 유쾌태는 조만간 바로 만나게 될 것이었다. 우홍인은 쌍룡 무리가 보안군에 당하여 흩어졌다고 하니, 잠시 검은 별 무리에 몸을 붙이고 있을 수밖에 없었다. 그러면서 그는 비밀과업을 따로 수행해야 했다. 사흘 후, 하늘이 한없이 맑은 어느 날 검은 별, 우홍인, 꽃나비 세 사람 일행은 저마다 큰 말을 타고 유쾌퇴가 있는 사방대에 도착했다.

"전편"이 끝난 후에 검은 별이 말에서 뛰어내려 유쾌퇴 앞으로 다가가 말했다. "형님, 제게 한 잔 내야겠는데요. 형님한테 한분 모시고 왔는데…"

"누구요?"

"형님 안사람, 형수님이요!"

"꽃나비? 어디 있어?"

검은 별이 손을 흔들자 꽃나비와 우홍인이 말을 끌고 숲 속에서 나왔다. 유쾌퇴는 놀라며 의자에서 일어나 탁자를 돌아서 꽃나비에게로 걸어갔다. 여러 마적들이 "반군叛軍" 두목 꽃나비가 왔다는 소리를 듣고 저마다 총을 꺼내 들었다.

"저 더러운 년을 죽여!"

"갈보 같은 년! 네년 때문에 얼마나 고생했는 줄 알아!"

"두령도 목숨을 잃을 뻔했어!"

유쾌퇴는 손을 내저었다. "그만 해!" 그제야 술렁거림이 멈췄다. 꽃나비는 기다렸다. 죽음을 면할 수 없을 것이다. 이 때 유쾌퇴가 그녀 앞에 다가가더니 두 어깨를 잡으며 말했다.

"여보! 고생 많았지? 지금 진상을 모르는 사람들이 당신과 평남양, 소금산이 한 통속인 줄 알지. 그게 아니라는 걸 난 알아! 당신은 그들과 달라. 그자들이 당신을 끼고 달아난 거지! 더러운 놈들이 무리를 깨고 일본놈을 부모로 섬기다니! 일본놈들도 그런 변절자를 제일 싫어한다구. 결국 다노란 일본놈이 둘 다 껍질을 벗겨서 등갓을 만들었다네. 다노란 놈은 매일 거기에 불을 켜서 부하들에게 변절자의 끝장을 보여준다는군 그래… 그러니 난 당신을 원망하지 않아…"

"여보―!"

꽃나비는 별안간 눈물을 솟구치며 유만괴 앞에 무릎을 꿇었다. "아니예요! 여보! 날 죽여주세요…(쏘아주세요)."

유쾌퇴는 꽃나비를 부축해 일으켰다. "여보, 일어나, 이 유쾌퇴는 그렇게 바보같지는 않아." 그는 다시 임계란에게 우홍인이 누구인지를 물었다. 꽃나비는 그가 자기 목숨을 구해준 은인이며, 지난 날 어려서부터 함께 일했던 사람이라고 알려주었다. 유만괴는 기뻐하며 손을 내어 "어서 자리에 앉으시죠." 했다.

그는 꽃나비의 손을 이끌어 자리에 앉히더니, 다시 일어나 두 손을 들어 모두에게 소리쳤다. "여러분, 그대들의 형수 꽃나비가 돌아왔다. 오늘 여기서 분명히 말해 두겠다. 꽃나비는 아직도 꽃나비이다. 그는 우리사람이다. 그리고 내 마누라이다. 하하하! 절대 다른 눈으로 보지 말아야 한다."

꽃나비는 얼마나 마음이 놓이는지 몰랐다. 그녀는 유쾌퇴가 이렇게 화통한 사람이라는 데 놀랐다. 그의 곁에 다시 돌아온 게 얼마나 다행인지 몰랐다. 꽃나비가 돌아오니 유쾌퇴도 마음이 흡족하여 우홍인에게 무리의 "번타(참모장)"를 맡겼다. 이날 밤에 그들 내외는 이야기꽃을 피우다가 우홍인을 불렀다. 유쾌퇴는 웃으며 우홍인에게 말했다. "참모장, 나는 요 몇년동안 군대를 모으고 말을 사들였네. 맘 맞는 사람들과 합쳐 왜놈을 치려는 건데, 사람이 없어 고민했다네."

우홍인이 말했다. "없다고 하지만 그렇지는 않을 겁니다. 외롭게 생각지 마세요."

유쾌퇴가 말했다. "그건 무슨 소린가?"

"온 중국의 백성들이 모두 우리 편에 서 있습니다."

유쾌퇴는 그 말에 깜짝 놀라 물었다. "당신, 뭐 하는 사람이오?" 그리고는 다시 꽃나비에게 물었다. "여보, 당신 고향 친구는 도대체 뭘 하는 사람이오?"

우홍인이 웃으며 말했다. "두령님 보기에 제가 뭘 하는 사람 같습니까?"

유쾌퇴가 말했다. "내, 내가 보기엔 공산당이 보낸 밀정 같은데!"

우홍인이 말했다. "하지만 어떤 일이 있어도 내가 두령님을 버리지는 않을 것이오. 생각해 보세요. 앞으로 우리가 항일을 하지 않더라도 일본놈들이 우릴 그냥 놔두지 않을 겁니다. 지금처럼 허구헌날 숨어 다니면서 일본놈도 치고 팔로군도 치다 보면, 저팔계 마누라 업고 다니듯 힘만 쓰고 아무 소용이 없습니다. 제가 누구냐구요? 저는 왕덕림王德林의 친구고 또 유쾌퇴 두목의 참모장이기도 하지요."

"정말 왕덕림의 친구가 맞소?"

유쾌퇴는 크게 놀라는 표정이었다.

왕덕림은 동북 국민 구국군東北國民救國軍 총사령관[4] 이었다. 이 지방에서 일본사람들은 그 이름만 들어도 떠는 사람이었다. 그래서 당시 관동 땅의 많은 마적들은 그와 가까워지려고 애를 썼다. 그러나 그 중에는 나쁜 일을 저질러서 엄두를 내지 못하는 무리도 있었고, 선이 닿지 않아 찾아가지 못하는 무리도 있었다. 그런데 자기 참모장이 왕덕림의 사람이라니 유쾌퇴로서는 놀라지 않을 수가 없었다.

그래도 꽃나비가 눈치가 빨랐다. "여보, 한 번 당해보았는데, 시퍼런 대낮에 이렇게 드러 내놓고 할말은 아닌 것 같아요. 전 번에 해륜을 칠 때도 당신이 너무 내놓고 일을 벌려 평남양과 소금산이 음모를 꾸민 것 아녜요. 우리 조용히 이야기하는게 좋을 거 같아요."

"음, 그 말이 맞아!"

4_ 王德林 (1873~1938) 중국의 항일민족운동가. 철도노동자로 러시아 감독에 반기. 반러 반정부운동으로 의도 소리들음. 1932년 약 3만 5천명의 중국국민구국군 창설하여, 연길 훈춘을 회복하였으나, 일본군의 대대적 소탕령으로 1933년 1월 러시아 경내로 이동. 모스크바 거쳐 1933. 5월 귀국하여 1935년 중국공산당 동북항일연합군 총사령임명. 1938년 국민당 정부도 광복군에 임명.

꽃나비가 우홍인에게 말했다. "홍인씨, 오는 길에 저마저 감쪽같이 속였네요."

우홍인이 말했다. "제가 누님을 속이다니요! 그땐 두령님을 만나게 해드리고 나서 툭 터놓고 이야기하려고 생각했던 거지요…"

유쾌퇴는 하하하 크게 소리내어 웃었다. "자네가 큰 고기를 잡으려고 했던 거로군. 그렇지 않나? 그것도 일리는 있어!"

우홍인이 사방대에서 헤어진 후 동북 항일의용군東北 抗日義勇軍에 들어간 사실은 꽃나비도 알 리가 없었다. 그의 주요 임무는 여러 민간단체나 마적단에 들어가 그들을 바른 길로 끌어들이는 일이었다. 여기 오기 전 그는 쌍룡 무리에 들어가서 일을 하다가 꽃나비가 위기에 빠졌다는 소문을 듣고 백방으로 수소문하여 찾아 내어, 그녀를 통하여 유쾌퇴를 만나 왕덕림의 국민구국군에 합세하여 항일 대업을 도모하도록 설득하려 하였던 것이다.

유쾌퇴의 길림 민중자위군吉林 民衆自衛軍을 왕덕림의 국민구국군에 귀순시키는 작업은 별 어려움없이 성공하였다. 그리하여 1934년 봄에 왕덕림이 비밀리에 유쾌퇴와 꽃나비를 여러 번 만나고, 3천에 달하는 병력이 왕덕림의 국민구국군에 편입되었다. 그렇지만 유쾌퇴의 부대는 산에 오래 있다보니 때때로 마적의 본성을 드러내곤 하였다. 왕덕림은 화가 나서 여러차례 유쾌퇴를 혼냈지만 유쾌퇴는 말을 잘 듣지 않았다.

꽃나비 다음에도 유쾌퇴는 아내를 넷이나 더 들였다. 1939년에 일본인들이 동북의 산림지역을 대대적으로 수색하면서 많은 대오가 흩어 무너졌다. 왕덕림 부대는 상부의 명령을 받고 세력을 보존하기 위하여 곧 소련의 시베리아에 들어갔다. 이때 유쾌퇴는 부인들을 소련에 유학 보냈다.

겨울에 그는 꽃나비와 함께 적탑赤塔에 거주하고 있었다.

"여보, 당신도 모스크바로 공부하러 갔으면 하는데…"

꽃나비가 말했다. "그만 두세요. 전 언니들과는 달라요. 그 분들이야 배운 사람들이고 재주도 있지만, 저야 총이나 쏘며 살 사람이에요. 그리고 당신도 여기 저기 싸우러 다닐 때는 옆에서 보살펴줄 사람이 있어야 할게 아녜요."

유쾌퇴가 말했다. "당신은 정말 한 마리 나비같애. 나한테 착 달라붙어서 날아갈 생각을 않는군!"

이 때 임계란은 벌써 남편과 함께 6천여 명 군대를 거느린 "부군장副軍長"이었다. 전투가 있을 때는 그녀도 직접 진중에 나가 싸우면서 지휘하였다. 1940년 겨울 그녀가 거느린 부대는 시베리아에서 이두李杜[5] 와 헤어져 소련의 오무스크窩沐斯克를 거쳐 신강新疆지역으로 들어갔다. 관내關內를 거쳐 다시 북방으로 들어가 계속 항일투쟁을 하기 위해서였다. 이 때는 마침 마보방馬步芳[6] 이 군사를 규합하여 우루무치烏魯木齊를 포위하고 있던 때여서 신강 도독(독판,督辦) 성세재盛世才[7] 는 독 안에 든 쥐

5_ 李杜(1880年8月4日 – 1956年8月23日) 국민혁명군 중장, 동북항일연합군 장령. 丁超등과 길림자위군 총사령부를 만들어 일제에 저항하다가, 1932년 일본군이 왕덕림, 이두를 토벌할 때, 러시아 경계로 들어갔다. 후일 중국공산당에 가입한 것으로 알려져 있다.

6_ 마보방(1903~1949)
마홍규, 마홍빈과 함께 "서북삼마"라고 불렀다. 1910년대부터 국공내전시기까지 청해성, 영하성 감숙성 등 서북 3개성을 중심으로 활동한 이슬람 군벌. 장개석 남경정부에 충성했지만 국공내전때 인민해방군의 공격을 받아 멸망하거나 투항했다.

7_ 성세재(盛世才. 1892~1970)
신강성의 한족 군벌로 신강왕이란 부를 정도로 절대권력을 행사했음. 1931년 신강성에서 회교도 마중영(馬仲英)의 난이 일어나고, 1933년 주석직에 취임. 소비에트 공화국 설립시도 1941년 소련을 등지고 장제스(蔣介石)에게 충성을 맹세. 1944년 소련이 독일과의 전쟁에서 승리하자 다시 접근하려 하였으나 실패. 그해 8월에 신장을 떠나 충칭(重慶) 국민당 정부의 농림부장에 임명됨.

가 되어 있었다. 총소리를 들은 유쾌퇴는 사람을 보내 상황을 알아보게 했다.

"성세재가 포위되어 있습니다!"

유쾌퇴가 꽃나비에게 물었다. "성세재는 동북 사람이야, 우리와 한 고향 사람인데 어떻게 하면 좋겠소?"

꽃나비가 말했다. "두말 필요 없어요! 동북사람을 괴롭힌다니, 칩시다!"

그리하여 유쾌퇴의 부대는 밖에서 안으로, 성세재의 부대는 안에서 밖으로 공격하여 곧 마보방의 부대를 격퇴하여 영하寧夏 쪽으로 쫓아버렸다. 이때 성세재는 감격하여 막사에서 나와 그들을 영접했다. "당신들은 어느 부대입니까?"

유쾌퇴가 자기 아내를 가리키며 말했다. "동북 초원의 꽃나비랍니다."

우루무치는 등불에 휘황찬란했다. 성세재는 소와 양을 잡고 노래 부르고 춤을 추면서 유쾌퇴와 꽃나비의 부대 형제들을 따뜻하게 환대해 주었다. 며칠 후, 유쾌퇴의 부대가 동북으로 떠나게 되자 성세재가 그들 막사로 찾아왔다.

성세재가 말했다. "두분 장군, 한 번 더 저를 좀 도와주실 수 없겠습니까?"

유쾌퇴가 말했다. "한 번이고 두 번이고, 무슨 일인지 말씀하시오."

성세재가 말했다. "마보방은 쫓아냈지만 정보에 의하면 그 형제인 마점영馬占英의 7~8백 명 군대가 후투비呼圖壁에 주둔하고 있답니다. 언제 다시 쳐들어올지 모르지요. 두분 장군께서 한 번만 더 출동해 주십시오. 이왕 도와주셨으니 끝까지, 이 놈들을 신강에서 쫓아 내 주십시오."

유쾌퇴가 꽃나비에게 물었다. "여보, 당신 생각은 어떻소?"

꽃나비가 말했다. "우리 동북 속담에, 마음이 통해 신발을 빌려달라고 하면 버선까지 벗어준다고 했어요. 그냥 두고 갈 수 없지요!"

유쾌퇴가 말했다. "좋아! 그럼 그렇게 하지."

성세재盛世才(1892~1970)

유쾌퇴는 곧 부대를 거느리고 후투비로 떠났다. 이른 겨울 해가 지자 고비사막에는 모래바람이 휘몰아쳤다. 동북에서 자란 형제들은 그런 사나운 모래바람을 본 적이 없었다. 그 자리에 땅을 파고 천막을 치지 않을 수 없었다. 그 후 부대는 어렵게 전진하여 이틀만에 후투비에 당도하여 바로 마점영의 부대와 전투를 치뤘다. 싸움은 3일 밤낮을 쉬지 않고 계속되어 양쪽 모두 적지 않은 사상자를 냈다. 이날 밤 격전이 끝나자 검은 장막이 망망한 사막을 덮었다. 바람도 수그러지고 달이 슬그머니 떠올랐다.

하얀 달빛에 형제들은 전쟁의 아픔을 잠시 잊었다. 저녁 식사를 마친 유쾌퇴는 꽃나비에게 말했다. "당신, 먼저 쉬오. 나 좀 거닐다 올게."

그는 혼자 천막 밖에 나갔다. 사막은 끝없이 펼쳐져 있고 사방은 죽은 듯 고요했다. 사방에 형제들의 시체가 나뒹굴고 있었다. 여기 저기 쳐진 천막은 마치 고향 동북의 주인 없는 무덤을 연상케 했다. 유쾌퇴는 한숨을 내쉬며 혼잣말로 중얼거렸다. "이 세상이 참 황량하군!"

그렇게 한참을 서있으니 추위가 느껴졌다. 천막으로 돌아가야겠다. 막 몸을 돌리는데 누군가 뒤에서 말했다. "유 장군, 꼼짝마시오!"

유쾌퇴는 꿈틀 놀라며 말했다. "당신 누구요? 왜 이러는 거요?"

"오늘 널 극락에 보내주지. 오늘이 네 제삿날이다!"

"성세재가 보냈나?"

"아니."

"그럼 마보방이?"

"아니다."

"그럼 왜 그래?"

"니가 살아있는 게 꼴보기 싫어서 그런다."

"그것 때문에?"

"음."

유만괴는 총을 지니고 나오지 않았다. 잠깐 거닐다가 들어가려고 생각했던 것이다. 그런데 이제 돌아갈 수 있을까…

"네가 누군지 말해 줄 수 없겠나?"

"난 양구균楊九鈞이다."

"난 정면에서 네가 총 쏘는 걸 똑바로 봐야겠다. 우린 남의 뒷통수를 쏜 적이 없거든." 그는 천천히 몸을 돌렸다. 자그마한 자객은 7, 8보 떨어져 있었다. 아무리 사격술이 형편없어도 잘못 쏠 수는 없었다.

계속 말을 이었다. "내가 죽은 후 우리 집사람 꽃나비는 괴롭히지 말아다오. 그 사람을 자유롭게 동북으로 가도록 해 줄 수 있나?"

그는 상대가 머리를 끄덕이는 것을 본 듯했다. 그래서 말했다.

"이제 쏴라."

팡―! 팡―!

두 발의 총소리와 함께 유만괴는 휘청거리다가 망망한 고비사막 황량한 모래톱 위에 쓰러졌다.

황막한 타림사막은 끝없이 펼쳐져 있었다.

인적도 없고, 푸른 색도 한 줄기 눈에 띄지 않았다. 만 년 전쯤 말라 죽은 듯한 사막 백양나무 뿌리가 간혹 모래톱 위에서 세월의 흔적을 드러내 놓고 있을 뿐이었다. 한 그림자가 모래톱에서 기어 나오고 있었다. 산발을 하고, 몸에 걸친 옷은 갈기갈기 찢어진 채 맨 발이었다. 바지무릎께는 찢어져 피가 흥건했다. 둥근 얼굴과 예쁘장한 눈을 보아서야 그녀가 바로 꽃나비임을 알 수가 있었다. 후투비 전투에서 남편 유만괴가 암살당한 후 그녀는 형제들을 거느리고 7일 밤낮을 악전고투했다. 성세재는 이 두 사람이 전투에서 승리하고 돌아와 신강을 나누자고 할까두려워서 사람도 탄약도 식량도 보내오지 않았다. 부대의 형제들은 탄약과 양식이 떨어져 마점영의 군대에게 모두 궤멸되고 말았다.

그녀는 처음에는 몇십 명의 형제들과 함께 포위를 뚫고 나왔으나 결국 십여 명만이 남았다. 그러다가 나중에는 하나 둘 굶어죽고 혼자 남게 되었다. 여자가 굶주림에 잘 견디고 최후까지 버틴다는 말이 있지만 그녀는 이제 자기도 얼마 견디지 못하리라는 걸 알았다.

이때 낙타를 탄 몇 사람이 마른 강바닥에서 올라오다가 앞에 선 구레나룻을 기른 사람이 말했다. "여기 사람이 있네!" 그들은 낙타에서 뛰어내려 그녀의 머리를 잡아들었다. "바로 이년이다! 꽃나비야! 개같은 성세재놈을 도와 우리 형제들을 잡았지!" 이들은 다름아닌 마점영의 군대로 전쟁이 끝난 후 영하로 돌아가다가 길에서 꽃나비를 만난 것이었다. "이년, 데리고 가자!" 그들은 그녀를 묶어 낙타에 태우고 망망한 고비사막 속으로 사라졌다.

두 달 후에 꽃나비는 영하의 은천銀川으로 잡혀왔다. 서북의 왕이라고 불리는 "오마五馬", 마보방 · 마점영 등 형제들은 꽃나비를 보자 이를 갈며 갈기갈기 찢어죽이지 못해 안달이었다. 마보방이 말했다. "아니야. 그 년을 쉽게 죽일순 없어. 본때를 보여야지 "

마점영이 말했다. "극형으로 처단하지"

부하들이 물었다. "극형이란 건 또 뭐예요?"

"이 년의 손과 발을 십자가에 못을 박아서, 수레에 실어 시내를 돌지. 그런 다음 목을 치는 거지."

"좋습니다, 좋아요!"

모두들 그렇게 하는 것이 좋겠다고 했다. 꽃나비는 자기가 죽을 줄 알았지만 어떻게 죽게 될지는 몰랐다.

이날 날씨는 쾌청했다. 서북의 파란 하늘은 사람을 취하게 했다. 바람 한 점 없는 보기 드문 좋은 날이었다. 목을 칠 회자수劊子手가 꽃나비에게 붉은 두루마기를 입혀서 큰 수레에 올려 태웠다. 그리고는 참혹한 고함소리를 들으며 그녀의 두 손바닥과 발바닥에 못을 박아 큰 대大자 모양으로 십자가 위에 달았다.

수레는 사형장으로 출발했다. 거리에는 사람 하나 보이지 않았다. 모두 이 관동關東의 유명한 여 마적이 죽는 모습을 지켜 보러 사형장으로 나왔다. 수레바퀴가 구르는 소리가 삐걱삐걱 울렸다. 죽음을 알리는 나팔소리가 투투 울려댔다. 사람을 으스스 하게 만드는 저음의 나팔소리가 허공에 흩어졌다. 길가의 풀과 나뭇잎들도 모두 으스스 떨었다.

서북지방도 동북지방과 마찬가지로 옛날 전통과 습속은 그대로 가지고 있었다. 사형수를 태운 수레가 가게 앞을 지날 때마다 술장수는 술을, 밥장수는 밥을 사형수에게 주었다. 그러나 그녀는 술도 마시지 않고 밥도 먹지 않았다. 눈물을 머금은 채 사람들에게 부탁할 뿐이었다. "주

마적의 참형

인어른 제발 부탁합니다. 제가 죽은 후에 동북 백두산에 전해 주세요. 이 꽃나비는 죽으면서 눈 한 번 깜빡이지 않았다고요…"

사형장에 도착하자 장송곡이 멎었다. 군중들은 숨을 죽이고 사형장 한 가운데 선 수레를 지켜 보았다. 목을 자르기 위해서는 사람을 내려놓아야 했다. 그런데 혼란한 와중에 못을 뽑을 망치와 집게를 찾지 못하고 있었다.

이 때 꽃나비의 목소리가 들렸다.

"그만 둬라. 내가 뽑을테니!"

말소리가 끝나기 무섭게 노한 고함소리와 함께 몸을 사납게 움직였다. 손발에서 부서진 뼈와 피와 살점이 공중으로 날며, 그녀는 수레에서 뛰어 내렸다…

사형장의 모든 사람들이 깜짝 놀랐다. 노인들은 눈을 가리고 동정의 눈물을 흘렸다. 그녀는 하늘을 우러르며 길게 소리를 질렀다.

"나는 동북의 장부다!"

회자수의 칼이 번쩍 빛났다. 사람의 머리가 땅 위에 구르다가 멈췄다. 이렇게 인생의 초원을 몇 십 년 날던 꽃나비는 영원히 스러졌다.

북래 北來

북래北來는 손에 민들레 줄기를 들고 입으로는 북방 민요 '오경五更'을 흥얼 거리며 걷고 있었다. 그렇게 걷다 보니 사위가 어두워졌다. 희뿌연한 서쪽 하늘 아래 한 곳만은 아직도 훤하였다. 해가 지면서 남긴 빛줄기였다. 바람은 아직도 멈추지 않고 불고 있었다.

늦 가을 관동關東의 거친 바람은 하루 종일 불어댔다. 휙휙 몰아치는 바람에 먼지가 뽀얗게 일고, 벌판에는 나뭇가지며 풀잎이 어지럽게 날았다. 헝클어진 머리 같아서 "자펑크扎篷棵"라고 부르는 들풀이 가을이 되니, 큰 공처럼 말라 뭉쳐서 바람에 굴러 다닌다. 그래도 보기가 좋은 것은 민들레였다. 민들레는 북방의 강변이나 길가에서 자랐다가, 가을 바람에 꽃씨를 무수히 흩날리고, 하늘 높이 떠올라 어디론가 멀리 날아 떨어진다. 그렇게 씨를 떠나 보내고 남은 민들레 줄기는 우스꽝스러운 대머리를 바람에 흔들고 서있다.

북래는 걸으면서 민들레 줄기를 뽑아 흔들었다. " 정든 님 배웅하려 서쪽 대문 나서다가, 배 장수와 문앞에서 부딪쳤네 …" 콧노래를 흥얼 거리는 마음이 편치가 않았다. 낮에, 바로 전날 낮에 그의 부하들이 러시아 기마부대에 쫓겨 뿔뿔이 흩어졌던 것이다. 전투는 매우 치열했다. 그는 그래도 러시아 털쟁이들이 철도 개설 인부들에게 줄 임금을 싣고 오는 보급차를 탈취할 수 있으리라 생각했었다. 그런데 총소리가 나자 마가유방馬家油坊 서쪽에서 갑자기 기마부대가 나타난 것이다. 우두머리는 털보 명사수 하바챠브였다. 북래가 이 일대를 사흘이 멀다하고 와서 그들을 괴롭혔기 때문에 미리 준비를 하고 있었던 것이다.

북래의 부대는 총이 모두 장총이어서 사격 속도가 느렸다. 이런 총家巴式은 그때까지만 하더라도 관동지역에서는 괜찮은 무기였는데 하바챠브 기마부대에서 쓰는 총은 우크라이나 연발총이었다. 전투는 오전부터 점심까지 계속되었는데 해가 중천에 걸렸을 즈음 형제들은 수없이 쓰러졌다. 게다가 러시아 놈들은 '할머니 구덩이老太太坑'와 쿠룬 쪽에서 기마부대를 더 끌고 왔다. 북래는 상황이 어려운 것을 보고, 내외무 8소두목을 소집했다.

"형제들, 수수가 다 넘어져서 몸 숨길 데가 없다. 이대로 흩어져서 겨울을 나자. 집으로 가거나 절로 가도 되고, '더부살이'를 하거나, 따로 무리를 지어도 좋다. 내년 봄에 늘 모이던 곳에서 '사람을 쌓자(집합하자)'!"

말을 마치고 손을 내젓자 모두 말을 타고 뿔뿔이 흩어져 갔다. 하바챠브는 북래 등 몇 사람을 끝까지 물고 늘어지며 쫓아왔다. 막판에, 어제 저녁 무렵 북래는 요를 말아 사람 모양을 만들어 말 잔등에 묶어 세우고는 말을 채찍질 하여 내몰았다. 말은 모래 언덕으로 달려 나갔다. 하바챠브의 기마부대는 거의 담배 한 대 피울 시간 동안을 그 말을 추적하였다. 그는 말발굽으로 일어난 먼지가 사라지기를 기다렸다가 비로소 서쪽 방향으로 걸음을 옮겼다.

멀리 작은 등불 줄기가 보였다. 휘몰아치는 관동의 거친 바람 속에서 가물가물 떠는 등불은 보였다 사라졌다 하였다. 어느 읍이었다. 작은 읍에 들어가기가 꺼려졌다. 개가 무서운 것이 아니라 사람이 무서웠다.

이 일대에서 그를 모르는 사람은 없다. 미워하는 사람도 있을 것이다. 네가 러시아 사람을 쳐서 어쩌겠다는 거냐? 조정에서도 허락한 일을 말이야. 게다가 그들이 철로를 부설하여 그나마 우리가 '기차 밥'을 먹고 있는데 말이다. "제미랄 것들—!" 북래는 철로만 보면 욕이 나왔다. "내 러시아 놈들의 내장을 빼버리고 말 거야! 제미랄! 중국에 와서 철로를 놓아! 좋은 땅 다 버려놓고, 그 많은 사람을 이사를 시켜!" 그는 시원하게 욕을 퍼부었다.

밝은 곳을 피해 그는 불빛이 희미하게 비추는 쪽으로 걸음을 옮겼다. 속으로 여전히 걱정이 앞섰다. 다시 한동안 밤길을 걸었다. 벌써 이틀 낮 이틀 밤을 걸었다. 어느 곳으로 가고 있는지 알 수가 없었다.

멀리서 등불 몇 개가 고즈넉이 반짝거리고 있었다. 인가인가? 무덤에 켠 불인가? 바람은 아직도 기승을 부리고 있었다. 그러나 바람도 지치는지 잠시 멈출 때도 있었다. 사위가 고요했다. 바람이 불 때와는 분명히 달랐다. 주위가 무섭도록 조용했다. 이런 때는 작은 소리만 나도 머리가 곤두설 것이었다. 갑자기 앞에서 불빛이 반짝거렸다.

귀신이다. "액 막이" 방법을 써야지. 입으로 뭐라고 외웠다. 그리고는 그 자리에 엎드렸다. 그 검은 그림자는 점점 가까이 다가와 하마트면 그의 머리를 밟고 지날 갈 뻔하였다. 거름을 줍는 노인이였다. 북래는 "야" 소리를 치며 뛰어 일어났다. 거름 줍던 노인은 "아이쿠" 하고 비명을 지르며 그 자리에 펄썩 주저앉았다. 입에 물고 빨던 담뱃대가 북래의 몸으로 떨어졌다. "제길, 식은 땀이 쫙 났우…" 북래는 그렇게 말하며 담뱃대를 건네 주었다. 노인도 떨리는 목소리로 말했다. "이보시우, 자네 때문에 내가 더 놀랐우…"

북래가 말했다. "노인장두 저를 놀라게 하고 저도 놀라게 해드렸으니 서로 빚진 게 없네요."

"그렇네 그려."

노인도 마음을 놓는 눈치였다. 그는 밤에 잠이 잘 오지 않아서 일어나 거름을 줍는 중이었다.

"여보게, 어디로 가는가?"

"저 앞에요." 북래는 사실 자신도 어디로 가는지 모르고 있었다.

"아, 라마전자喇嘛甸子. 외지 사람인가? 아니면 친척 집에? 누구네 집인데…"

관동의 시골 마을에서는 사람을 친숙하게 맞았다. 이렇게 얘기를 나누는 동안 어느 사이에 마적 두목 북래는 거름 줍는 노인과 담뱃불을 붙여 주는 사이가 되었다. 담뱃불은 들이 빨 때마다 빤짝빤짝 빛을 내면서 사람의 얼굴을 비추었다. 북래가 얼른 말했다. "저기 서쪽, 불이 켜진 집에 가요…" 그는 노인이 자기를 알아볼까 걱정이었다. 노인은 눈이 어두워서인지 코를 맞대고 담뱃불을 붙이면서도 이 유명한 마적 두령을 알아보지 못했다. 그런데 노인은 그 집으로 간다는 소리를 듣고 얼른 말을 받았다. "그래! 서노삼徐老三네 말이로군. 그럼 자네가 사촌형인가?"

"아, 예. 그래요…"

"추석 때부터 그 사람 아버지가 그의 형을 데려다가 양에게 풀도 좀 베어 먹이고, 봄이면 농사도 짓겠다고 그러더니. 워낙 어려운 살림에 몸까지 아파 누우니 어렵지.. 옛날에는 그래도 밖에 나가 일을 하던 사람인데!"

"그래요. 그게 뭐 대단한가요."

"대단하지 않으면? 북래 무리 앙자방秧子房 두목이었는데…"

북래는 마음 속으로 놀랐다. 바로 그 서노삼이군! 무리가 막 결성되었을 때, 앙자방 주인인 서노삼은 총명하고 영리해서 형제들이 모두 총애했다. 그런데 어느 날 서노삼의 어머니가 소식을 전해왔다. 노삼의 아버지가 아들을 그리워하고 있으니, 장가를 들이겠다는 것이었다. 서노삼은 그 사정을 직접 북래에게 얘기하지 못하고 소두목들에게 청하여, 집에 돌아가 어머니를 보살필 수 있도록 "향 뽑기(무리에서 탈퇴하는 것)"를 하게 해 달라고 했다. 북래도 구태여 막지 않았었다.

마적 북래北來

북래는 갈 곳이 생겨서 마음이 놓였다. 거름 줍던 노인은 친절하게 가르쳐 주고는 거름 삼태기를 들고 내려갔다. 북래도 힘이 부쩍 나서 피곤한 다리를 끌며 서둘러 걸어서 마침내 불빛이 비치는 외딴집 앞에 이르렀다. 그런데 이때 마침 서노삼의 집 개가 집에 없어, 북래가 문을 두드렸더니 집안에서 여인의 목소리가 들려왔다. "누구세요?"

"접니다."

"뭐하는 분이세요?"

"노삼이 집에 있습니까?"

"어떻게 되시는데요?"

"의형제입니다. 제가 형 되는 사람입니다."

"아이구 아주버니, 얼마나 기다렸는데 이제야 오세요? 안오시는 줄 알았어요…"

대문이 열리더니 한 여인이 솜저고리 단추를 잠그며 걸어 나왔다. 손에는 등잔 불을 들었다. 서른살 안팎으로 보이는 여인은 낡은 옷을 걸쳤으나 풍만한 몸매가 그대로 드러났다. 머리를 정성들여 빗질을 하지는 않았으나 검은 머릿결 아래 커다란 두 눈은 사람의 마음을 혼들어놓기에 족했다. 코와 입가의 웃는 모습이 인상적이었다. 특히 단추를 매지 않은 옷섶에 드러난 하얀 언덕의 가장자리가 등불 아래에서 사내의 눈길을 끌었다. 그녀는 눈앞에 선 사람이 남편의 형이 아닌 것을 알고는 급히 등불을 들어 북래의 얼굴에 비추더니, 옷섶도 여미지 않은 채 기쁜 듯 얼굴을 돌리며 대담하게 물었다. "어디서 오셨어요?"

"남쪽에서…"

"어서 들어오세요!…"

북래는 집안으로 들어섰다. 그제야 구들목에 앉아 있는 서노삼과 옆에 기대 놓은 쌍지팡이가 보였다. 서노삼은 예전의 서노삼이 아니었다. 비썩 마른 늙은 몸이었다. 허리를 구부리고 구들목에 앉아 담배를 피우는데 목에서는 가르릉 가르릉 가래 끓는 소리가 났다. 그 소리는 한 겨울에 개구장이들이 구워 먹으려고 화로 뚜껑 위에 올려 놓은 언 감자 조각이 내는 소리 같았다. 노삼은 마치 아무렇게나 방에 던져 놓은 해진 옷 같기도 했다.

여인이 말했다. "이쪽으로 앉으세요. 그 쪽은 냄새가 나요!"

북래가 말했다. "괜찮아요. 얘기나 나누지요."

서노삼은 담배만 뻑뻑 빨며 방 안쪽으로 움직여가더니 손으로 방 언저리를 두드렸다. 말하기도 힘든 모양이었다. 그는 풀이 죽어 있었다. 자신이 무능한 것을 알고 남 앞에서 한풀 꺾인 모습이었다. 북래의 무리에서 나온 후 집에 돌아왔더니 부모들이 장가를 들여 주었다. 북황십규

北荒＋奎에 살던 양채봉楊彩鳳이라는 처녀였는데, 부모들은 야생말 같은 아들을 붙잡아 두려고 큰 돈을 들여 며느리를 맞아 들였다. 채봉이는 19살, 서노삼은 28살 되던 해였다. 그런데 며느리는 맞아 왔으나 어쩐 일인지 "호리 박"에서 씨가 나오지 않았다.

서씨 집안에는 아들 셋이 있었는데, 노삼의 대에 이르러 자식이 없었다. 맏이는 병 들어 죽고, 둘째는 마누라가 도망가 버렸는데, 셋째가 또 이 모양이었다. 집안에서는 이 모든 것이 아들 때문이라는 것을 잘 알고 있었으므로 셋째 며느리에 대해서는 각별히 다독이며 귀여워했다. 멀리 날아가 버릴까 생 걱정을 한 것이다. 며느리가 별을 따 달라고 해도 절대로 별 대신 달을 따 주겠다는 소리를 못하는 지경이었다. 몰래 노삼에게 약을 먹이기도 하였지만 별 변화가 없었다. 그러던 어느 날 밤 그는 아내와 방사를 마친 후, 물 한 독을 길어다 채워주고 밥을 지어놓고 혼로 눈嫩 강으로 들어 갔다. 이른 봄이라 강물이 뼈를 찔렀다. 자신을 학대하는 그를 아내가 찾아와 끌어 냈다.

그 후 그는 차츰 차츰 하반신을 쓰지 못하다가 영 주저앉아 버리고 말았다. 두 다리가 나무토막처럼 되버렸다. 그는 아내에게 사내를 얻어 오면 북쪽 방을 내주겠다고 권했다. 그렇게 되니 채봉은 오히려 측은한 마음이 생겨서 노삼이를 떠나려고 하지 않았다. 그녀는 꽃 같은 나이에 그대로 시들어 갔다. 노삼은 빛을 쬐어 주겠다고 다가가지도 못하고, 마음 속으로만 끙끙 앓고 있던 중이었다.

"노삼이, 나 북래北來일세."

북래는 남쪽에 앉아 이렇게 말했다.

"누구요?"

"북래."

서노삼徐老三은 도무지 자신의 귀를 믿을 수가 없었다. 개처럼 엉금 엉금 기어와 아내가 주는 마등馬燈을 받아 들고 아래 위로 비쳐보는 것이었다. "그래, 두목 어른이 틀림이 없군요…"

"그렇소, 나요."

"어인 바람에 여기까지 오시게 되었습니까?"

서노삼은 곧바로 정신이 들어 못쓰는 두 다리를 방석처럼 엉덩이 밑에 깔고 앉아 두목의 손을 잡았다. 그리고는 담배통을 당겨 말했다. "두목, 말아서 피우세요…" 그리고는 또 큰 소리로 당부했다. "여보, 불 좀 지펴서 마실 물이라도 끓여 오구려!"

여인은 사내가 왔다고 좋아했다가 앉은뱅이 남편의 동료라는 것을 알고는 시무룩해졌다. 그녀는 살짝 이웃에 마실이나 가려다가 물을 끓여 오라는 남편의 소리를 들었는데, 손님 앞에서 거절할 수 없었다. 대답도 하지 않고 바깥방으로 나갔다.

콩깍지 밟는 소리가 사그락 사그락 났다. 아궁이에 집어 넣고 때니 탁탁 소리를 냈다. 어둡던 바깥 방이 아궁이에서 타는 불빛으로 밝아지면서 여인의 그림자를 북쪽 벽에 그려 놓았다. 신비감마저 들었다. 언젠가 북래가 천진위天津衛에서 본 적이 있는 피영皮影(하북지방의 그림자 극)에서의 모습과 흡사하였다.

안방에서는 두 사람이 한담을 하고 있었다. 지난 세월 겪었던 일들이 하나 하나 들추어졌다. 앉은뱅이 사내도 자신이 앉은뱅이가 된 사실을 잊어버린 듯하였다. 그는 두목이 "향 뽑기"를 해서 무리를 떠나게 해 준데 대해 고마워했다. "두목, 은혜는 잊지 않고 있습니다."

"두목이라 부르지 말게. 전형老田兄이라고 부르면 되지."

원래 북래의 이름이 전장순田長順이었던 것이다. 눈앞에 노삼이를 만나고, 옛날 일을 생각하니 북래도 흥분하였다. 그는 남북을 오가며 천여 명의 형제들을 지휘하여 털보老毛子 러시아 놈들을 치던 이야기를 시작했다. 이야기가 털보놈들에게 패해서 천여 명의 형제들이 겨울나기를 하려고 흩어진 대목에 이르러서는 두 사람이 모두 콧물까지 뚝뚝 떨어지도록 울었다.

이렇게 안방에서 나는 사내의 울음소리가 바깥 방 여인의 마음을 울렸을 줄은 누가 알았으랴. 전에는 반편 남편의 친구들이 찾아오면 아는 체도 하지 않았다. 그런데 부지불식간에 남편의 한 창 때 이야기를 들으며, 더욱이 그들의 울음소리마저 듣고는 그녀의 마음도 흥분되었다. 사내들도 이상한 게 아니고 이런 인간적인 마음이 있구나. 채봉이는 한동안 문틈으로 그들의 대화를 엿듣다가, 큰 사발에 뜨거운 물을 따라 들고 안방에 들어가 방구들에 걸터 앉았다. 그러다가 때가 까맣게 낀 수건을 건네 주며 말했다. "눈물 닦으세요. 당신들도 남자는 남자였네요!"

"하하!"

"하하!"

두 사람은 어색하게 웃었다. 여인 앞에서 그들은 마치 철모르는 아이 같았다. 얘기를 하다가, 담배도 피우고, 물도 마시고 밤 가는 줄 모르고 이야기를 나누었다. "가시지 않겠지요?"

"어디로든 가야지."

서노삼은 입에서 담뱃대를 빼들고 한동안 깊은 생각에 잠기더니, 화로에 대고 탕탕 털었다. "여기서 묵으세요. 집이라고 생각하세요. 오늘부터는 내가 먹으면 두목도 굶지 않을 거고, 내가 깔고 자면 두목도 덮고 주무실 겁니다. 돌아가시면 관은 못사드리더라도 이 동생이 바가지라도 가지고 얼굴을 덮어 드리지요…"

노삼은 흥분되어 방안을 한 바퀴 돌았다. 채봉이는 앉은뱅이 남편의 말을 들으며 입술을 깨물었다. 그녀는 머리를 장롱에 기댄 채 바깥 아궁이 불빛을 보며 말했다. "여보, 두 분 얘기를 나누세요. 나가서 음식이라도 해서 두 분 한잔 하셔야죠…" 여인은 잠깐 사이에 감자에 채소를 볶고, 소주 한 주전자를 들고 들어 왔다. 마적 두목과 친구는 그렇게 한 잔 두 잔 술잔을 기울이기 시작했다. 남편이 부지런히 마누라를 시켰다. "여보, 술 따라!" "여보, 전형에게 요리 좀 집어 드려!"

창 밖에서는 이제 바람도 지쳤는지 잠잠했다. 사위는 고요한데 서노삼네 집만은 뜨거운 열기로 달아 올랐다. 노삼이는 아내가 여느 때보다 흥분되어 있음을 눈치챘다. 그는 마지막 남은 술을 입에 털어넣고 나서 말했다. "여보, 늦었는데 전형 좀 모시고 가서 같이 창고에서 이불 좀 내려오게. 이젠 쉬어야지…"

"예!" 여인은 대답하며 탁자 위에서 등불을 집어 들었다. "아주버니, 가세요." 채봉이가 앞서고 북래가 그 뒤를 따라 나갔다. 바람이 분 뒤라 하늘이 맑았다. 별들도 유난히 반짝반짝 빛났다. 눈강평원嫩江平原 넓은 하늘에는 별만이 여기 저기 떼를 지어 빽빽하였고, 죽은 듯 고요했다. 창고는 집 동쪽에 뒤로 치우쳐 있어 조용하였다. 평시에는 출입을 하지 않았는데 더욱이 깜깜한 밤이 되니 무서웠다. 등불이 여인의 손에 들려 있었지만 북래는 웬 일인지 꺼림칙하여 걸음을 떼어 놓지 못했다.

"몇 걸음만 더 가면 돼요…"

여인의 말투에 다정한 신비감이 느껴졌다. 북래는 몇 걸음 더 앞으로 나갔다. 밝은 데서 보니 여인의 팽팽한 엉덩이가 탄력있게 움직이고 있었다. 삐걱하는 소리와 함께 창고 문이 열렸다. 두 사람은 문 어귀에 멈춰 섰다. 시골 창고에서 맡을 수 있는 익숙한 냄새가 풍겨 나왔다. 겨,

저자 차오빠오밍曹保明(왼쪽 두 번째)과 마적 '북래北來'의 아들(왼쪽 첫째) 서세민徐世民(2003년, 백두산 江源縣 三岔子 지역)

달구지, 가죽 가방, 거적자리 같은 것이 어우러진 냄새였다. 북래에게도 아주 익숙한 냄새였다. 그는 러시아 정탐부대에게 쫓겨 집을 떠날 수밖에 없었고 오래도록 이 냄새를 맡아보지 못했었다. 벽 구석에는 "호삼태내狐三太奶"도 모셔져 있었다. 호삼태야狐三太爺 상은 한 쪽을 쥐가 쓸은 데다가 아래도 기울어져 얼굴이 보이지 않았다. 낡은 농기구를 쌓아 놓은 윗쪽, 창고의 대들보 위에 이불이 높이 걸려 있었다.

"바싹 따라오세요."

채봉이는 한 손에 등불을 들고 다른 손을 들어 북래의 팔을 자기 뒤로 끌어 당겼다. 창고문이 "쾅" 소리와 함께 닫혀 버렸다. 북래는 그녀의 손이 매우 뜨거움을 느꼈다. 채봉이 몸을 돌렸다. 그녀의 커다란 두 눈이 북래의 얼굴을 향했다. 순간 북래는 두 줄기 불길이 뜨겁게 와 닿는 것을 느꼈다. "채봉 제수님, 누이라고 해야지, 어서 이불을 내려요…"

제13장 | 마적 실화 299

채봉이는 머리를 끄덕이더니 낡은 농기구 위에 올라 이불을 내리려고 하였다. 그러다가 그만 뭔가를 잘못 밟았는지 넘어져 떨어졌다. 북래가 얼른 다가가 그녀를 잡았다. 등잔불이 기울면서 기름이 흘러나와 심지를 적시는 바람에 불이 꺼져 버렸다. 그녀는 어둠속에 넘어지면서, 등불을 놓치지 않으려고 몸을 옆으로 틀다가 그대로 북래에게 안겨 들고 말았다. 발도 불안정한 판에, 그 무게에 북래는 숨도 바로 내쉴 수가 없었다. 팽팽한 "작은 산"이 북래의 가슴에 닿자 그는 온몸을 부르르 떨었다.

그들은 한동안 말이 없었다. 갑자기 채봉의 젖가슴이 북래의 목을 끼고 그의 몸을 눌렀다… 라마전자喇嘛甸子에는 적막에 휩싸였다. 한 줄기 작은 바람이 불어 오며 창고 문이 덜렁덜렁 소리를 냈다.

서노삼은 목에서 그르릉 그르릉 소리를 냈다. 그는 마치 소금물을 훔쳐 마신 쥐처럼 매운 담배를 연거퍼 풀썩풀썩 피워 댔다. 오늘 담배는 빨리 탔다. 저도 모르는 사이에 벌써 세 대를 피우고 있었다.

그는 형이 오지 않을 것이라는 사실을 알고 있었다. 아버지는 그가 가엾기도 하고 집안이 모두 뿔뿔이 흩어질까 걱정하여 둘째 아들을 불러들이려 했다. 그런데 나중에 둘째는 밖에서 새로 장가를 들었다고 인편으로 노삼에게 전해왔다. 그 날 노삼의 아내는 들에 나가 있었기 때문에 남편의 형이 오지 않을 것이라는 사실을 지금까지 모르고 있었다. 그러다 보니 힘든 농사일이 모두 그녀의 몫이었지만, 그녀는 그게 운명이려니 하였다. 그런데 느닷없이 "의형"이 나타나니 채봉은 전에 없었던 마음 속 기쁨을 억누르지 못하였다.

그렇게 한동안 있다가 북래는 말했다.

"이불… 이불 내려야지!"

"걱정 마세요." 채봉이는 여전히 그를 꽉 끌어안은 채 손을 풀지 않았다.

"기다릴텐데…"

"바보."

"누가?"

"당신." 채봉이가 말했다. "집에도 이불은 충분해요. 그이는 창고에 이불 꺼내러 올 필요가 없다는 걸 뻔히 알고 있어요."

다시 또 얼마만큼 지난 후 그들은 이불을 내려 가지고 나왔다. 마당에서 그들은 방안에서 반짝이는 불빛을 보았다. 그런데 방안에 들어서니 노삼은 남쪽 방에 누워 코를 골고 있었다. 마치 죽은 듯했다. 채봉이는 말없이 이불을 남쪽에 있는 노삼 옆에 내려 놓았다. 그리고는 자기 이불을 북쪽으로 가져와 펴 놓았다. 어둠 속에서 채봉은 뜨거운 입술로 북래의 볼에 입술을 맞추었다. 그리고는 몸을 돌려 남쪽에 있는 남편 옆으로 옮겨가서 잠들었다.

다음 날 북래가 무슨 일이 있어도 떠나야 한다고 하자, 서노삼은 그대로 극구 말렸다. 그래도 북래는 은 백냥을 내놓고 집을 나섰다. 노삼은 은전을 마당에 홱 내던지며 욕지거리를 퍼부었다. "사람도 아니야! 쥐새끼 같은 놈! 날 어떻게 보는 거야…" 북래는 채봉이가 문설주에 기대서서 몰래 그를 쳐다보는 것도 아랑곳하지 않고, 눈물을 흘리며 서북쪽을 향해 길을 떠났다.

세월은 유수처럼 흘렀다. 평원의 강은 얼었다가 녹고, 녹았다가는 다시 얼었다. 강가의 버드나무도 잎이 누렇게 시들었다가 다시 푸르러지고, 또 신록을 띠었다가 낙엽이 되었다. 서노삼은 갈수록 더 말이 없었다. 며칠 간을 한 마디 않기도 했다. 어느 날에는 허리띠로 개의 목을 졸랐다. 채봉이가 때마침 돌아왔으니 망정이지 그렇지 않았다면 개는 목이 졸려 죽었을지 모른다. 오가는 사람들이 묻는 첫 마디는 항상 "앉은뱅이 죽었어?" 였다. 그러나 대답은 항상 죽지 않았다는 것이었다. 그리고 항상 곧 죽을 거라고 했다. 그런데 그 곧 죽을 거라는 말이 16년이나 흘러갔다. 그 20년 사이에 채봉이는 두 아이를 낳았는데, 큰 애는 계집애로 영자小英子라고 했고, 둘째는 머슴애로 래복小來福이라고 불렀다.

그 때, 그러니까 북래와 채봉이가 함께 창고에 들어가서 이불을 내온 후부터 북래는 수시로 드나들었지만, 서노삼은 그에게 더 이상 웃는 얼굴을 보이지 않았다. 그렇다고 오지 못하게 하지도 않았다. 그가 오면 노삼의 두 눈은 마치 들판의 늑대처럼 어둠 속에서 번뜩이는 것을 북래는 보았다. 그러나 그가 올 때면 채봉이는 북쪽 방으로 가서 남편을 남쪽에 혼자 남겨두곤 했다. "제길, 힘깨나 쓰겠군!" 그는 욕인지 부러움인지 모를 말을 입속에서 중얼거렸다. 그렇게 눈 깜짝할 사이에 세월이 흘러 영자는 14살, 래복은 9살이 되었다.

가는 비가 내리는 어느 여름 밤, 북래가 뒷 창문을 두드렸다. 채봉이는 노삼이 돼지처럼 깊이 잠든 틈을 타서 북쪽 방에 이부자리를 펴고 베개 두 개를 가져다 가지런히 놓았다. 그리고는 가마솥에 든 개미처럼 안절부절 조급해 했다.

아침에 일어난 아들애가 집 뒤에 가서 쉬를 하고 돌아와 말했다.

"아버지!"

"왜?"

"우리 뒤울에 올챙이가 있어요."

"정말?"

"예. 큰 발자욱 속에서 놀아요."

노삼은 놀란다. "그래?"

"그래요."

"빨리…."

"뭘요?"

"세숫대야로 그 발자욱을 덮어라!"

노삼은 엉금엉금 울안으로 기어가 아들이 구리 대야로 덮어놓은 발자국을 살펴 보았다. 커다란 발자국이 그의 것이 틀림없었다. 점심 때가 되어 그녀가 들에서 돌아오자 물었다. "그가 왔었어?"

"누가요?"

"북래, 그 염병할 놈 말야!"

"아니, 안왔어요."

"제길! 저기 집 뒤에 가봐!"

그는 앞에서 기면서 여인을 끌고 집 뒤로 갔다. 집 뒤 울안에 이르자 그는 구리 대야를 집어들어 메치고는 여인의 다리를 꽉 끌어안으며 물어 뜯었다. 다리가 부실한 사람은 물어뜯기를 잘한다. 개보다 독하다고도 했다. 피가 그녀의 바짓가랑이를 따라 흘러내렸다. 여인은 입이 열 개라도 할 말이 없으니, 소리도 내지 못하고 참았다. 그럴수록 남편은 더구나 악을 쓰며 물어뜯었다. 나중에는 여인의 다리에 흐른 피를 빨기까지 했다. 마치 사탕 수수 줄기처럼 빨아 삼키면서 쿨쩍쿨쩍 울기도 했다.

거름 줍던 노인은 그 때 백열 살을 앞에 두고 있었지만, 아직 살아 있었다. 그는 이런 사정을 누구보다도 잘 알고 있었다. 그 날 밤길을 물은 사내를 만난 후 서노삼의 아내는 계집애를 낳았고 몇 년 후에 또 머슴애를 낳았다.

이 해 봄이 시작될 무렵 여인은 강가 버드나무 숲에서 북래와 만나 사정을 이야기 해 주었다. "그이는 바보가 아니예요. 다 알고 있는 거예요!" 그러나 친아버지도 자기 아들딸을 생각하지 않을 리 없었다. 그녀는 그에게 머물러 달라고 청했다. 그는 한 해 두 해 점차 지쳐서 여위어 가는 여인을 바라보다가 눌러 있기로 했다.

관동의 봄과 여름은 힘들고 바빴다. 농사꾼들은 모두 하늘에 의지하면서, 얼굴은 황토 흙을 보고 등은 하늘에 대고서 밭고랑을 따라다니며 흙덩어리를 부수어야 했다. 그 넓은 황무지가 북래와 여인의 곡괭이 자루 앞에 놓여 있었다.

여인에게서 노삼이 구리 대야로 자기 발자국을 덮었다는 말을 들은 뒤부터, 북래는 혼자 북쪽 방에서 자고 남쪽에서는 여인과 남편이 자게 되었다. 밤이 되면 북래는 가슴이 허전하였다. 그는 좀체로 잠을 이룰 수가 없었다. 남쪽 방에서 나는 작은 소리 조차 그의 귀에 들어왔다. 앉은뱅이 사내는 "그 일"을 하지 못하면서도 "그 일"을 요구했다. 그에게는 여인의 바지춤에서 나는, 스치는 작은 소리조차 들려왔다. 이상한 괴로움이었다. 마적도 하루하루 늙어갔다. 검은 머리 사이에는 백발이 보이기 시작했다.

채봉은, 밤에 입은 '손실'을 낮이 되면 두배로 북래에게 갚으라고 하였다. 날씨는 몹시도 무더웠고 황무지는 끝이 없었다. 북래가 앞에 서고 채봉이 가운데, 그리고 뒤에는 두 아이가 작은 괭이로 흙덩이를 부쉈다. 저녁 해가 한 발 높이로 내려오자 채봉이는 영자에게 소리쳤다. "영자야, 어서 가 밥 지어라…"

아이들은 커가면서 부모와 전씨 삼촌 사이가 뭔가 이상하다고 눈치챈 듯했다. 영자는 괭이를 내던지고 동생을 잡아끌었다. "가자!"

라마전자 뿐 아니라 전 관동 들판에 그들 둘만이 남은 듯했다. 그는 따가운 눈길을 느끼고 있었다. 그는 괭이를 짚고 멀리 지평선을 바라 보았다. 이마에는 핏줄이 굵게 일어섰다. 여인은 실성한 듯 그의 발밑 밭고랑에 누우며 말했다. "여보, 난 그 사람하구는 하루도 행복을 몰랐어요…"

그녀는 두 손으로 북래의 다리를 잡아당기고, 불타는 눈길로 그를 기다렸다. 북래는 무릎을 꿇으며 두 손으로 그녀의 얼굴을 싸안았다. 그는 마음이 아팠다. 서씨집안에 온 뒤로 채봉이 외에는 노삼이도, 딸도, 아들도 그에게 편안한 눈길을 주지 않았다. 특히 자기 피붙이들이 남의 품에 안겨있는 것을 볼 때는 세상에 그보다 더 괴로운 일이 없었다.

"어서요. 어서 오세요…"

여인은 울먹이는 목소리로 그를 재촉했다. 북래가 미친 듯이 덮쳐들자, 그녀는 머리를 돌려 검은 흙 속에 눈물을 떨어뜨렸다. 북래의 등은 태양을 맞이해서, 끝없이 파란 관동 하늘에 도전하는 듯했다. 검붉은 등이 햇빛에 반사되어 번쩍거렸다. 굵은 관절들이 뚝뚝 소리를 냈다. 그의 몸은 북황 대평원의 튼실한 느티나무 같았지만, 비바람을 맞으며 말라가고 있었다.

누이와 동생은 밭을 걸어 나갔다. 누나가 말했다. "애, 나 좀 기다려!"

"왜?"

"수건을 두고 왔어."

영자는 밭으로 뛰어갔다.

영자는 밭 가장자리 버드나무 숲에서 전씨 아저씨와 어머니의 모습을 목격했다. 그래서 자기와 동생이 밥을 지어 먹고 두 사람에게 밥을 가져다 줄 때마다 밭에 이상한 흔적이 있었던 것이었다. 새로 만든 밭두둑이 평평하게 눌려 있었던 것이다. 영자는 모두 다 알게 된 것 같았다. 정말 모두 다…

암탉 세 마리가 낳은 계란이 웬 일인지 온 가족 계란탕 끓일 양도 되지 않았다. 어느 날 딸애는 전씨 아저씨 저고리 주머니에서 계란 껍질을 발견하고 욕을 했다. "부끄럽지도 않은가. 게걸스러운 놈!"

서노삼은 하루 내내 방 구석에서 거친 숨을 내쉴 뿐이었다. 무더운 여름 날 갑자기 닭 한 마리가 병들어 죽었다. 그것을 야채와 함께 푹 고았다. 다리 하나는 문드러져 없어졌는지 하나만 남아 있었다. 철모르는 동생이 그릇을 들어 나르다가 엎어져서 닭다리 하나가 나왔다. 채봉이가 북래의 밥그릇 밑에 몰래 묻어주었던 것이었다. 그런 사실을 눈치 빠른 딸애는 벌써 다 알고 있었다. 식탁에서 영자는 그 닭다리를 전씨 아저씨의 밥그릇에서 꺼내어 아버지 서노삼의 사발에 담아 놓았다.

"이 철부지야!" 채봉이가 욕했다. "어서 집어다 놓지 못해"

"싫어, 싫어요!"

"죽고 싶어 그러냐!"

채봉이는 갈수록 여위어 가는 북래를 보면서 딸애의 머리를 덥석 잡았다. 딸애는 개처럼 방에 쭈그리고 앉아있는 "아버지"를 쳐다보더니, 몸을 돌려 어머니를 마구 때리며 잡아 뜯었다. 식탁이 뒤집어졌다. 좋았던 식사가 다 망쳐지고, 식구들 모두 밥도 먹지 못하고 말았다.

노삼이도 악심을 먹고 말았다. 어느 날 그는 딸애를 불러 시커먼 것 한덩어리 주면서 뜨거운 물에 풀어 북래의 음식에 섞어놓으라고 시켰다. 딸애는 그렇게 했고 북래는 죽을 것 같았다. 채봉이는 북래를 장대에 거꾸로 매달아 놓고서는 잿물에 소똥을 타서 먹였다. 그렇게 하루 밤

낯을 몽둥이를 들고 배를 두드려 토해내게 하였다. 누런 물을 한 모금씩 한모금씩 토해 냈다.

"전생에 무슨 죄여!"

그녀는 욕을 하면서 소똥물을 먹였다. 앉은뱅이는 구들에 앉아 가쁜 숨을 몰아쉬며 이쪽은 아는 체도 하지 않았다. 영자와 래복이는 놀라서 어쩔 줄을 몰라했다. 영자는 이미 들어 알고 있었다. 북래가 진짜 자기 오누이들의 친아버지이고 자기 이름 영자도 그가 지어준 것이라고 했다. 15년 전 길 양옆에 민들레가 날리는 날 북래가 라마전자에 처음 들어왔다고 들었다. 그러나 영자는 이런 현실을 인정하고 싶지 않았다. 저 장대나무에 매달려, 어머니가 똥물을 먹이고 있는 사람이 "아버지"라니… 게다가 그 날 밭에서 어머니를 사납게 누르고 있던 그의 모습을 지울 수 없었다. 그래서 영자는 그 두 사람을 다 미워하게 된 것이었다. 영자는 여러 번 동생을 데리고 창고에 들어가 호삼태내狐三太奶를 뵙고 향을 태우며 빌었다. "할머니, 저 두 사람을 죽게 해주세요!" 영자는 정말 그들이 죽기를 바라고 기다렸다.

밭에 씨를 다 뿌리고 김을 두 번 매고 나서, 북래는 떠나겠다고 했다. 그러나 채봉이가 죽기로 말려서 다시 가을까지 묵게 되었다. 또다시 관동에 가을이 돌아왔다. 눈깜짝할 사이에 타작도 끝났다. 가을에 들면서 가정의 분위기는 이상하리 만치 화기애애했다. 채봉이만 여러 날 째 말을 하지 않고 얼굴도 눈에 띠게 수척해 졌다.

이날 저녁 그녀는 몇 가지 요리를 했다. "동생, 자 한 잔 들게…"

노삼은 앞으로 몇 걸음 다가 앉았다. 그 역시 여러 날 말이 없었다. 밤낮없이 목에서 그르릉 그르릉 소리만 낼 뿐이었다. 딸애를 시켜 북래의 밥그릇에 아편을 넣어 다 죽었던 그 날 이후 그는 입을 열지 않았다.

그랬다. 애초에 여자에게 창고에 같이 가서 이불을 가져오라고 시킨 것은 자신이 아니었던가 … 그러나 그는 받아들일 수가 없었다. 자신이 옳은지 그른지 알 수가 없었다.

가을이 오면서 아내는 노삼이를 한결 곰살 맞게 대해 주었다. 그게 오히려 노삼의 맘에 머리가 쭈뼛 일어서게 했다. 전 같으면 그가 바라던 일이었지만, 채봉이를 보면 마음이 아렸다. 이제는 오히려 채봉이가 자기 앞에서라도 북래에게 잘해 주었으면 했다.

"동생, 한 잔 마시게!"

북래가 권하자 그는 술잔을 들어 한 입에 마셔 버렸다. 밖에서는 닭과 오리들이 모이를 쪼고, 소와 나귀가 풀을 씹고 있었다. 관동의 소가 마른 풀을 씹는 소리는 꽤나 소란스러웠지만, 듣기가 좋았다. 그들은 젓가락을 놓으면서 그 소리를 똑똑히 들을 수 있었다. 소와 나귀는 북래가 가축 시장에 가서 골라 사온 것인데, 여름 내내 서씨집안은 사람 사는 집 같았다. 북래는 이제 자신이 떠나야 할 때가 왔다고 생각했다. 채봉이는 앞마당에서 닭 모이를 주며 집안에 들어오지 않고 있었다.

노삼이가 창문 밖에 대고 소리쳤다. "형님에게 술 따라!"

그녀는 들은 척도 하지 않고 닭 모이를 주고, 오리 모이를 주고, 개 먹이를 주었다. 노삼은 자신이 앞으로 다가 앉으며 북래에게 술을 따랐다.

"마시세요."

"마시게."

"형님 마셔요."

"동생 마시지."

"그 해 여름 비 온 다음 형님이 뒷문 창으로 들어왔던 날, 형님 발자국에 대야를 덮어놓는게 아니었는데…."

"됐네. 다 지난 일이야. 마시게!"

"그리고 밥그릇에 아편을 넣게 해서 다 죽게 하고, 하루 내내 토하게 했던 것도 그러지 말았어야 하는데…"

"됐네. 어서 마시게 마셔!"

노삼이 아무리 말을 시작하고자 해도 북래는 딴청을 부렸다. 두 사람은 서로 양보하면서 조용히 술을 마셨다. 저녁이 되자 눈이 조금 내렸다. 노삼은 영자에게 말했다. "영자야, 동생을 데리고 고모네 가서 옥수수 까 드려라."

"싫어요…" 딸애는 말을 들으려 하지 않았다.

"어서 가! 말 안 들을래!"

영자는 동생을 데리고 대문을 나오며 개 목덜미처럼 묶어 놓은 전씨 아저씨 짐을 돌아보았다. 대문 밖을 나서자 문득 열 대엿살 된 딸애의 눈에서 눈물이 흘러 내렸다. 북래는 술기운을 빌어 창문을 열고 밖을 내다보았다. 자기 피붙이를 한번이라도 더 똑똑히 보고 싶었다. 그런데 이때 서노삼이 소리를 질렀다. "이 녀석들아, 길이 멀어. 날이 어두워지겠어! 어서 가!"

마침내 날이 저물었다. 모두들 뭔가 할 말이 있는 것 같았으나 무엇부터 말을 시작해야 할지 몰랐다. 서노삼은 담뱃대를 털며 방에서 기어 내려갔다.

채봉이 물었다. "어디 가시는 거예요?"

"좀 바람 쏘이려고…"

그러나 갈 데가 없었다. 그는 창고에 가서 자겠다고 했다. 서늘하다는 것이었다.

집안 남쪽과 북쪽 방에는 그들 둘 만이 앉아 눈물을 흘리고 있었다.

"양심도 없는 사람, 여기 있으면 안돼요?"

"애 엄마, 난 가야 해."

"이제 이렇게 연세도 드셨는데, 어딜 가신다고 그래요?"

"가는 데까지 가 봐야지…"

"아예 내 마음을 활활 태워 재를 만드시는군요…"

여인은 두 손으로 얼굴을 가리며 소리내어 울었다.

그리고는 또 흐느끼며 말했다. "여보, 무슨 하실 말씀은 없어요?"

"난 애들이 날 한 번 불러줬으면 해!"

"내가 불러주죠! 애들 아빠…"

남쪽 방에서는 흐느끼고 북쪽 방에서는 탄식할 뿐이었다. 그렇게 하룻밤을 새웠다. 홀연 창문이 훤해지며 날이 밝아왔다. 다음 날 날씨는 쾌청했다. 북래는 문어귀에 세워 두었던 개 목덜미처럼 묶어놓은 엉성한 짐보따리를 등에 지고 길을 나섰다. 십여 년을 이렇게 보냈다. 그 해 가을에는 겨울을 나기 위해 왔었는데 올 가을에는 영 떠나고 있다. 계절은 같았지만 심정은 전혀 달랐다. 세월이 가면서 장년을 벗어나 이제 땔나무 장작처럼 바짝 말라 있었다. 그래도 맑은 가을 날씨였다. 조금 쌀쌀하기는 했다. 밤에 내린 서리로 길옆 풀은 누렇게 시들어 있었다.

하늘에서는 기러기 떼가 끼룩끼룩 사람 인人자를 그렸다가는 또 한 일一자를 그리면서 남쪽으로 날아가고 있었다. 머리를 숙이자 길가에 민들레가 보였다. 한 줄기 가을 바람에 민들레 씨가 멀리 날아갔다. 결국 남은 것은 밋밋하게 대머리를 한 민들레 줄기 뿐이었다. 그 줄기가 바람에 흔들리고 있었다. 북래는 허리를 굽혀 줄기를 하나 꺾어 손에 들고 비벼보았다. 그는 멀리 지평선을 향해 걸음을 재촉했다.

늙은 홀애비는 엉성하게 묶은 짐을 메고, 손에는 민들레 줄기를 들었다. 민들레 씨는 벌써 바람에 날려 멀리 날아가 버렸다.

천룡 天龍

 백두산白山 개미강螞蟻河子 끝에 팔도양자八道梁子라고 하는 자그마한 마을이 있었다. 인가가 드물어 장사치들이나 솥 땜장이도 이곳에는 들어오지 않았다. 그런데 민국초民國初에 직계直系와 봉계奉系 두 군벌이 싸움을 하면서, 길림吉林과 봉천奉天 경계에 위치해 있는 팔도양자는 갑자기 활기를 띠기 시작했다. 정규군은 들어오지 않았지만 "용단龍團"이니, "호단虎團"이니, "마단馬團"이니, "서단徐團"이니 하는 오합지졸의 부대들이 들락날락하였다. 그 중 어떤 부대는 위세를 부리며 군사나 말을 사들이고, 어떤 군인들은 그냥 놀면서 "장작림張作霖"의 군량이나 축내고 있었다. 아예 군복을 벗어버리고 도박장을 벌여놓고 팔도양자 일대의 "큰 어른" 노릇을 하는 무리도 있었다. 이러한 상황에 분개한 사람이 사람이 있었으니 그가 바로 팔도양자에서 24리 떨어진 두메 산골에 살고 있던 "천룡" 패의 두목이었다.
 "천룡"은 예전 한 때 산 둥지를 휘어잡고 무리를 규합하여 몇 년간 큰소리치고 살았었다. 그러나 러일전쟁이 터지면서 전쟁의 불길이 발밑까지 번져오고 이어 군벌 사이에 혼전이 벌어졌다. 특히 왜놈들은 쩍하면 무력으로 남의 나라 "내정"을 간섭하곤 하였다. "천룡"은 그래도 양심적인 사내대장부로 자처하던 터라, 뜻밖의 사태에 대비하기 위해서는 수하 천 팔백 명 부대를 확충하여 장정들을 끌어 모아야 했다. 그런데 팔도양자에는 한꺼번에 7, 8개의 부대가 들이 닥쳤다. 그들은 겉으로는 서로 잘 지내는 척했으나, 속셈은 다 달라서 서로 이익을 따지고 다투다가 "시퍼런 놈(칼)"을 휘두르기도 하였다. "천룡"은 활로를 찾을 좋은 기회가 왔다고 생각했으나 누굴 보내어 "투항 설득"을 해야 할지가 문제였다.

이날 늦은 저녁 "천룡"은 갑자기 주전자를 내던졌다. 내외 소두목과 보좌 소두목, 졸개들이 모두 깜짝 놀랐다. 입이 빠른 "외눈박이"가 참지 못하고 말했다. "형님, 뭔 고민이 있으세요? 저희들에게도 말씀해 보십시오."

"그러세요. 어서 말씀해 보세요!" 다른 사람들도 입을 모아 말했다.

천룡이는 술을 한 모금 넘기고는 탄식조로 말했다. "이런 일이 있나! 천 명되는 우리 형제들이 전쟁터에서 싸움을 하라면 누가 양보하겠는가? 그런데 투항을 권유할 말재주說客를 찾자니 눈에 띄는 사람이 없단 말이야!"

"형님, 절 보내면 될 게 아니오?"

말이 떨어지며 문을 젖히고 한 사람이 들어왔다. 크지 않은 키에 비쩍 마른 데다 다리마저 휘었으나, 작은 눈동자만은 반짝반짝 정기가 돌았고 얼굴에는 웃음이 떠나지 않았다.

천룡이 보니 그는 다른 사람이 아니라 바로 먹을 거리를 책임진 "양대糧臺" 소두목인 "고루자古樓子"였다. 그는 원래 성이 고顧씨로 전에는 말궁둥이馬屁股山 산 일대에서 이발소를 경영하였었다. 노일전쟁이 일어나 사방이 전쟁으로 부산해지자 장사를 계속할 수 없어 이발 가위를 버리고 천룡패에 가담했다. 사람이 너무도 총명하여 속에 뭐가 들어 있는지를 알 수가 없다고 하여 모두들 "고루자", 즉 속에 도대체 뭐가 있는지를 알 수 없는 고택古宅같다고 별명을 지어 불렀다.

천룡이는 그가 이렇게 나오자 처음에는 좀 탐탁하지 않게 여겼으나 소두목들 모두 그가 안성맞춤이라고 했다. "제길, 고루자가 가버리면 누가 우리 머리를 깎아줘?" 하고 불평하는 축도 있었다.

천룡이가 따져 물었다. "자신 있어?"

고루자는 헤헤 웃으며 천룡에게 다가가 그의 귀에 대고 여차여차 할 것이라고 자신의 생각을 말하고는 한 마디 보태었다.

"형님, 걱정마세요. 이 아우가 형님을 이 일대 총 두목으로 만들어 드릴테니!"

그 이튿날 고루자는 떠돌이 이발사로 변장을 하고 개미강 끝에 있는 팔도양자로 떠나갔다.

그 때 팔도양자는 꽤 번화했다. 대소 양조장이 20여 곳이 넘었고, 깃발 4개를 내건 식당이며 술집이 19집이나 되었으며, 심지어 기생집도 3집이나 있었다. 몰래 매춘하는 여자들은 셀 수도 없었다. 고루자는 번화한 거리에 오자 오히려 용이 바다에 들어간 듯, 호랑이가 숲 속에 들어간 듯하였다. 그는 날카로운 도둑의 눈을 가지고 거리를 헤집고 다녔다. 그러던 그는 네거리 북쪽에서 이발소를 발견하였다. 간판이 높이 걸리고 대문에는 댓귀를 써붙였는데, 한 쪽에는 "들어올 때에는 검은 늙은이요"라 하였고 한 쪽에는 "나갈 때는 허연 선비라" 라는 시귀였다. 문 앞으로는 마차와 행인들이 오가는데 출입하는 사람들이 지체가 이만저만이 아닌 사람들인 것 같았다. 고루자는 그 이발소를 점찍어 놓았다.

이 집은 읍내에서 유일한 큰 이발소였다. 여기에 와 이발을 하는 사람들은 대개가 "허리춤에 까만 놈 한 자루는 차고 다니는" 녀석들이었다. 관리로서 큰 놈은 읍장이나 보장保長(경찰 격)이 있는가 하면, 적어도 백여 명 졸개를 거느리는 "관동 마적" 의 두목쯤은 되었다. 그러니 여기에서 발을 붙이려면 이발 기술이 뛰어나야 할 뿐만 아니라, 입심이 좋고 읍내의 관행과 지역 "인물"들의 성격은 훤히 꿰고 있어야 했다.

이발소의 주인은 성이 호胡씨고 이름을 호량胡亮이라 했다. 마흔이 좀 넘은 사람인데 영리하고 교활하기 짝이 없었다. 비록 하는 일은 남의 머리나 만져주는 천한 일이었으나, 아편을 빨고 기생집을 드나들며 위세를 부려서 이곳에서는 그도 "인물"로 쳐주고 있었다. 날마다 무슨 "사령관"이요 "노장"이요, 마적 두목이요 하는 자들은 이 곳에 오면 "이봐, 너희 주인 호량 좀 불러와!" 하며 거드름을 피우곤 했다. 평시에 아랫사람들에게 욕지거리 하고 때리며 야단을 치던 그도 이런 "뒷심" 있는 손님이 오면 얼굴에 웃음이 넘쳤다. 이런 상황이니 갓 나온 햇병아리들은 사고라도 날까 무서워 감히 이 이발소에 와서 일할 엄두를 내지 못하였다.

그러나 고루자는 그런 것에 전혀 개의치 않았다. 마적 무리에 들어가기 전에 손재간으로 밥술을 먹었던 고루자는 어떤 사람에게 무슨 말을 해야 한다는 것쯤은 익히 알고 있었다. 그가 입을 열기만 하면 듣는 사람의 호감을 사서, 그들을 기분좋게 만들어 주었다. 이발소의 관행 따위도 물론 훤히 꿰뚫고 있었다. 자신을 가진 그는 곧바로 그 집을 찾아 들어갔다.

호량의 이발소는 의자가 여덟 개나 놓여 있었고, 의자 앞에는 커다란 거울이 번쩍번쩍하였다. 이 곳에서 쓰는 이발용 수건은 관성자寬城子에 있는 왕씨네 가게에서 맞춘 것이고, 머리 가위도 북경에 있는 왕 얼금뱅이네 가게에서 맞춘 것이었다. 솔은 황제에게 올릴 철갑상어鯤魚를 싣고 북경으로 가던 수레가 천진을 지날 때 후侯씨네 솔가게에서 맞춘 것이라 한다…

이발은 힘든 일이다. 해 뜨는 묘시에 일을 시작하여 종일 다리가 부러지도록, 팔이 끊어지도록 남들의 머리를 만지고 면도를 해서 돈을 버는 것이다. 속으로는 늘 사람들이 자기 기술을 높이 치도록 신경을 써야 했다.

이날 고루자는 대문이 열리자 곧 문을 밀고 이발소에 들어섰다. 그는 구겨진 낡은 모자를 벗으며 인사를 했다. "여러 선생님師傅, 수고하십니다!"

문어귀에서 잡일을 하던 일꾼이 말을 받았다. "수고하십니다! 선생은 어디서 오십니까?"

"선생 소리 듣기는 부끄럽습니다만 선창船廠(즉 길림)에서 옵니다."

일꾼은 고루자가 들고 온 보따리를 치켜드는 것을 보자 바로 그가 온 용건을 짐작하였다. 그는 호량에게 눈짓을 하였다. 한 옆에서 아편을 빨고 있던 주인 호량은 일꾼에게 다시 눈짓을 하였다. 그래서 일꾼이 다시 물었다.

"영 들어앉을 생각이세요? 아니면 잠시 지나가는 길이신지요?"

고루자는 벌써 호량이 주인임을 눈치채고 다시 한번 꾸벅 인사를 했다. "선창에서 봉황성에 갔다가 여기까지 왔습니다. 말은 높고 등걸은 짧아 안 되겠던 걸요. 밥술이나 먹게 해주십시오. 들어 앉을 생각입니다."

일꾼이 말했다. "앉으시죠."

그리고는 물 한 그릇을 따라 주었다. "성씨를 어떻게 쓰십니까?"

"사부라 하오."

그 한마디 말을 듣고, 호량은 고루자의 영리함과 입심에 웃음을 터뜨리지 않을 수 없었다. 침을 퉤 뱉고는 말했다. "개가 발을 젖히고 문을 여는 격이네. 입심이 괜찮네 그려."

고루자가 받았다. "다른 건 그만 두고 사람을 쓰시겠습니까?"

호량이 말했다. "자리는 다 찼지만, 가만 있자, 내 좀 생각해보지, 일손이 아쉬운 데가 없는지."

"그러십시오."

고루자는 벌써, 호량이가 몰래 가게 차리고 있는 수하 제자를 내보내려는 참이라는 것을 알고 있었다. "그래, 내일 와보게나!" 호량은 그렇게 고루자를 돌려 보냈다.

그날 밤, 고루자는 읍내 여인숙에 숙소를 정했다. 날이 어두워지자 그는 구운 닭 몇 마리에 배갈 몇 병을 사들고 이발소의 일꾼들과 함께 기분 좋게 마셨다. 셋째 날에 고루자가 이발소에 찾아갔을 때 호량은 일꾼 하나를 내보내고 있는 참이었다. 호량은 고루자를 보고 말했다. "다른 데 가지 말게. 자네 짐은 어디에 풀었는가?"

"마씨네 집이지요"

"사람을 써야 하게 생겼네. 여기서 일하지."

"고맙습니다 주인 어른!"

"마차 갖고 가서 짐을 가져오게."

허드렛일을 하던 일꾼은 그 말을 듣자 좋아라고, 쉬고 있던 친구들과 경중경중 뛰어 나갔다. 고루자는 보자기를 풀고 칼부터 갈기 시작했다. 고루자는 꾀가 많은 사람이라 아버지에게서 물려받은 항주 장소천, 북경 왕 얼금뱅이, 관성자의 정발이네, 이런 가게에서 만든 이발도구들을 하나 하나 꺼내 놓았다. 호량은 그것들을 보며 가슴이 서늘해옴을 느꼈다. 그가 보통내기가 아니라는 것을 알았던 것이다. 그러나 그런 눈치를 보이지 않았다. 일꾼들도 고루자를 도와 칼을 갈아주었다.

이것저것 정돈이 끝나자 호량이 말했다. "나가서 극 구경이나 좀 하지. 그리고 여기저기 가게도 구경하고." 그렇게 고루자는 이발소 문턱에 발을 들여놓게 된 셈이었다.

　옛날에는 기술자(사부)가 일을 시작하면 첫 사흘간은 일만 하고 품삯 이야기는 꺼내지 않는 법이었다. 이튿날 허드렛일을 하는 일꾼이 자리에서 일어나자 따라 일어났다. 일꾼이 대야에 물을 담아오면 재빨리 소세를 하고 몸을 잠깐 꾸미고는 곧 의자 앞에 가서 앉아 손님을 기다려야 했다.

　고루자는 물론 그러한 관례를 속속들이 알고 있었다. 대문이 열리자 손님 셋이 함께 들어섰다. 고루자는 첫째 손님을 익숙한 동작으로 안내했다. "손님, 먼저 저기 가서 세발부터 하시죠."

　허드렛일을 하는 일꾼이 손님을 모시고 가서 머리를 씻기는 동안 고루자는 마음 속으로 단단히 준비를 하고 기다렸다. 손님이 고루자 앞에 와 앉자 호량은 한 옆에서 눈 한 번 깜빡이지 않고 지켜보았다. 전문가는 손 한번 내미는 것을 보고 바로 실력을 알아보게 마련이엇다. 북치는 고수가 꽹과리잡이의 귀를 속이지 못하듯이. 호량은 계란에서 뼈라도 골라 내려는 듯 신경을 모으고 있었다. 고루자는 그에게 흠을 잡혀서는 안되겠다고 생각했다.

　공교롭게도 이날 첫 손님은 정 현장丁縣長의 조부였는데, 민국 때였지만 아직도 청나라 때의 변발을 그대로 땋아 드리우고 있었다. 이런 머리를 깎으려면 칼질을 잘해야 할뿐 아니라, 머리도 잘 땋아야 했다. 이마의 머리는 빛이 날 정도로 깨끗이 밀어줘야 하고, 변발은 고르게 잘 땋아야 했다. 고루자는 이런 머리를 깎아보지 않은지 여러 해가 되어 속으로 적이 걱정이 되었다. 그러나 산전수전 다 겪은 사람이라 잠깐 사이에 노인의 이마를 번쩍번쩍 빛이 나도록 깨끗이 밀어주었다. 그리고 나서 노인에게 물었다. "손님, 변발은 몇 가닥으로 땋을까요?"

노인은 눈을 가늘게 내리뜨며 되물었다. "자네 몇 가닥이나 땋을 수 있나?"

"아홉 가닥, 열두 가닥 다 되지요."

"그런가? 그럼 아홉 가닥으로 땋아주게."

"아홉 가닥요? 그거 좋죠."

일에는 순서와 격식이 있어야 한다. 그래야 쟁이 소리를 들을 수 있는 것이다. 고루자는 익숙한 손놀림으로 잠깐 사이에 노인의 변발을 매끈하게 따주었다. 일을 마친 고루자는 노인의 옷깃을 여며주고 모자를 건네주었다.

그런데 노인은 고루자를 한 번 흘겨볼 뿐 모자는 받지도 않고 호주머니에서 가제를 꺼내서는 가볍게 면도를 한 이마를 만지는 것이었다. 반반하게 잘 밀렸는지를 확인해 보려는 심사였다. 가제를 호주머니에 넣고 노인은 다시 반짝반짝 빛이 나는 구슬을 하나 꺼내더니 그 구슬을 변발 사이의 골에 놓고 위에서 아래로 굴리는 것이었다. 구슬은 영락없이 골을 따라 변발 끝까지 굴러 내렸다. 변발이 고르게 잘 땋아졌나를 시험해 본 것이었다. 노인의 얼굴에 미소가 떠올랐다. 그는 모자를 받아 쓰면서 물었다.

"얼마지?"

"3만원(옛날 동북 화폐)입니다."

"받게, 5만원이네!"

호량은 노인이 흡족해서 나가는 것을 지켜 보더니 고루자의 손이며 발 밑을 샅샅이 살펴보았다. 일을 깨끗이 잘 했나를 보려는 것이었다.

그렇게 눈 깜짝할 사이에 사흘이 지나갔다. 이날 저녁에 호량은 고루자를 자기 집으로 불렀다. 고루자가 들어서니 식탁에는 서너가지 요리와 술 한 주전자가 놓여 있었다. 호랑이 말했다. "동생, 자네 도대체 뭘 하는 사람인가?"

"아시는 것처럼 이발을 하죠 뭐."

"어쩐지 뭔 일을 하는 사람 같아서 그러네."

"혼자 다니는 마적이요?"

"동생, 장난은 하지 말게. 이렇게 하면 어떤가? 여기서 제일 높은 품삯이 3백만 원인데, 2백 60이면 어떨까?"

"그렇게 해주신다면 더 이상 바랄 게 없겠지요." 고루자는 흡족해하며 웃었다.

눈 깜짝할 사이에 꽃 피는 봄이 되고 단오가 되어 집집마다 설탕을 사다가 종자粽子[8] 를 빚어 먹는다고 야단들이었다. 훈훈한 봄바람에 종자와 엽차, 계란 끓이는 향긋한 냄새가 짙게 배어 있었다. 거리에는 명절용 물건을 파는 행상들이 점차 늘어나기 시작했다. 빗자루, 바람개비, 크고 작은 바가지, 쑥을 꽂은 문발 등이 바람에 흔들리며 달그락 소리를 내었다. 이발소를 찾는 사람들도 늘었다.

이발소의 문의 발을 젖히며 한 사람이 들어왔다. 고루자는 큰 키에 짙은 눈썹을 하고 두 졸개를 데리고 들어선 이자가 바로 "서순西順, 周太平임을 알아보았다. 고루자는 두 달 여를 줄곧 그가 나타나기를 기다리고 있던 차였다. 서순이는 이 일대에서는 알아주는 인물이었지만 인근

---

[8]_ 찹쌀에 대추 등을 넣어 댓잎이나 갈잎에 싸서 쪄 먹는 단오 날의 음식. 원래 초나라 굴원이 강에 투신하여 죽은 것을 애도하여 이 음식을 강에 던져 고기들이 굴원을 시신을 해치지 못하게 하였던 것에서 유래되었다고 전한다.

에 있는 "합의合意", "동순東順", "아로군亞路軍" 등의 무리들은 그를 인정하려 하지 않고, 항상 그를 없애 버리려고 노리고 있었다. 그 때문에 화가 났지만 서순으로서는 또 그들을 어쩔 도리가 없었다. "천룡"은 바로 그런 상황에 처한 이 자를 목표로 낚시를 던진 것이다.

호량은 서순이가 들어오자 다급하게 입에 물었던 담뱃대를 내려 놓으며 말했다. "주장군 오셨습니까? 어서 오십시오." 허드렛일을 하는 일꾼이 어느 사이에 의자를 닦아 서순이를 맞을 준비를 해놓고 있었다. 서순이가 몸을 돌리자 호량은 슬그머니 밖으로 나가버렸다. 서순에게 종자와 엽차, 계란을 사다 대접하기 위해서였다. 그런데 서순이는 호량이 아니면 이발을 하려 하지 않았다.

서순이는 늑대 가죽 외투를 입고 여우털 모자를 쓰고 있었다. 봄인데도 아직 겨울옷을 입고 있었던 것이다. 고루자는 얼른 다가가서 서순의 외투를 받아 옷걸이에 걸고, 모자를 벗게 하고는 가죽을 씌운 의자에 그를 안내하면서 바로 이발을 할 준비를 갖추었다.

그런데 서순이가 말했다. "급할 것 없네. 호사부 오거든 깎지."

이발소의 의자들이 다 비어있는데도 서순이가 머리를 깎으려 하지 않으니 고루자는 슬그머니 화가 치밀었다. 상대가 자기를 믿지 못해서 그런다는 걸 알았지만, 그렇다고 별 뾰족한 수가 없었다. 그는 긴의자에 기대어 서순이를 멀거니 쳐다보기만 했다.

고루자는 초조할수록 꾀가 더 많은 사람이었다. 그래서 옛말에 망나니와 이발장이는 사귀지 말라고 했는지 모른다. 고루자는 서순이를 지켜보면서 벌써 그의 머리모양을 모두 머리 속에 새겨두었다. 그는 가리마를 가운데에 낸, 사각형의 얼굴이었다.

고루자가 말했다. "손님, 사부님께서 설탕을 사러 가셨나 봅니다. 제가 깎으려는게 아니고 그냥 먼저 수건이나 둘러 드리지요. 사부께서 깎으실 거예요."

"그럼 그러지."

수건을 목에 두르고 나서도 서순이는 마냥 기다리기만 했다.

고루자가 다시 말했다. "손님의 연세나 신분으로 보면 평평한 상고머리를 깎으시면 제격이겠는데요."

"제격이라?"

"그럼요."

"자네 깎을 줄 아나?"

미련한 놈! 이발소에서 일하는 사람이 머리 깎을 줄 모르냐고 물어? 믿지 못해서 그럴 뿐이지. 서순이도 그냥 그렇게 앉아 기다리기는 갑갑했던지 말상대가 있어 다행이라는 눈치였다.

"잘 깎으면 돈 내시고요," 고루자가 말했다. "잘못 깎으면 용서해 주세요. 참 마음이 넓어 보이시는군요…"

"진짜 깎을수 있어?"

"손끝이 조금 모자라지만 깎아 봤습니다."

"그래? 그럼 해봐."

고루자는 이발기를 들고 손님의 머리 위를 이리저리 달리더니 다시 큰 가위로 얼마간 손질하고 나서 잘린 머리카락을 털어 냈다. "자, 저기 머리를 씻으시죠."

서순이는 얼굴에 웃음을 지었다. "전에는 어디서 했던가?"

"표하구漂河□요."

"그럼 한 고향 사람이네."

말을 하는 사이에 세발이 끝나서 서순이가 물었다.

"성씨를 어떻게 쓰나?"

"고顧씨입니다."

"저녁엔 어디 나가나?"

"아니요."

"그럼 내 찾아오지. 할 말이 있어."

말을 마치며 서순은 호주머니에서 현찰 5백만원을 "탕" 소리나게 탁자 위에 꺼내 놓았다. 때마침 설탕과 종자를 사들고 들어오던 호량이 그 광경을 목격하였다. 그는 너무 놀라 사들고 온 물건을 마루바닥에 떨어뜨리며 멍청하니 그 자리에 섰다. …

그날 밤에 서순은 키가 훤칠한 말 한 필을 타고, 말 등에는 네 폭 짜리 넓은 이불보로 된 보따리를 싣고 왔다. 두 사람이 방안에 들어서자 그는 보자기를 방구들 위에 올려 놓았다.

서순이 말했다. "부탁이 좀 있네."

"무슨 일인데요?"

"이게 '큰 생강(아편)' 5백 량이네. 자네 이발을 그만 두고 나가 이걸 팔게. 다 팔면 나한테 소식을 전하게. 팔다가 일이 생기면 내 '담뱃대' 라고 말하면 될 거야."

이튿날 고루자는 이발소 주인 호량을 떠나 서순의 물건 팔러 길을 나섰다. 고루자가 서순의 사람이 된 줄을 안 호량은 고루자를 소홀히 대할 수가 없었다. 고루자는 그 날 밤을 새워 천룡의 무리로 찾아가 일의 경과를 곧이곧대로 다 이야기하였다. 천룡은 곧 사람을 시켜 그 아편 5백 량을 가지고 금화를 바꿔 내주며 서순에게 갖다 주게 하였다.

고루자는 서순의 무리에서 두 달 여를 보냈다. 선창船廠, 교하蛟河, 위당자葦塘子 등지를 돌아다니며 정탐을 하여 일을 모두 성공시켰다. 그러자 서순은 고루자를 "내무 4 소두목里四梁" 중 중요한 직책인 "앙자방 두목秧子房掌櫃"을 시켰다. 그래서 고루자는 점차 서순에게 가장 가까운 사람이 되어갔다.   그러던 어느 날, 서순은 술에 만취하여 자신이 뜻을 펼 자리가 없다고 한탄하기 시작했다. 고루자는 때가 되었다고 생각하고 말했다. "형님, 그러시지 말고 다른 무리와 합병을 하지 그러세요."

"어느 무리와 합친다고 그래?"

"천룡이네가 있잖아요?"

"그 친구 나에게 무슨 이익을 주겠어?"

"두목을 시켜준답디다."

"진짜야?"

"그럼요."

고루자는 호주머니에서 협의서 한 장을 꺼내어 들고 말했다. "여기 도장만 박으면 돼요." 서순은 도장을 찍고는 그제야 낌새를 챘던지 문뜩 물었다. "자넨 누군가?"

고루자가 말했다. "내가 나죠. 누군 누구예요?"

서순은 비수를 꺼내들며 말했다. "날 놀리는 거냐?" 고루자도 비수를 꺼내더니 바지춤을 헤치고 허벅지를 내놓았다. 거기에는 하늘을 날아오르는 천룡이 문신되어 있었다.

서순은 크게 놀랐다. "자네, 천룡이네 사람이었던가?"

고루자는 얼굴색 하나 변하지 않고 자신이 천룡의 부탁을 받고 이발장이로 변장하여 접근하던 일을 사실대로 이야기했다. 그리고 한 마디 더 보탰다. "형님, 요즘같이 소란스런 세상에 힘을 합치지 않다간 언제 남에게 먹혀버릴지 모르지요. 이런 좋은 기회에 뜻 있는 사람이라면 천룡 형님의 요청을 거절하지 않을 겁니다. 진심인지 아닌지는 한 번 직접 가보시면 알게 되겠죠."

8월 한가윗날, 고루자와 서순이 함께 천룡 무리에게 왔다. 멀리서도 산 어구에 꽂힌 천룡기가 보이고 그 앞에 졸개들이 환도를 들고 위엄 있게 환도진을 치고 서순을 영접하였다. 술자리에서 천룡은, 서순이와 합병하여 일본인의 침입을 막고 "못된 짓 하는 마적무리"를 막을 계획을 피력하면서, 두 무리가 합치게 되면 서순이가 큰 두목이라고 특별히 강조했다. 서순이도 마침내 천룡의 성의 있는 설득에 감동하여 그 이튿날 바로 자신의 수하 백여 명을 이끌고 "천룡"의 무리에 합류하였다. 그렇게 무리의 세력이 강해지자 이 일대의 "금산金山", "쌍군雙軍", "합의合意", "동순東順" 등 무리들은 더 이상 이들을 어쩌지 못했다. 그들은 항일의 깃발을 내걸고 1935년 겨울에 화전樺甸의 협피구夾皮溝 일대에서 일본 침략군에 큰 타격을 주었다. 고루자가 이발장이로 변장하여 서순을 설득하고 천룡 무리에 합류하게 한 사연을 생각할 때마다, 서순과 천룡은 터져 나오는 웃음을 참지 못하고 말하였다.

"서북쪽 하늘 한 조각 구름 걸리니
누가 임금이고 누가 신하인가?
자네도 아니고 나도 아니요
바로 고루자 이 놈이 살아 있는 귀신일세."

쌍표雙鏢와 노이가老二哥

동북의 겨울은 매서웠다. 눈보라가 하루 종일 불어쳤다. 날이 허옇게 밝아 올 때부터 내리기 시작했던 눈이었다. 바람은 지칠 줄 모르고,

황야와 산등성이에서 거칠게 불어왔다. 이런 날이면 관동 사람들은 문 밖에 나가지 않고 화로를 둘러싸고 앉아 구들목에 엉덩이를 익히면서, 손에 자그마한 조롱박 술병을 들고 '홀짝홀짝' 마시는 게 일이다. 아이들은 벌겋게 언 손으로 창고에서 감자나 언 찐빵을 가져다가 화롯불 속에 묻어 노릿노릿 향기가 나면 꺼내 먹었다. 수많은 세월을 사람들은 이렇게 겨울을 보냈다.

그런데 오늘 판석교板石橋의 키다리 이씨는 집에 갈 수가 없었다. 따뜻한 구들목의 화롯불이나 노랗게 구운 감자나 독한 배갈을 담은 조롱박이 있는 그런 집을 이제는 생각할 수도 없었다. 아버지가 그렇게 어리석다니 화가 치밀었다.

반 달 전에 그는 이십리포二十里鋪의 서씨네 집에 놀러 갔었다. 그런데 그 날 저녁에 서씨집에 족제비가 들어 닭을 훔쳤다. 다른 사람은 누구도 나갈 엄두를 내지 못했으나 그는 속옷 바람으로 뛰어나가 족제비를 조릿대로 때려 그 입에서 암탉을 빼앗아냈다. 그래서 서씨집도 마을도 모두 조용해 졌는데, 그로부터 이십리포에서는 집집마다 어렵고 힘든 일이 있으면 그를 불렀다. 그 해 그는 스무 살이었는데 훤칠한 키에 흰 옷을 즐겨 입어 깔끔한 것이 한 눈에 보아 미남이었다. 게다가 총명하고 능력이 있으니, 이십리포 처녀들이 모두 선모하였다. 바로 그가 마을을 떠나던 날 서씨집 처녀는 대담하게도 그를 따라 나섰다…

당시에는 연애는 말 할 것도 없고, 중매꾼이 가운데 끼더라도 남녀가 처음으로 만날 때는 서로 말도 못하게 되어 있었다. 그런데 남의 집 규수를 데리고 가버렸으니 그야말로 난리가 났다. 서씨 집에서도, 이씨 집에서도 모두 두 사람을 찾아 나섰다. 그렇게 10여 일을 찾아다니다가 키다리 어머니의 둘째 언니네 집에서 두 사람을 찾아냈다. 서씨 집에서는 너무도 놀라서 딸을 멀리 사는 갖바치에게 시집을 보내려고 했다. 이씨 집 어른들은 아들에게 줏대도 없다고 야단을 쳤다.

그래도 키다리는 고집을 부렸다. "이 결혼을 허락해 주시지 않으면 전 마적이 될 거예요!"

"좋다, 이놈. 토끼새끼같은 놈!"

"두고 보세요!"

그렇게 말하고는 바로 친구 집으로 놀러 가버렸다. 그는 친구 집에서 나흘을 묵었다. 그런데 집에서는 걱정이 태산 같았다. 정말로 마적 무리에 들어가 마적이 되었다고 생각했다. 당시 향에는 향공소(鄕公所)가 있었는데, 관가에서는 가족이 마적이 된 사실을 알고도 보고하지 않으면 온 가족을 모두 죽을 죄로 목을 자른다고 명문으로 규정해 놓고 있었다. 키다리의 아버지는 아들이 나흘이 되도록 돌아오지 않자 향공소에 가서 보고를 하고 말았다. "이 죽일 놈이 마적무리에 가담했나 봅니다! 저는 그 놈을 아들로 여기지 않을 것이니 알아서 하십시오." 노인은 겁이 나서 바지에 똥을 쌀 정도였다.

그런데 닷새째 되는 날에 그는 친구 집에서 놀다가 돌아왔다. 걸으면서 흥얼흥얼 콧노래까지 불렀다. 그런데 마을에 들어서자 몇 사람이 그를 보고 말하는 것이었다.

"너 어디 갔다 왔어?"

"마이비(馬二屁)네 집에 가서 노름 좀 하다 왔는데요."

"그게 사실이냐?"

"그럼요."

"너희 아버지가 벌써 마적이 되었다고 보고했는데…"

그는 잠깐 생각하다가 어쩔 수 없이 발걸음을 되돌려 마을을 나왔다. 밤새도록 하루를 걸었다. 눈길은 하얀 모래처럼 차고 힘겨웠다. 바람에 날린 눈이 목덜미에 들어가면 그는 가죽주머니에서 은구슬을 꺼내듯 부지런히 그것을 꺼내야 했다. 살다보면 때로는 농담이 사실이 된다고 하더니, 아무리 생각해도 갈 데가 없어서 마적 "노이가老二哥"에게 의지할 수밖에 없었다.

그 정도의 빠른 걸음걸이라면 아무리 눈보라 속이라고 하여도 이젠 파리투자 차점玻璃套子車店에 도착할 때가 되었다. 파리투자 차점은 쌍양雙陽 동남쪽 50리 되는 두 산 사이 저지대에 자리잡고 있었다. 여름과 가을 두 계절이 되면, 반석盤石·역마驛馬·화전樺甸·휘남輝南에서 이통伊通·엽혁葉赫·통료通遼 쪽으로 가는 큰 차와 표대鏢隊, (즉 호송인을 거느린 차들로 이루어진 운송대)는 반드시 이 곳을 지나야 했다. 그러나 추운 겨울이 되면 이 곳은 조용해졌다. 그래서 마적 "노이가"는 무리를 데리고 파리투자 차점에서 겨울을 나곤 했다.

차점車店의 주인인 서대마 호안徐大馬虎眼은 모른 척 눈감아 주고 있었다. 그는 해마다 편한 마음으로 이들 마적을 접대했고, 때로는 "노이가"에게서 가죽옷, 승마화, 망포蟒袍(두루마기의 일종), 옥대玉帶, 은붙이, 옥 같은 것을 나눠 받기도 했다. 서대마호안徐大馬虎眼은 남들이 이러쿵저러쿵 하는 것도 두려워 하지 않았다. 파리투자의 자위 무장치안단自衛武裝治安團에는 아저씨뻘 되는 사람의 둘째아들이 소대장 노릇을 하고 있었기 때문이다.

키다리가 담배 두 대 피울 시간을 더 걸어서야 눈보라 속에 파리투차점 간판이 어렴풋 보였다. 그는 이제 곧 초소를 지나야 할 것이라 생각하고 정신을 바짝 차렸다. 그렇게 조금 더 걸으니 갑자기 앞쪽 큰 나무 뒤에서 눈보라와 함께 낡은 총을 든 "애들" 둘이 나타났다. 그 중 한 놈

제13장 | 마적 실화　327

이 소리쳤다. "서!"

다른 녀석도 한 마디 보탰다. "'이름을 대!"

그의 부친은 백여 경坰의 땅을 농사지으면서 8명의 일꾼을 고용해서 썼다. 그는 그 우두머리였다. 삽이나 괭이질을 할 때 조차 그는 늘 입고 다니는 흰 제복을 입었는데 그런 옷을 입고 삽을 질질 끌고 다니는 모습이 퍽 멋있어 보였던지, 일꾼들도 그를 잘 따라 주었다. 그는 일꾼들을 데리고 산이나 들, 시장에 돌아다니며 길에서 "무리"들을 수 없이 만났었다. 강호의 규정을 훤히 꿰뚫고 있었다.

키다리는 가까이 다가가서 오른 손으로 왼손을 잡아 왼쪽 위로 올리며 예를 갖추었다. "의탁하려고 온 사람이오. 두목을 만나게 해주시오."

한 졸개가 물었다. "불구멍噴子(총) 없어?"

다른 한 졸개가 물었다. "시퍼런 놈靑子(칼)은?"

"불구멍은 없고 호신용으로 퍼런 놈 하나 있소."

"미안하지만 눈 좀 가려야겠다!"

그들은 키다리의 칼을 빼내고 잠깐 사이에 그의 눈을 가려 끌고 갔다.

담배 반 대 피울 사이가 지났을 때, 얼굴에 뜨거운 기운이 느껴지더니, 얼굴을 가렸던 더러운 천이 벗겨졌다. 침침하던 눈을 비비니 집안 모습이 눈에 들어왔다. 방은 긴 통방으로 남북으로 나뉘어진 방구들에는 담배연기가 자욱하고, 사내들이 이리저리 누워 있었다. 술도 마시고, 담배도 피우고, 권주놀이를 하고, 또 어떤 자들은 골패도 치면서 온 집안이 시끌 법석 했다. 차점 종업원이 큰 차주전자를 들고 연기 자욱한 속을 오락가락하며 큰 사발에 진한 차를 따라주고 있었다.

"뿡뿡" 방귀를 뀌는 놈도, 방구석에 놓여있는 요강에 쫄쫄 오줌을 누는 놈도 있었다.

"보초"가 사람을 데리고 들어오자 오줌을 누던 자가 큰 사발 하나를 들어 "쾅!" 메치고 고함치듯 말했다. "좀, 조용히들 해!" 그제야 소란이 조금 멈추었다. 키다리는 두 손을 맞잡고 왼쪽 어깨 높이로 들며 예를 갖추었다.

"서북쪽 하늘에는 구름이 흘러가고
까마귀는 봉황의 무리에 내려앉았네.
어느 분이 주인이시고, 어느 분이 신하이신지?."

방구석에서 오줌을 누던 자가 허리띠를 매며 말했다. "'상부相府'는 '대臺위로 돌아오시지요'(구들에 앉으시죠)!"

"상부라 할 것 없습니다. 의탁하러 왔습니다."

"의탁? 천거한 사람이 있오(보증인)?"

"있습니다."

"누군가?"

"차점 주인 아저씨가 천거할 것입니다."

주인 서대마호안徐大馬虎眼은 막 차주전자 들고 물을 따르다가 누군가 자기 이름을 들어대자 황급히 굽은 다리를 디디며 다가왔다. 그는 손 가는 대로 문어구에 걸린 마등馬燈(바람막이가 달린 제등)을 벗겨 들고 말했다. "이게 누구시요? 판석교자板石橋子 이노사李老四의 아드님 아니요? 차 대車隊를 끌고 자주 여기에 왔었지요. 무슨 바람이 불어 무리에 들 생각을 하셨오?"

키다리는 자초지종을 쭉 이야기하고 나서 한 마디 더 보탰다. "아저씨. '노이가老二哥' 두목 어른께 말씀 들여주세요. 이제 집에도 돌아갈 수가 없게 되었어요."

노이가가 말했다. "주인 양반, 이 사람을 보증하고 추천할수 있겠어?"

"그러지요!" 주인이 말했다. "헌데, 나중에 자네 아버지가 찾아 오시면 난 모르네." 노이가는 머리를 돌려 양쪽 구들 방에 앉아있는 형제들에게 말했다. "여관 주인이 천거한다는데, 어떨까? 받을까?"

모두들 한 마디 씩 해댔다. "받지요, 받아!"

키다리는 그 말을 듣자 곧바로 노이가와 남북 방구들에 앉아 있는 형제들에게 사례의 인사를 했다. 이어 노이가는 "수향水香", "양대糧臺", "포두砲頭"와 "번타翻垛" 등 8소두목에 명령하여 무리의 규칙을 설명해 주었다. 그리고는 끝으로 노이가가 말했다. "우리가 이 일을 하지만, 빼지 말아야 할 것이 있네. 누구든 그걸 어기면 말이야…" 여기까지 말한 그는 목덜미 쪽에서 권총을 꺼내더니 목표물을 찾아 두리번 거렸다.

이때 차점 일꾼이 주렴을 치켜들고 들어왔는데 팔에 들린 바구니에는 매점에서 사온 싸구려 담배가 담겨 있었다. 형제들의 심부름을 갔다가 뛰어 오는 중이었다. 날씨가 추워서 귀에 귀마개를 하고, 머리에는 전모氈帽를 썼는데, 어디서 얻어 쓴 것인지 모자 꼭대기에는 빨간 구슬이 달려 있었다. 노이가의 눈길이 그 구슬에 멈추었다. 그가 손을 쳐들자, "탕" 소리와 동시에 "아" 소리가 나며 모자 위에서 구슬이 박살이 났다. 일꾼은 놀라 소리를 치고, 담배는 땅바닥에 흐트러졌다. 방안에 있던 마적들이 모두 하하 크게 웃었다. 노이가가 말했다. "보았지? 앞으로 누구든 규칙을 어기면 이렇게 해 줄 거다!" 키다리는 비록 호랑이처럼 대담하다고 하였지만, 이런 상황에서는 등골에 식은 땀이 흘렀다.

한 겨울이 지나자 찬바람 속에서도 봄 기운이 느껴졌다. 눈길은 질척거리기 시작하고, 밤이면 이상하리 만치 조용하였다. 이어 강물이 풀리기 시작했다. 파리투자에서 그리 멀지 않은 곳에 큰 강이 있었다. 강은 항상 밤이면 풀리기 시작한다. "쫘르릉" 얼음깨지는 거대한 파열음이 이른 봄밤을 울렸다. 마치 광활한 대지위에 마른 벼락이 울리는 듯하였다. 며칠 후 얼음장이 물길 따라 밀려 내려갈 때, 하늘에서는 북으로 날아가는 기러기의 울음소리가 들려왔다.

노이가는 이제 더 머물 수 없다고 생각했다. 몸을 움직일 때가 온 것이다. 곧 콩 종자나 감자 종자를 남북으로 운송하는 차들, 풀린 강에서 잡은 물고기를 운반하는 큰 차들이 사방팔방에서 이 곳을 지나게 될 것이다. 노이가의 무리는 물건을 정리하여 동산東山 쪽으로 길을 떠났다.

개가죽 담요, 승마화, 망토, 낡은 코트. 어지러이 두고 간 잡동사니 물건들이 방안 가득 쌓였다. 이런 것들을 차점 주인 서대마호안徐大馬虎眼은 마대 자루에 주섬주섬 담았다. "날이 추워지면 오셔서 겨울을 나십시오. 이 차점에서 제가 먹고 사는한 여러분도 굶지는 않을 겁니다. 꼭 오세요, 낙엽이 들면 바로요…" 울안에는 마차가 준비되어 있고 마적들은 장총을 메고, 하나 둘 떠나기 시작했다.

이 날 그들은 "대고낭 초립자大姑娘哨砬子" 일대에 '눌러' 앉았다. 아침에 키다리는 얼굴을 방벽에 대고 까딱하지도 않고 있었다. "처녀 오줌소리라도 들려? 뭘 그렇게 몰두 하고 있어?" 졸개들의 말에 그가 대답했다. "기러기떼가 남에서 북쪽으로 날아가고 있어. 대차점을 떠난지도 여러 날 되었는데 우리는 고기 냄새도 못 맡았지 않아, 몇 마리 잡아서 맛 좀 보려고 그러네!" 그는 말을 마치고는 이불 속에서 뛰어 나와 벽에 걸려있는 장총을 잡아 들었다. 한 손으로는 바지춤을 잡은 채 서둘러 밖으로 나갔다. 마적들은 서로 눈치를 보며 하나 둘 방에서 뛰어 내려, 낡은 외투를 걸치기도 하고 맨 몸에 이불을 쓰기도 하고 마당으로 나왔다.

관동의 이른 봄은 바람이 불기만 해도 산길이 질척질척했다. 바람은 잡목들의 쌉쌀한 냄새를 끌고 불어왔다. 맑은 하늘에 가는 서리가 날리기도 하였다. 잔설 속에서 아지랑이가 피어오르면 대지는 천천히 약동을 시작한다.

그렇게 한참을 기다리니, 한 떼의 기러기들이 한 일一자를 그리면서 "끼룩끼룩" 남쪽에서 날아오고 있었다. 키다리는 총을 들고 공중에 대고 조준을 하였다. 모두들 추워서 부들부들 떨면서도 울안에 모여 휘파람을 불며 응원했다.

"이 형은 뻥이 쎄!"

"기러기 똥구멍 털이나 날릴까?"

"아니야. 이 형은 괜한 뻥쟁이는 아니야!"

키다리는 천천히 총에서 눈을 떼더니 내려 놓았다. "앞장 선 놈을 쏘면 안 돼. 무리가 흩어지거든." 말을 마치자 다시 총을 쳐들었다. "땅. 땅. 땅. 땅!" 네 방의 총소리와 함께 두 번째, 세 번째, 네 번째, 다섯 번째 기러기가 꼬리를 물고 떨어졌다. 벽에 기대있던 "가죽皮子(개)" 두 마리가 쏜살같이 뛰어나갔다. 마적들은 엉덩춤을 추면서 좋아했다. 키다리를 가운데 놓고 가벼운 주먹질도 하고 발길질도 하면서 경의를 표하였다. 잠시 후 뛰어나갔던 개들이 기러기 네 마리를 물고 왔다. 키다리는 허리에서 비수를 꺼내어 기러기 배를 갈라 김이 무럭무럭 피어 오르는 내장을 개들에게 던져 주었다…

이날 점심에 노이가는 한 손에 술 사발을 들고, 다른 손에는 기러기 다리를 들고 술을 한 모금 쭉 들이키더니 말했다. "이 형! 자네, 사격술이 훤하네 그려 局紅管亮. 둘째 두목을 해보게!"

키다리는 구들에서 뛰어내려 예를 올렸다.

"고맙습니다. 형님!"

노이가는 말을 이었다. "혹 내가 걷지도 움직이지도 못할 때가 오거든, 그 때는 자네가 무리를 이끌어야 하네."

노이가는 머리를 돌려 소두목들에게 말했다. "이리 와! 의논 좀 하자!"

소두목들이 이구동성으로 말했다. "형님 말씀대로 하지요!"

노이가는 즐거워하며 말했다 "향을 피워라栽香!" 19개비의 향이 키다리의 손에 쥐어졌다. 키다리는 "털썩" 무릎을 꿇었다. 남북 방구들에 있던 마적들은 눈을 껌뻑이며 이쪽에서 벌어지는 의형제 결의식을 지켜보았다. 키다리가 입으로 중얼거렸다.

"18나한羅漢 사방에 계시고

두목님이 가운데 계십니다.

산에 들어온 지 백여 일

여러 형님 보살핌을 받고서,

이제 제가 소두목이 되니,

여러 형께서 도와주시오.

이 포두砲頭 달리보지 마시고

앞뒤에서 도와 주시옵서서.

땅이 밑에, 하늘이 위에 있는 것처럼

나는 여러 형들과 한줄에 섰다네.

관군의 손에 떨어져 잡혀

쓸개를 도려내도 이 마음 불변하리.

한마디라도 거짓을 내 뱉으면

곧바로 내 머리에 벼락이 치리.

가족 대대로 연루되더라도

원망의 마음은 품지 않으리.

형님께는 길한 별 높이 걸리고,

재운도 무성하여 다함 없으리.

형제들 모두 모두 평안하시오."

한 구절을 외울 때마다 손에서 향을 한가지씩 뽑아 향로에 꼽았다. 19구절을 다 외우니 향도 다 꼽았다. 모두들 즐거워했다. 노이가는 손을 저으며 말했다. "형제의 말을 들으니 내 마음도 즐겁군. 자 한잔 마시자구…" 모두 일제히 한마디씩 하면서 술잔을 부딪쳤다. 노이가가 말했다. "자네 사격술이 좋으니 '쌍표雙鏢' 라고 부르지."

산에서는 나무에 잎이 난지 얼마 지나지 않아 방망이새가 울기 시작하였다. 안개가 자욱하고 대기중에 "달자화達子花" 의 향기도 짙게 풍겨왔다. 오미자, 산까마귀눈과 길가의 "말오줌 열매" 들은 송이마다 빨간 보석을 달았다. 마을에서는 벌목꾼들이 함께 일할 짝패를 모으기 시작했다. 쌀가게의 쌀값은 하루에도 세 번씩 변했다. 각 길목이나 읍내의 여관, 여인숙에는 남북을 오가는 심마니들, 사냥꾼, 사금채취꾼, 약초꾼들이 꽉 들어찼다. 창기들도 읍내와 마을에서 이리저리 떠돌며 활동하고 있었다. 노이가네도 일을 시작할 준비를 했다.

이런 계절을 산사람들은 붉은 망치 시장紅榔頭市(인삼열매 익는시절.)⁹⁻이라고 했다. 돈 있는 대갓집 주인, 길떠난 장사꾼, 산간 특산물 사러 오는 사람들이 몰려드는데, 그들은 모두 경호원을 데리고 다녔다. 인질 납치가 쉽지 않았다. 그래서 그들은 '우리깨기(집털이)'를 하기로 했다.

이날 노이가 무리는 "합마당蛤蟆塘"을 지나다가 마을어구에서 울음소리가 들려 들어가 웬 일인지를 물었다. 정程씨 성을 가진 집이었는데 맏이가 어떤 무리에게 인질로 잡혀갔다는 것이었다. 집안이 그 아들의 힘으로 살아가고 있었는데 잡혀갔다면서, 온 집안 식구가 방에 앉아 새끼줄을 꼬고 있었다. 목매달아 죽으려는 것이었다. 노이가가 키다리에게 물었다. "쌍표, 이건 누가 한 짓일까?"

"이 일대라면 '천산갑穿山甲'이 분명할 겁니다!"

노이가가 말했다. "울지 마시오! 내가 찾아다 드리지요! 내 구역에서 어려운 사람을 인질로 잡아가다니!"

정씨 집안에서는 그 말을 듣자 곧 울음을 그쳤다.

쌍표가 물었다. "몇 명이나 갈까요?"

노이가가 말했다. "여럿이 가서야 남자가 아니지!"

"그럼 혼자서 가실려구요?"

"그래."

"괜찮을까요?"

"담 좀 키우지."

9_ 대개 음력 6월로서 산삼 캐기 가장 좋은 시절을 가리킨다.

"좋아요!"

쌍표는 목덜미에서 자신의 "철공계鐵公鷄(권총)"를 꺼내 던져주었다. 노이가는 그것을 받아가지고 뒷산으로 갔다. 천산갑의 무리는 합마당蛤蟆塘에서 서북으로 20리 되는 곳에 있었다. 얼마 가지 않아 노이가는 그들의 산채 근처에 이르렀다. 졸개 하나가 총을 쳐들며 소리쳤다.   "누구냐!"

노이가가 욕했다. "미련한 놈, 너의 할배다!"

상대가 총을 쏘려고 하자 노이가는 한 방에 상대의 팔목을 쏘아 맞혔다. 움막에서 두목이 나왔다. 노이가가 말했다. "누가 천산갑 두령이오?"

상대가 말했다. "너무 무례하구만! 만나자 마자 내 사람에게 피를 보이다니!"

노이가가 말했다. "그러면 당신이 천산갑 두목이오?"

"두목이랄 건 없구, 무리를 이끌고 있지! 당신은 누구시오?"

"상산常山의 노이가요!"

"아, 노이가 두목이군요! 어서 방에 들어와 앉으시죠!"

노이가가 말했다. "아니요. 볼 일이 좀 있어 왔소!" 노이가는 그들이 무리하게 인질을 잡아와서, 정씨 일가가 목을 매려고 한다는 사실을 이야기했다. 그리고는 한 마디 더 보탰다. "당신들 너무 무리하구만. 인질 값을 생각지도 않고 잡아오다니. 녹림의 규칙을 깰려구 그러시오? 어서 사람 놔주시오!"

천산갑은 깜짝 놀랐다. "수중에 건륭통보乾隆通寶가 한 자루나 있다고 들었는데... 돈마다 금테가 둘러져 있구!"

"허튼 소리! 그게 있으면 집안 식구가 목을 매달아! 어서 놔주시게!"

천산갑은 총 끝으로 모자 채양을 밀어 올리며 말했다. "내가 놔주지 않으면?"

노이가는 콧방귀를 뀌며 말했다. "그건 자네 마음이지. 그런데 난 천군만마를 거느리고 온 게 아니라 혼자 왔네. 내 성질 건드려서 별로 좋은 일 없을 걸. 어서 사람 놔 줘!"

천산갑은 노이가의 명성을 잘 알고 있었다. 져주는 척하기로 했다. "다 저놈, 앙자방秧子房 두목이 정찰을 잘못해서 이렇게 된 일이요. 좋소. 놔 주지!" 그리고는 인질을 풀어주었다. 노이가는 그를 데리고 합마당으로 돌아왔다. 이날 밤 정씨네 집에서는 붉은 등을 밝혀놓고 노이가 무리에게 술상을 차려주었다. 정씨 주인은 어떻게 감사해야 할지를 몰랐다. 술이 세 순배 돌자 그는 문어귀에 있는 졸개에게 물었다. "두목어른께서 장가를 드셨나?"

"아직요."

"장가 들 생각은 없으신가?"

"적당한 자리가 있어야지요."

늙은 주인은 웃음을 지었다. "우리 딸애가 어떤가?"

주인은 곧 딸을 불러왔다. "얘야. 이리 와서 두목 어른께 술을 따르거라!"

처녀는 그 해 열 여덟살이었다. 분홍색의 꽃 적삼을 입고, 머리태를 엉덩이까지 길게 땋아 드리웠다. 앞머리는 눈썹과 가지런하게 드리웠다. 시골 처녀였지만 전혀 촌티가 나지 않았다. 목소리도 애교가 있었다. "양씨 오라버니! 술 드세요!(노이가의 성이 楊씨였다)" 잔이 찰 찰 넘쳤다.

노이가는 이미 만취해서 구름속을 헤매고 있었다. 처녀가 달콤한 목소리로 부르자 온 몸이 마취가 된 듯 오줌까지 찔끔했다. 그녀의 얼굴에서 눈을 떼지 못하였다. 주인은 이런 모습을 보고 딸에게 명했다. "얘야, 어서 오빠를 모시고 방에 들어가 쉬도록 해라. 우리 목숨을 구해준 은인이시다!" 노이가는 두 손으로 처녀의 어깨를 부여잡고 휘청거리며 방구들에 내려 발가스레 붉은 처녀의 뺨에 사납게 입을 맞추었다.

바로 이 때 노이가의 볼에서 "짝" 소리가 났다. 밖에 소피보러 갔다가 들어오던 쌍표가 그 모습을 보고 갈긴 것이었다. 노이가도 화가 나서 총을 뽑아 들었다. "어떤 놈이 참견이야!"

쌍표가 말했다. "나요!" 방안에서는 삽시에 소란이 벌어졌다. 주인은 온 가족을 데리고 나와 쌍표에게 무릎을 꿇으며 말했다. "포두 어른 화를 푸세요. 이게 다 제 뜻이었습니다. 여러분들께서 아들을 구해주셨으니 온 가족을 구해준 거나 마찬가지이지요. 딸을 드리는 것도 당연하지요, 그래도 은혜를 다 갚지 못할 겁니다!"

소란 속에서 노이가는 점점 술에서 깨어 하나하나 듣고 나서야 무슨 일이 생겼는지를 비로소 알게 되었다. 그는 갑자기 발을 탕 굴렀다. "그만들 해!" 정씨집 온 식구가 모두 꿈틀 놀랐다.

노이가가 말했다. "어쩔려구 이러는 거요?"

주인이 말했다. "딸을 드려서, 목숨을 구해주신 은혜를 갚으려구요."

노이가가 말했다. "좋아! 그런데 조건이 있어!"

"무슨 조건요?"

"내가 아들을 데려왔다고 딸을 주는 무리를 범하다니! 그럼 내가 아들을 되돌려 보내겠오!"

"이건, 이건…"

정씨 가족은 할 말을 잃었다. 노이가는 이 때라고 생각하고 물었다.
"그래도 딸을 주겠소?"
"……"
"말해 보시오!"
"안드리지요, 안드려요!"
온 가족은 놀랍고 기쁘기도 하고, 안개 속에 빠진 듯도 했다. 노이가는 손을 내저어 무리를 이끌고 거처로 돌아갔다.
이날 밤에 쌍표는 마음이 어수선했다. 자신을 받아준 형님을 때리다니, 큰 실수를 했다고 생각했다. 그는 마음을 가다듬고 노이가의 방으로 가서 죄를 빌기로 했다. 이때 문이 "덜컹" 열리며 노이가가 큰 걸음으로 걸어 들어와 쌍표 앞에 털썩 꿇어 앉았다. 노이가가 말했다.
"쌍표! 이 노이가가 직접 정한 규칙을 내가 어겼네. 여자를 탐냈어. 처녀 때문에 죽을 뻔했네! 여자로 생각을 한거야. 그 처녀를 보고는 바지에 오줌을 찔끔할 정도였어. 안고 싶었단 말이야. 무리 규칙을 어긴걸세. 알면서 어겼으니 죄가 두배네. 날 쏴 주게!"
쌍표는 무슨 말을 해야 할지를 몰랐다. 노이가가 말했다.
"자네 반드시 날 쏴야 해. 그래야 군기를 바로 잡을 수 있네. 자네가 쏘지 않으면 내가 쏘지!"
말이 끝나기가 무섭게 노이가는 비호처럼 총을 꺼내어 자기 태양혈을 겨누었다. 쌍표는 아차 하며 쏜살같이 덮쳐들어 총을 빼앗으려 했다. 그러나 "땅" 소리와 함께 총알은 노이가의 머리를 스쳐 어깨를 뚫었다. 노이가는 소리를 지르며 쓰러졌다. 형제들은 그제야 몰려와 무슨 일이 생겼다는 것을 알게 되었다. 노이가가 부상을 입게 되자 형제들은 쌍표를 두목으로 내세웠다.

시원한 바람이 상쾌하게 불더니, 찬이슬이 가을을 알렸다. 관동의 산은 온갖 색으로 치장을 했다. 푸른 하늘은 아득히 높아졌다. 차가우리만큼 쪽빛 하늘이다. 가을비가 몇 차례 내리더니 나뭇잎이 한바퀴 돌아 하나 둘씩 떨어지기 시작했다.

이 날 산밑에 한 노인이 찾아왔다. "대고낭 초립자"에 도착해서는 말끝마다 쌍표를 만나야겠다고 했다. "요수料水(초병)"가 들어와 보고했다. "두목, 부친께서 보시려고 오셨는데, 어쩔까요?" 쌍표는 그 말을 듣고 속으로 깜짝 놀랐다. 집을 떠나온 지도 여러 해, 집 소식이 궁금했다. 아버지도 만나고 싶었다. 그러나 다시 생각해 보니 역시 만나지 않는 것이 좋을 것 같았다. 만나고 나서 그 소문이 퍼지면, 이씨집 아들이 산 도적놈이 되었다는 걸 세상사람이 알게 될테고, 온 가족이 욕을 당할 것이다. "여기에 아들이 없다고 해라!"

노인은 아들이 만나 주지 않자 고래고래 소리를 질러댔다. "이놈, 애비를 모른체 해? 네가 떠난 후 요 3~4년 식구들이 어떻게 살았는지 알아? 첫해에는 가뭄이 들어 소작료도 못받구, 다음 해는 장마 때문에 묵은 양식으로 때우고, 삼년째에는 조금 나아질까 했는데, 마을 연보連保에서 네놈이 두목이 되었다는 말을 듣고는 네 에미, 동생, 누이를 나무에 매달아 놓았다. 나를 보내 널 찾아 오란다. 찾아오지 못하면 온 가족을 죽인단다! 네 마음은 개를 줬느냐? 날 만나지 않겠다고? 후레자식 같으니라구!…"

노이가가 한쪽 팔을 늘어 뜨리고 나왔다. 속죄한다고 자살을 하려다 실패한 후로 한 팔만 남은 폐인이 되어 있었다. 그 사이에 많이 늙었다. 그가 말했다. "두목, 내 생각에는 무리를 데리고 나가 마을 '연보' 놈들 해치우구 식구들을 구해야겠오."

쌍표는 난감하여 속이 탔다. "안돼요. 우릴 끌어내려는 수작이요! 우리가 가지 않으면 죽음은 면할 수 있지만, 가면 마적 아들을 둔 걸 확인해 주는 셈 아니요?"

"그럼 이 일을 어떻게 하면 좋지?"

"하늘에 맡기는 수밖에."

산비탈에서는 쌍표의 아버지가 욕지거리를 퍼부었다. "쌍표 이놈! 배은 망덕한 놈, 어서 나오지 못해!"

쌍표는 바위 옆에 서서 몰래 산비탈을 내려다 보았다. 아버지도 늙었다. 흰 머리가 엉크러져 있었다. 얼굴도 여위었다. 허리도 많이 휘고 다리도 굽었다. 노인은 화가 나서 어쩔 줄을 모르며 산비탈을 왔다갔다 하였다.

"네놈이 나오지 않으면 이 산비탈에서 죽을 테니, 잘 보거라, 이 놈!"

노이가가 말했다. "두목, 어서 나가 모셔 오시오!"

쌍표는 여전히 무표정했다.

"나 죽는다, 나 죽어!"

고함을 치던 노인은 갑자기 바위에 머리를 들이받았다. "아이쿠!" 하는 비명소리와 함께 쌍표의 부친은 그 자리에 쓰러지고 하얀 뇌수와 붉은 선혈이 솟구쳐 푸른 돌을 적셨다. 아버지의 모습을 지켜보던 쌍표는 화가 치밀어 어쩔 줄을 몰랐다. "돌아가셨다구? 잘 돌아가셨어요! 누가 아버지더러 내가 마적이 되었다고 신고하라고 했어요? 내가 마적이 되게 만든게 누군지 아세요!" 그리고는 미친 웃음을 웃어댔다. 웃음소리는 가을 바람과 함께 관동의 산 속에 울려 퍼지며 우수수 낙엽을 떨궈 놓았다.

날씨는 갈수록 차가워졌다. 쌍표는 형제들을 거느리고 파리투자 차점으로 들어갔다. 서대마호안이 쌍표에게 알려 주었다. "제가 알아 봤는데 동강대랍촌東康大臘村 대지주 마소변馬小辮의 외아들이 정월 대보름날 어머니와 함께 선장船場(길림)에 빙등氷燈 구경을 간다고 합니다. 손을 쓸 절호의 기회지요."

마소변의 아들은 네 살이었는데, 큰 키에 하얗고 통통했다. 마소변의 유일한 혈육으로 서대마호안은 계획까지 세워놓고는 실제보다 불려서 보고 했다. 게다가 쌍표네 무리에서 하지 않겠다면, 이 소식을 강북에 있는 "조불개면趙不開面" 두목에게 팔겠다고 했다. 땅 30묘 정도는 바꿔올 수 있을 것이고, 적어도 금붙이 몇 개는 얻어올 수 있을 것이라고 바람을 잡았다. 쌍표도 그의 말에 마음이 움직였다. 정월 열 하룻날 그는 부하들을 유랑 광대로 변장시켜 선장의 빙등회氷燈會에 보내어 마소변의 아들을 납치해왔다.

며칠 후 "꽃혓바닥花舌子"은 "나뭇잎海葉子(편지)"를 마소변의 집에 전해 주었다. 그 때 마씨 집안에서 주인 노릇을 하는 사람은 주인의 셋째 첩이었는데, 집에 돈이 수만냥이 있었지만 재산을 목숨처럼 아끼는 성격이었다. 친아들이 납치되었다고 해도 아무렇지도 않게 픽 웃으며 말했다. "커서 호리박이 될지 큰 박이 될지도 모르는데! 돈은 무슨 돈을 내고 찾아와!"

처음에는 쌍표도 셋째 첩년이 '값을 깎자'고 그러는 게라고 다시 꽃혓바닥을 보내 전했다.

"사흘 내에 소식이 오지 않으면 7일 후에는 아들 귀를 하나 보낼 것이고, 10일 후에는 눈을, 15일 후에는 아들 머리통을 보낼 것이다!"

제대로 된 마적들은 가볍게 인질을 죽이지 않았다. 그런데 이 마씨

네처럼 돈에 눈이 벌개서 친자식 조차 구하지 않는 그런 집은 세상에 드물었다. 쌍표는 화가 났다. "그 애새끼 죽여 버려!" 이때 노이가가 갑자기 들어와서 말했다. "이 애 내가 업고 다니지!"

"날마다 행군을 하면서 앞뒤 없이 전투를 해야 할텐데 업구 다녀요? 그럴수 있겠어요?"

쌍표는 노이가가 스스로 그렇게 하겠다니 더 이상 아무 소리도 하지 않았다. 노이가는 커다란 가죽 주머니를 만들어 아이를 넣어 지고 다녔다. 아이는 말을 배우면서 노이가를 "외할아부지"라고 불렀다. 형제들이 한 쪽 팔 소매가 빈 노이가를 가리키며 말했다.

"이건 네 아버지야!"

그러자 아이는 더욱 다가들며 "아빠—!" 하고 불렀다. 수염이 더부룩한 노이가의 얼굴에 기뻐서 놀라는 웃음이 피어 올랐다. 노이가는 아이 이름을 "소량자小亮子"라 지었다.

관동의 세월은 어렵게 흘렀다. 송화강, 혼강渾江, 만강漫江, 압록강, 조자하槽子河, 노악하老惡河, 이런 강들이 얼었다 녹고, 녹았다 다시 얼었다. 백두산의 초목도 낙엽이 졌다가 다시 새싹이 나고, 파랬다가 다시 낙엽이 졌다. 소량자는 어느 사이 17~8세 젊은이로 성장했다. 노이가는 많이 늙어서 허리가 당나귀 궁둥이 같았다. 소량자는 쌍총을 들고 쌍표를 따라 동서남북을 휘젓고 다녔다.

민국 16년에 쌍표는 마가요馬家窯를 공격하게 되었다. 총소리가 나기 시작한 후 쌍표, 노이가, 내외 8 소두목이 일제히 벽을 타고 올랐다. 마소변馬小辮은 가족을 데리고 방안에서 토총을 들고 저항했다. 잠시 후 쌍표 일행은 집을 공략했고 노이가는 앞장을 서서 집안으로 쳐들어 갔다. 그때 마소변이 나와 노이가와 격투를 벌였다. 노이가는 소량자가 창문 쪽에 서있는 것을 보고 외쳤다. "이 놈아! 빨리 애비 좀 도와 줘!"

소량자가 다가왔다. 격투중에 마소변은 소량자의 턱에 점 세 개가 있는 것을 보고는 놀라 소리쳤다. "아들아, 내가 네 아버지야! 어서 손을 놔라!"

노이가도 외쳤다. "얘야! 내가 네 아버지야!"

마소변이 또 외쳤다. "저놈은 마적이야! 내가 네 아버지야!"

"내가 아버지야!"

"내가 아버지래두!"

"나야!"

"나지!"

손에 비수를 든 소량자는 어쩔 줄을 몰랐다.

비바람치는 수 많은 세월을 쌍표 · 노이가의 무리와 차점에서, 동굴에서 함께 겪었다. 물론 아저씨와 큰아버지에게서 자신이 어려서 인질로 잡혀왔지만 가족들이 재물을 아껴 빼가지 않았다는 사실을 들어 알고 있었다. 그러나 그것은 말로 들은 이야기 일뿐이었다. 어렷을 적부터 가죽 주머니에 넣어 자기를 업고 다닌 외팔이 노이가를 아버지로 불러왔다. 그런데 지금 두 노인이 모두 자기 아버지라고 소리를 치고 있었다.

누가 과연 친아버지인가. 멈칫거릴 틈이 없었다. 친아버지라고 하더라도 아들을 빼내지 않고 불구덩이에 넣은 사람을 아버지라고 할 수는 없다. 이런 생각이 들자 소량자는 비수를 틀어쥐고 마소변을 노려보았다. 마소변은 아들의 눈길이 이상해진 것을 보자 눈물이 주르르 흘러내렸다. "얘야! 다 네 에미가 잘못한 거야! 애비는 힘이 없었단다. 내 주장만 있었다면 널 그냥 놔두었겠느냐? 넌 우리 마씨 집안 외아들이란다…" 마소변은 눈물을 흘리며 설득했다.

아무 소리도 들리지 않았다. 소량자는 칼을 들어 마소변을 푹 찔렀다. 이 절망스런 순간 마소변은 있는 힘을 다해 붙어있던 노이가를 밀쳤다. "아이쿠!" 소리와 함께 소량자의 칼이 노이가의 가슴에 박혔다…

소량자는 깜짝 놀라며 고함쳤다. "아버지…!" 그는 노이가를 끌어안았다. 그 틈에 마소변은 일어나 도망쳤다.

그날 밤, 쌍표의 무리는 흩어졌다. 소량자는 노이가의 시체를 싸서 업고 천천히 걸음을 내디디었다. 마치 그가 어렸을 적 노이가가 가죽 주머니로 자신을 업었던 것처럼. 입으로는 노래를 중얼거렸다.

"이야, 이리야
조각달이 강 가운데 떴네.
물은 근원이 있고 나무는 뿌리가 있는데,
세상에 진짜와 가짜 분간하기 어렵네.
정말, 가장 어렵네.

옮긴이 후기

마적: 하늘을 대신하여 도를 실행한다:

번역자는 마적을 초등학교 시절 비가 내리는 영화필름 속에서 처음 만났었다. 마적은, 독립군 군자금을 가로채가는 도적군상이거나, 남편을 찾아가는 여인에게 달려드는 승냥이였다. 이러한 부정적인 모습은 마적이 열 번 살아와도 완전히 부인할 수는 없을 것이다. 그런만큼 마적들이 "부자를 쳐서 가난한 사람을 구한다殺富濟貧" "하늘을 대신하여 도를 행한다替天行道"는 강령을 가지고 있다는 것은 참으로 의외였다. 이를 보면서, 역자는 명말 청초 이탁오가 "수호전이야말로 충신의 기록이다忠義水滸傳序"라고 주장하면서, 송나라 조정대신이 나라를 어지럽힐 때 양산박에 모인 송강 일행이야말로 천하에 의로운 신하였다고 한 말을 떠 올렸다.

마적이 모두 의적일 수는 없겠지만, 적어도 마적은 단순한 도적집단을 넘어서는 역사적, 문화사적 의미가 있다는 것이 저자의 주장이다. 우리는 특히 일제가 만주를 본격적으로 침략한 1931년 만주사변 이후 일본과 만주국 정권에게 저항하였던, 항일 군벌, 왕덕림王德林 등 반일의용군, 농민 유격대, 적색 유격대 뿐 아니라, 심지어 한국 독립군까지도 비적으로 명명한 사실을 기억하고 마적과 이 책을 평가해야할 것이다. 30년대 초기의 국내 일간지뿐 아니라, 만주에서 발간된 신문을 보면 이런 정황은 비교적 분명하다.

만주지역 마적은 그 명칭이, 호자胡子 · 호비胡匪이건, 비적 · 토비 · 공비이건 생존을 위한 도적질 차원의 성격도 확실히 있었지만, 무정부 상황과 다름없던 당시 정세하에서 항일 · 항만주국 · 항러의 저항군이 그 이름을 뒤집어쓰고 있었다는 것도 확실하였다. 이런 상황속에서 조국을 떠나 일제에 저항한 우리의 많은 독립운동가들도 이런 호칭으로 불렸다는 사실이 새삼 이 책을 읽으며 떠올라 안스런 마음이 일어나기도 하였다.

  이 책의 여러 대목에 등장하는 왕덕림은 당시 일제와 만주국 입장에서는 토비라고 부를 수밖에 없던 존재였다. 그러나, 전성호 · 지달수 · 지청천 등 우리의 많은 독립운동가들은 그와 한중연합군을 결성하여 함께 일본군과 수없이 전투를 벌인 것은 역사적 사실이다.

  이 책의 후반부에 마적 실제인물로 등장하는 조선족 여마적 꽃나비도 운명처럼 마적이 되었지만, 그 휘하의 인물이 된다. 그녀는 우리의 어떤 기록에도 존재하지 않는 인물인데, 저자는 이 책의 핵심인물로 그를 살려 놓고 있었다. 다소 신파조의 언어가 구사되어 있지만, 조선족 꽃나비가 활동하던 시기나 생활의 배경을 이해한다면, 그 신파조의 언어야말로 어찌 보면 소박 진솔한 그 인물과 시대를 표현하는 가장 사실적인 언어일수 있다고 생각된다. 필자가 번역에 나선 이유 중의 하나

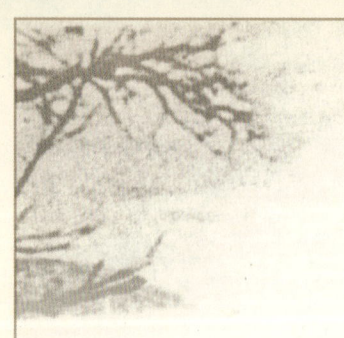

는 신파조 언어 속에 살아있는 투박한 꽃마적을 다시 살려내고 싶은 마음 때문이었다.

　이 책은 저자 차오빠오밍曹保明이 1999년 길림대학출판사에서 출간된 『토비』를 번역한 것이다. 저자는 벌목사, 산삼채집사, 아편사, 기생 등 한 70여권의 조사기록을 낸 민속, 인류학자인데, 1988년 이래 『동북마적사』 등 마적관련 서적도 5권 이상을 저술하였다. 그중, 이 책은 대중적인 이해를 돕기 위해서 사실에 바탕을 두면서도 때로는 마치 단편소설에서 장면을 배치하듯이 현장장면을 재구성해 놓았다.

　이러한 이 책의 독특한 문체는 번역자 역시 처음에는 매우 낯설었다. 특히 조선족 여마적 꽃나비 등 실화를 읽을 때는 이 책이 마적을 소재로 한 창작물이라는 느낌조차 갖게 되었고, 기록의 신빙성에 대하여 의심을 하기도 하였다. 그런데 저자와의 대화와 그의 다른 마적 저술을 통하여, 이 실화기록이 단순한 창작이 아니라, 대중에게 마적의 살아있는 모습을 보여주기 위한 저자나름의 사실적인 기록방법임을 이해하게 되었다.

　이 책은 대중적인 목적에서 출판된 것이라, 보다 구체적인 자료를 찾는 분들에게는 아쉽게 느껴질 것이다. 그러나, 마적도 하나의 문화사의 주제가 될 수 있고, 어찌 보면 우리보다 "하늘을 대신하여 도를 행한

다"는 실천적 존재였다는 인식의 전환 자료로는 충분하다고 생각된다. 보다 구체적인 관심을 가진 분은 저자의 다음의 책을 참고하시기 바란다.

『东北马贼史』台湾祺龄出版社 1995年 8月
『东北土匪』北京西苑出版社 2004年 4月
『响马驼龙』时代文艺出版社 1988年 1月
『东北土匪考察手记』时代文艺出版社 1999年 1月
『土匪』辽宁春风出版社 1988年 8月

2015.7 역자 이종주

전북대 국문과 교수

초판 1쇄 발행 2015년 7월 20일

지은이 차오빠오밍曹保明 **옮긴이** 이종주 **펴낸이** 홍기원
편집주간 박호원 **총괄** 홍종화
편집·디자인 오경희·조정화·오성현·신나래·김선아·남지원
　　　　　　이효진·전정애·오진옥·남도영·이상재
관리 박정대·최기엽

펴낸곳 민속원 **출판등록** 제18-1호
주소 서울시 마포구 대흥동 337-25
전화 02) 804-3320, 805-3320, 806-3320(代) **팩스** 02) 802-3346
이메일 minsok1@chollian.net, minsokwon@naver.com
홈페이지 www.minsokwon.com

ISBN 978-89-285-0771-9

ⓒ 민속원, 2015, Printed in Seoul, Korea

저작권법에 의해 한국 내에서 보호를 받는 저작물이므로 무단전재와 복제를 금합니다.
이 책 내용의 전부 또는 일부를 이용하려면 반드시 저작권자와 민속원의 서면동의를
받아야 합니다.
이 도서의 국립중앙도서관 출판시도서목록(CIP)은 서지정보유통지원시스템
홈페이지(http://seoji.nl.go.kr)와
국가자료공동목록시스템(http://www.nl.go.kr/kolisnet)에서
이용하실 수 있습니다.(CIP제어번호 : CIP2015018565)

※ 책 값은 뒤표지에 있습니다.
※ 잘못된 책은 바꾸어 드립니다.